Marjorie Perloff · Ironie am Abgrund

Europa neu erzählen

Marjorie Perloff

Ironie am Abgrund

Die Moderne im Schatten des Habsburgerreichs:
Karl Kraus, Joseph Roth, Robert Musil, Elias Canetti,
Paul Celan und Ludwig Wittgenstein

Edition Konturen
Wien · Hamburg

In Memoriam Joseph K. Perloff (1924–2014)

Aus dem amerikanischen Englisch von
Matthias Kroß und Georg Hauptfeld

Licensed by The University of Chicago Press, Chicago, Illinois, U.S.A.
© 2016 by The University of Chicago. All rights reserved.
Originaltitel: Edge of Irony. Modernism in the Shadow of the Habsburg Empire

Wir legen Wert auf Diversität und Gleichbehandlung. Im Sinne einer besseren Lesbarkeit der Texte werden manche Begriffe in der maskulinen oder femininen Schreibweise verwendet. Grundsätzlich beziehen sich diese Begriffe auf beide Geschlechter.

Bibliografische Information der Deutschen Bibliothek
Die Deutsche Bibliothek verzeichnet diese Publikation in der Deutschen Nationalbibliografie, detaillierte bibliografische Daten sind im Internet über http://dnb.ddb.de abrufbar.

Copyright © 2019 Edition Konturen
Mediendesign Dr. Georg Hauptfeld GmbH – www.konturen.cc

Alle Rechte, insbesondere das des auszugsweisen Abdrucks und das der fotomechanischen Wiedergabe, vorbehalten.

Umschlaggestaltung: Georg Hauptfeld, dressed by Gerlinde Gruber
Umschlagbild: Egon Schiele Selbstbildnis mit Physalis, 1912

ISBN 978-3-902968-39-5

Druck: Druckerei Berger, 3580 Horn
Printed in Austria

Inhalt

Vorwort	7
Einleitung: Die Entstehung der Austromoderne	12
1. Der medial vermittelte Krieg: Karl Kraus' „Die letzten Tage der Menschheit"	33
2. Der verlorene Bindestrich: Joseph Roths „Radetzkymarsch"	52
3. Die Möglichkeitsform: Robert Musils „Der Mann ohne Eigenschaften"	81
4. Aufwachsen in Kakanien: Muttersprache und Identitätsverlust in Elias Canettis Autobiografie	113
5. Der letzte habsburgische Dichter: Paul Celans Liebesdichtung und die Grenzen der Sprache	138
Coda: Eine „anderer" Mensch werden: Wittgensteins „Evangelien"	166
Anmerkungen	185

Vorwort

Für jedes kleine Kind, auch für ein jüdisches wie mich, das zwischen den beiden Weltkriegen in der unruhigen kleinen Republik Österreich aufwuchs, gab es nichts Aufregenderes als Geschichten über die Habsburger Kaiser, von Rudolf I. (1218–1291) bis zum wackeren Kaiser Max (1459–1519) – unsterblich durch Dürers großartige Porträts –, der den Habsburgern die Niederlande, Ungarn, Böhmen und Spanien bescherte, und insbesondere die Kaiserin Maria Theresia (1717–1780), jene mächtige Regentin, die ein weitläufiges Reich regierte, den Österreichischen Erbfolgekrieg und den Siebenjährigen Krieg führte (beide gegen Preußen) und dabei ihrem Gemahl Franz I. noch sechzehn Kinder gebar, zu welchen auch Marie Antoinette zählte. Die Geschichten über Maria Theresia boten Stoff für Legenden und Märchen. So hieß es, dass Mozart als Kind nach dem Vorspielen vor Ihrer Majestät auf ihren Schoß sprang und ihr einen Kuss gab. Zur Belohnung schenkte sie ihm einen kleinen, mit goldenen Biesen verzierten Anzug. Als tiefgläubige Katholikin war sie eine erbitterte Antiprotestantin und mehr noch eine glühende Antisemitin, doch wir österreichischen Kinder kannten nur die stimmungsvollen Lieder und freundlichen Anekdoten über die Kaiserin.

Das Jahr 1867 war das offizielle Gründungsdatum des österreichisch-ungarischen Reiches, auch Doppelmonarchie genannt. Es war zugleich das Jahr, in dem der so lange regierende Kaiser Franz Josef (1830–1916) per Dekret die Emanzipation der Juden verkündete. Das Reich, eine Mischung aus den verschiedensten Völkern und Kulturen, war stets zerbrechlich, aber irgendwie gelang es ihm, seinen Zusammenhalt zu bewahren und sogar die weithin als golden in Erinnerung gebliebenen Jahre vor Ausbruch des großen Krieges zu ermöglichen – goldene Jahre wenigstens für die oberen Schichten und die aufstrebende Bourgeoisie, kaum für die Massen. Im Juni 1914 wurden der unbeliebte österreichische Kronprinz Franz Ferdinand und seine Frau auf ihrer Reise durch die unruhige Provinz Serbien von einem serbischen Terroristen namens Gavrilo Princip ermordet. Nur wenig mehr als einen Monat später lagen Österreich-Ungarn und Deutschland im

Osten mit Serbien und Russland und im Westen mit England und Frankreich im Krieg. Mit dem endgültigen Sieg der Westmächte (zu denen auch die Vereinigten Staaten zählten) im November 1918 brach das Habsburgerreich schlichtweg in sich zusammen. Es geschah wie über Nacht: Millionen Untertanen des Reiches erwachten – falls sie den Krieg überlebt hatten – als Bürger von neugegründeten Nationalstaaten.

Diese grauenhafte und sehr schmerzliche Wendung der europäischen Geschichte hat mich schon immer interessiert, einerseits, weil sie meine eigene Herkunft betrifft, andererseits, weil die letzten Tage des Reiches so brillante Komponisten wie Gustav Mahler (der einer armen Großfamilie in Böhmen entstammte) und Dichter vom Format eines Paul Celan (Bukowina) hervorgebracht haben. Sigmund Freud und Ludwig Wittgenstein waren Kinder des Reiches, ebenso Franz Kafka. Obgleich in den Studien zur deutschen Moderne die Weimarer Republik einen Ehrenplatz einnimmt, gewinnt auch das nachkaiserliche Österreich zunehmende Bedeutung für das Verständnis unserer eigenen künstlerischen und kulturellen Werte.

Die Austromoderne blieb allerdings bis heute fast gänzlich unbeachtet – insbesondere auch in der englischsprachigen Welt. Zugegeben, der Name Freud ist allgemein bekannt, vor allem in seiner adjektivischen Variante (freudianisch). Zugegeben, Mahlers Sinfonien stehen auf dem Programm aller größeren Orchester, und führende Museen besitzen und zeigen Gemälde von Gustav Klimt oder Egon Schiele. Doch die Schriftsteller? Außerhalb der germanistischen Institute ist eine literarisch so bedeutende Gestalt wie Karl Kraus jungen Menschen praktisch unbekannt. Wenn ich gegenüber Freunden und Kollegen auf Roth zu sprechen komme, gehen sie davon aus, dass ich Philip Roth meine. Aber Joseph Roth, der Autor des „Radetzkymarsch"? Man weiß natürlich, dass Robert Musils „Mann ohne Eigenschaften" ein langer und schwieriger Roman ist, aber nur wenige – denen James Joyce oder Marcel Proust oder Thomas Mann durchaus geläufig sind – haben Musil wirklich *gelesen*. Wittgenstein, für viele der wohl bedeutendste Philosoph des zwanzigsten Jahrhunderts, ist den meisten nur sehr oberflächlich vertraut. Und was Elias Canetti angeht, der 1981 vor allem für seine berühmte soziologische Arbeit „Masse und Macht" sowie „Die gerettete Zunge" und die weiteren Memoirenbände den Literaturnobelpreis erhielt: Alle diese Bücher sind heute immer weniger Menschen bekannt.

Eine Ausnahme von dieser Regel der Vernachlässigung ist Kafka, der uns das Adjektiv *kafkaesk* beschert hat und der häufig gelesen und regelmäßig zitiert – oder falsch zitiert – wird. Angesichts der vielen Studien zu Kafka, der zweifellos einzigartig ist, werde ich ihn hier nicht weiter behandeln, sondern mich lieber auf die Diskussion der anderen Österreicher beschränken, die eine größere Verbreitung verdienen. Zu ihnen zählt Paul Celan, der als *der* Dichter des Holocaust und Verfasser der „Todesfuge" und von „Schibboleth" Berühmtheit erlangt hat und der auch von seinen Verehrern doch nur recht eingeschränkt wahrgenommen wird. Ich werde ihn hier gegen den Strich lesen, vornehmlich als einen Dichter der Liebe, dessen Gedichte, von denen viele seiner österreichischen Dichterkollegin Ingeborg Bachmann gewidmet sind, am besten vor dem Hintergrund des verlorenen Kaiserreiches verstanden werden.

Dieses Buch handelt von der österreichischen Moderne. „Ironie am Abgrund" unternimmt allerdings gar nicht erst den Versuch, dieses weite und vielschichtige Feld zu vermessen. Das Buch ist keine Übersicht, und es ist auch nicht umfassend. Stattdessen beschränke ich mich auf die genaue Lektüre einer begrenzten Anzahl von Texten verschiedener Genres – das Drama (Karl Kraus' „Die letzten Tage der Menschheit"), den „realistischen" Roman („Radetzkymarsch"), den Essay (Kern von Musils „Der Mann ohne Eigenschaften"), das lyrische Gedicht (Celan) und das philosophische Notizbuch (Wittgenstein), um damit interessierten Leserinnen einen Eindruck von der Komplexität, Brillanz und tief reichenden Skepsis der literarischen Kreise in der Kriegszeit zu geben, die an den Rändern der verlorenen Monarchie entstanden waren.

Die erörterten Autoren standen nicht nur historisch am Abgrund (dem Untergang des Habsburgerreiches in der Folge des Ersten Weltkriegs), sondern auch geografisch am Rand: die abgelegene Provinz Galizien (Roth), die Bukowina (Celan), das heutige Bulgarien (Canetti) und so fort. Kraus entstammte einer großen jüdischen Familie in Böhmen; Musil wuchs im tschechischen Brno (Brünn) auf, Bachmann im südösterreichischen Kärnten. Ränder: Der einzige in Wien geborene Autor war Wittgenstein, und er, wie die meisten anderen Autoren, war Jude und daher niemals ein *wirklicher* Insider im Wien des Fin de Siècle und der Zeit danach.

Die Austromoderne ist in der Tat ein vorwiegend österreichisch-jüdisches Phänomen: Die besprochenen Autoren, in der Mehrzahl mit jüdischen

Wurzeln sowie Herkunft aus der Provinz, wuchsen während einer der antisemitischsten Zeiten in der modernen Geschichte Europas auf, und es ist paradox, dass sie aufgrund ihrer beflissenen Anstrengungen, an einer größeren kulturellen und literarischen Szene teilzuhaben, selbst anfällig waren für Antisemitismus. Der Trieb „zu bestehen", sich zum Beispiel dem in den 1920er-Jahren weit verbreiteten Ritual der „Karrieretaufe" zu unterziehen, erstarb schlagartig mit der Annexion Österreichs im Jahr 1938, gerade einmal zwanzig Jahre nach dem Ende des Ersten Weltkriegs. Wer Jude war und wer nicht, entschieden fortan die Nazis.

Um jene Moderne, die nach übereinstimmender Meinung der meisten Kritiker im Europa der Jahrhundertwende geboren wurde, wirklich zu verstehen, müssen wir die zutiefst ironische Kriegsliteratur der untergehenden, multikulturellen und polyglotten österreichisch-ungarischen Monarchie mit weit größerer Aufmerksamkeit lesen als bisher. Und heute, da Wien wieder eine wohlhabende und elegante Hauptstadt ist, die ihre große Musiktradition, ihre wundervollen barocken Palais' und Jugendstilbauten und ihr einzigartiges literarisches Erbe nutzt, um Menschen aus aller Welt in ihre kulturelle Sphäre zu ziehen, scheint es höchste Zeit, jenes austromoderne Lebensgefühl der post-kakanischen Periode erneut zu untersuchen, in dem auf merkwürdige Art und Weise viel von der Dunkelheit und dem Zynismus – aber auch dem abgründigen Humor – unserer eigenen, desillusionierten Kultur des 21. Jahrhunderts vorweggenommen wurde.

Danksagungen
Ich möchte den vielen Freunden und Kollegen ebenso wie den Herausgebern von Zeitschriften und Konferenzteilnehmern danken, die mir in den unterschiedlichen Phasen dieses Projektes mit ihrem Rat zur Seite gestanden sind: Charles Altieri, Mary Jo Bang, John Benfield, Charles Bernstein, Clare Cavanagh, MaryAnn Caws, James Campbell, Gordana Crnkovic, Craig Dworkin, Thomas Eder, Al Filreis, Eva Forgacs, Rubén Gallo, Kenneth Goldsmith, Robert Harrison, Giles Havergal, Daniel Heller-Roazen, Susan Howe, Judd Hubert, Doris Ingrisch, Roland Innerhofer, Pierre Joris, Mario Klarer, Uli Knoepflmacher, Herbert Lindenberger, Susan McCabe, Tyrus Miller, W. T. J. Mitchell, Albert Mobilio, Jann Pasler, Carrie Paterson, Vanessa Place, Herman Rapaport, Claude Rawson, Brian Reed, Radmila Schweitzer, Vincent Sherry, Robert von Hallberg, Sabine Zelger.

Besonderen Dank schulde ich Patrick Greaney und Thomas Harrison, die das Manuskript Wort für Wort gelesen und hervorragende Vorschläge gemacht haben. Mein alter Freund und verehrter Kollege Gerald Bruns hat Vorfassungen der Kapitel gelesen und sich als unschätzbare Hilfe erwiesen.

Wie immer waren meine Töchter Nancy Perloff und Carey Perloff, die sich mit ähnlich gelagerten Themen beschäftigen, eine wunderbare Hilfe, ebenso meine Enkelkinder Alexander Perloff-Giles, Nicholas Perloff-Giles und vor allem Benjamin Lempert, der einen Abschluss in osteuropäischer Geschichte in Yale hat und einen großartigen Resonanzboden abgab, indem er die Sichtweise der Jungen einbrachte.

Mit meinem Lektor der University of Chicago Press, Alan Thomas, arbeite ich seit 1986 zusammen. Er kennt alle meine Marotten und Schwächen, und er tut alles, mich bei der Stange zu halten und meine Bücher besser zu machen. Sein Kollege Randolph Petilos hat mich vorbildlich in technischen Fragen unterstützt.

Einige Monate vor Abschluss der Arbeit an diesem Buch habe ich nach 61 Jahren Ehe meinen Mann, besten Freund und vorzüglichsten Ratgeber aufgrund seiner angeborenen Herzkrankheit verloren. Joseph K. Perloff, selbst ein anerkannter Autor auf seinem Gebiet, war an den hier diskutierten Schriftstellern und Themen zutiefst interessiert, und ich habe Roth, Canetti und Wittgenstein in Ausgaben gelesen, die er mit Kommentaren übersät hatte. Dieses Buch ist seinem Andenken gewidmet. An dunklen Tagen – und deren gab es viele nach seinem Tod – habe ich immer wieder an einen Aphorismus Wittgensteins zu denken versucht, den wir beide sehr schätzten: „Die Welt des Glücklichen ist eine andere als die des Unglücklichen." (Tractatus logico-philosophicus 6.43)

Einleitung
Die Entstehung der Austromoderne

„In den Jahren des Exils zwischen den Kriegen ist Wien auch jenes Welttheater gewesen, auf dessen Bühne – wie in den barocken Allegorien – viele ideologische Gewißheiten und große revolutionäre Hoffnungen zusammengebrochen sind."[1] Claudio Magris

Was bleibt

Vor 1914 was das österreichisch-ungarische Reich ein multiethnisches und vielsprachiges Gebilde, das sich über mehr als 675 Millionen Quadratkilometer erstreckte. Seine fünfzig Millionen Einwohner wären heute Ungarn, Tschechen, Slowaken, Slowenen, Serben, Kroaten, Bosnier und Kroaten sowie Polen in Galizien, Russen in der Westukraine und Italiener in Südtirol und Triest. Vier Jahre später, mit dem Ende des Ersten Weltkriegs und der Auflösung der Doppelmonarchie, wurde Wien zur Hauptstadt einer kleinen und fragilen Republik, die nur sechs Millionen Einwohner und eine Ausdehnung von knapp 84.000 Quadratkilometern besaß – eine Nation geformt wie eine Kaulquappe, deren östlicher Kopf (Wien) unschön auf einem Körper saß, dessen Schwanz in den Vorarlberger Alpen lag.

In der Tat wurde die Erste Republik, geboren 1918, aus dem Gebiet geformt, das nach der Aufteilung eines Hauptteils des Reiches in neu geschaffene Nationen oder zur Erweiterung bereits bestehender Nationen übriggeblieben war. Der französische Premierminister George Clemenceau bemerkte einmal: „L'Autriche, c'est ce qui reste" („Österreich, das ist der Rest").

In der Rückschau nach mehr als einem Jahrhundert war die Annexion von Österreich – in den Worten von Stefan Zweig ein „ungewisser, grauer und lebloser Schatten der früheren kaiserlichen Monarchie"[2] – durch Hitler 1938 wahrscheinlich unausweichlich, so wie der Ausbruch des Zweiten Weltkriegs zwanzig Jahre nach dem Ende des Ersten. Immer öfter bezeichnen Historiker die Ereignisse zwischen 1914 und 1945 als den „langen Krieg" oder als einen zweiten „Dreißigjährigen Krieg". Im Jahre 1918 wollten die meisten Österreicher, einschließlich der Juden, Teil von Großdeutschland werden, doch Woodrow Wilson und seine Alliierten waren der Überzeugung, dass dieser Anschluss Deutschland zu mächtig gemacht hätte; daher wurde die Vereinigung im Vertrag von Saint Germain (September 1919) untersagt. Als der Anschluss zwanzig Jahre später dennoch vollzogen wurde, geschah dies nicht durch einen Vertrag, sondern aufgrund eines Gewaltaktes der Nazis.

In der angelsächsischen Diskussion wird Österreich mehr oder weniger mit Wien gleichgesetzt. Von Alan Janiks und Stephen Toulmins „Wittgensteins Wien" (englisch 1973) und Carl Schorskes „Wien. Geist und Gesellschaft im Fin de Siècle" (englisch 1979) bis zur prominenten Würdigung der Kunst Gustav Klimts und der Musik Gustav Mahlers in den letzten Jahren ist die herausragende Bedeutung Wiens als große Kunst- und Kulturmetropole niemals ernsthaft umstritten gewesen. Dabei blieb allerdings die erstaunliche Wirkung dessen, was ich die Austromoderne nennen möchte, in den Jahren nach dem Ende des Ersten Weltkriegs weitgehend unverstanden, als Künstler und Schriftsteller aus den weitläufigen Grenzgebieten des zerteilten Reiches – zum größten Teil jüdische Schriftsteller, die eine klassische deutsche Ausbildung gemäß den Regeln der *k.u.k.* (*kaiserlichen und königlichen*) Zentralbehörden durchlaufen hatten – in Erscheinung traten.

Joseph Roth (1894–1939), der Autor des mittlerweile klassischen Romans „Radetzkymarsch" (1933), stammte aus dem galizischen Brody (das nach dem Ersten Weltkrieg zu Polen, später zur Ukraine kam) und verdiente sein Brot als Journalist, zunächst in Frankfurt und Berlin, dann in Paris. Elias Canetti (1905–1994) kam aus Ruse an der Donau (heute Bulgarien) und ging in Manchester zur Schule. Er verbrachte seine Jugend, seine Studienzeit und begann seine berufliche Karriere in Wien, musste dann aber 1938 nach London ins Asyl fliehen. Paul Celan (1920–1970) wurde als Paul Antschel in Czernowitz, der Hauptstadt der Provinz Bukowina, geboren; die Provinz fiel 1918 an Rumänien, wurde von den Russen 1944 besetzt und ist heute Teil der Ukraine. Nach dem Zweiten Weltkrieg lebte er kurze Zeit in Bukarest und Wien, bevor er die französische Zeichnerin und Grafikerin Gisèle de Lestrange heiratete und nach Paris zog.

Brody, Ruse, Czernowitz: Diese multiethnischen Städte lagen hunderte Kilometer von Wien entfernt und ihre Bewohner sprachen notgedrungen zahlreiche Sprachen, aber die Habsburger Hochkultur bildete doch ihren kulturellen Horizont. Unsere heutigen Bezeichnungen sind daher ziemlich irreführend: Kafka (1883–1924) wird einmal als tschechischer, ein andermal als deutscher, aber auch als jüdischer Autor bezeichnet, er gehörte natürlich zum Habsburgerreich. Celan gilt im Allgemeinen als Dichter des Holocaust aus Rumänien, Canetti als sephardischer Jude, der in Bulgarien aufgewachsen und dann zu einem Kosmopoliten geworden ist. Oder diese Autoren werden schlicht und einfach nach der deutschen Sprache klassifiziert, in der sie schrieben. Darüber hinaus hat die Verbindung zum Judentum das Ausmaß verschleiert, in dem Aufstieg und Fall der Doppelmonarchie das Leben auch ihrer nichtjüdischen Autoren beeinflusst hat.

Robert Musil (1880–1942), dessen „Mann ohne Eigenschaften" (erschienen 1930) lange Zeit als der Klassiker der „deutschen" Auseinandersetzung mit dem bevorstehenden Zusammenbruch „Kakaniens" – wie Musil die Habsburgermonarchie nannte – gilt, wurde in Kärnten geboren, durchlief eine klassische österreichische Ausbildung in Brünn, machte an der dortigen Technischen Universität, an der sein Vater ein bedeutender Gelehrter war, Examen und setzte seine wissenschaftlichen Studien in Berlin fort, bevor er mit seiner jüdischen Frau Martha nach Wien übersiedelte. Die Liste dieser „provinziellen" österreichischen Schriftsteller lässt sich beliebig verlängern und findet ihren Höhepunkt nach dem Krieg in den Werken eines Thomas Bernhard oder einer Ingeborg Bachmann, die ja beide aus der österreichischen Provinz kommen: Er vom Wallersee in der Nähe von Salzburg, sie aus Klagenfurt, ungefähr vierzig Kilometer von der slowenischen (damals jugoslawischen) Grenze entfernt.

Was ich hier austromoderne Literatur nenne, definiert sich also vor allem in Bezug auf ihre besondere Stellung zum Ersten Weltkrieg. Keine andere Nationalkultur hat das Trauma des unerwarteten Bruchs so intensiv durchlebt wie die Österreicher. Als der Erste Weltkrieg ausbrach, war Deutschland bereits seit fast fünfzig Jahren eine vereinigte Nation, ebenso Italien. Und wie verheerend der Krieg auch für die Engländer und Franzosen gewesen sein mag, so stellte das Jahr 1918 für ihre nationale Identität doch keine ernsthafte Belastungsprobe dar. Das geschah erst nach dem Zweiten Weltkrieg mit dem Verlust ihrer überseeischen Kolonien.

Das literarische Selbstverständnis der österreichischen Autoren der Nachkriegszeit, die alle von einer Hassliebe zu Wien geprägt sind und sich für verschiedene Formen des Exils entschieden, ist auf eine bemerkenswerte Weise anders als das ihrer deutschen Kollegen. In der „Versuchsstation des Weltuntergangs", wie der in der tschechischen Kleinstadt Jičín nahe der polnischen

Grenze geborene Karl Kraus (1874–1936) Österreich in seinem monumentalen Antikriegsstück „Die letzten Tage der Menschheit" bezeichnet hat, folgte auf das Trauma des Krieges die plötzliche und vollständige Auflösung des geografischen Gebildes, in das diese Schriftsteller hineingeboren worden waren, was eine zutiefst skeptische und strikt individualistische Moderne hervorbrachte – weit weniger ideologisch aufgeladen als ihr Gegenstück in Deutschland. Weder strahlte der rigorose und revolutionäre Marxismus eines Bertolt Brecht noch die rechtsgerichtete posttranszendentale Philosophie eines Heidegger, der es um die Enthüllung des „In-der-Welt-Seins" zu tun ist, eine nennenswerte Anziehungskraft auf die ironische, satirische, erotische – und häufig ein klein wenig mystische – Welt des posthabsburgischen Österreich aus. Musil hat dies im vierten Kapitel seines „Mann ohne Eigenschaften" mit seiner Definition des von ihm sogenannten „Möglichkeitssinns" zum Ausdruck gebracht:

> „Wer ihn besitzt, sagt beispielsweise nicht: Hier ist dies oder das geschehen, wird geschehen, muß geschehen; sondern er erfindet: Hier könnte, sollte oder müßte geschehn; und wenn man ihm von irgend etwas erklärt, daß es so sei, wie es sei, dann denkt er: Nun, es könnte wahrscheinlich auch anders sein. So ließe sich der Möglichkeitssinn geradezu als die Fähigkeit definieren, alles, was ebensogut sein könnte, zu denken und das, was ist, nicht wichtiger zu nehmen als das, was nicht ist. Man sieht, daß die Folgen solcher schöpferischen Anlage bemerkenswert sein können, und bedauerlicherweise lassen sie nicht selten das, was die Menschen bewundern, falsch erscheinen und das, was sie verbieten, als erlaubt oder wohl auch beides als gleichgültig. Solche Möglichkeitsmenschen leben, wie man sagt, in einem feineren Gespinst, in einem Gespinst von Dunst, Einbildung, Träumerei und Konjunktiven; Kindern, die diesen Hang haben, treibt man ihn nachdrücklich aus und nennt solche Menschen vor ihnen Phantasten, Träumer, Schwächlinge und Besserwisser oder Krittler."[3]

Träumer, Krittler – wir könnten noch hinzufügen: fantasievolle Schriftsteller und Künstler.

Musils Analyse liest sich wie ein Echo der Sätze Wittgensteins im „Tractatus": „Alles, was wir sehen, könnte auch anders sein" (5.634) oder auch „Der Sinn der Welt muss außerhalb ihrer liegen. In der Welt ist alles wie es ist, und geschieht alles, wie es geschieht" (6.41). Unter solchen Vorzeichen bedeutete *Veränderung* nicht politische Revolution, nicht Veränderung der sozialen oder politischen Verhältnisse, sondern Veränderung des Bewusstseins. Man muss sich bemühen, sagte Wittgenstein wiederholt und hartnäckig, ein anderer Mensch zu werden.[4] Ironischerweise verhinderte die Ablehnung eines direkten politischen Engagements nicht, dass die Autoren der österreichischen Moderne ein außerordentliches Gespür für die kommenden Ereignisse entwickelten. Kraus und Canetti sind zwei bekannte Beispiele, aber auch Joseph Roth, der schon früh begriffen hatte, wie gefährlich die Idee eines Anschlusses werden würde. Im August 1925 schrieb Roth, damals Paris-Korrespondent der Frankfurter Zeitung, an seinen Verleger Benno Reifenberg:

> „Ich bin sehr verzweifelt. *Ich kann nicht einmal mehr nach Wien fahren, seit die sozialistischen Juden einen solchen Anschlußlärm machen. Was wollen sie? Sie wollen Hindenburg? Als der Kaiser Franz Joseph starb, war ich zwar schon ein ‚Revolutionär', aber ich weinte. Ich war Einjähriger in einem Wiener Regiment, einer ‚Elite-Truppe', die als Ehrenwache vor der Kapuzinergruft stand und ich weinte wirklich. Eine Zeit wurde begraben. Mit dem Anschluß wird noch einmal eine Kultur begraben. Alle Europäer müßten gegen den Anschluß sein. … Soll es eine Art Bayern werden?*"[5]

Roth reagierte in vielem jähzornig und irrational: Er hasste die Deutschen, schwankte zwischen projüdischem Sentiment und Antisemitismus und liebte, wie sein eigener „Held von Solferino" im Radetzkymarsch, den Kaiser, die Habsburgerdynastie und sogar, wenn er in einer bestimmten Stimmung war, die katholische Kirche. Doch verfügte er über ein untrügliches Gespür für die Geschehnisse im Europa der Zwischenkriegsjahre, und das Gefühl, dass er selbst immer und notwendigerweise ein Außenseiter sein, nirgendwo dazugehören würde, verfolgte ihn noch in seinem geliebten Paris. Doch dank dieser Außenseiterstellung war er imstande, seine brillanten Reportagen über das Alltagsleben nach dem Ersten Weltkrieg in Berlin und Paris zu schreiben.

Eric Hobsbawm hat diese Widersprüche – von denen es in der österreichischen Moderne viele gab – folgendermaßen auf den Punkt gebracht:

> „*Von allen großen multilingualen und multiterritorialen Imperien, die im Verlauf des 20. Jahrhunderts untergingen, hat der Verfall und das Ende der k.u.k. Monarchie unter Franz Joseph, seit langem von gebildeten Köpfen erwartet und aufmerksam verfolgt, uns die bei weitem gehaltvollste*

literarische oder narrative Chronik der Ereignisse hinterlassen. Österreichs Denker hatten Zeit genug, Betrachtungen über den Tod und den Zerfall ihres Reiches anzustellen, während dieser alle anderen Reiche ganz plötzlich traf – zumindest gemessen in den Zeiteinheiten der historischen Uhr –, sogar die, mit deren Gesundheit es schon seit längerem bergab ging, wie die Sowjetunion. Doch vielleicht waren die wahrgenommene und akzeptierte Vielsprachigkeit, die Multikonfessionalität und Multikulturalität der Monarchie einer komplexeren historischen Perspektive förderlich. Ihre Untertanen lebten gleichzeitig in verschiedenen sozialen Welten und unterschiedlichen historischen Epochen."[6]

Es ist interessant, dass Hobsbawm, dessen eigene Kindheit im Wien der 1920er-Jahre von Elend und Entbehrungen geprägt war und der bald ein entschiedener kommunistischer Revolutionär werden sollte, feststellt, es seien in der Literatur Österreicher gewesen, die die umfassendste und tiefschürfendste Analyse des Reiches vorgenommen haben.

Wie sollen wir diese spezifische Sicht auf die Welt charakterisieren? Die austromoderne Literatur ist keine „Avantgarde" im üblichen Sinne: Sie zeichnet sich nicht durch Collage und Fragmentierung oder durch gezielte Überschreitung von Genres oder Verwendung eines Medienmix aus. An ihrer Oberfläche ist sie recht konventionell: Kraus' „Die letzten Tage der Menschheit" sind weitgehend in einer auf den ersten Blick dokumentarischen Sprache geschrieben: sei es bei der Nachahmung des Dialekts der Arbeitercafés oder wenn er staatliche Verlautbarungen zitiert. Roths „Radetzkymarsch" erscheint wie ein traditioneller Roman, mit einem allwissenden Erzähler und einem Anfang, einer Mitte und einem Ende. Der Essayismus von Musils „Der Mann ohne Eigenschaften" lässt anscheinend durchaus moralische Bewertungen zu, aber nur, um solche Urteile an jeder Weggabelung des erzählerischen Spiegelkabinetts infrage zu stellen. Canettis „Gerettete Zunge" ist eine episodische Arbeit der Erinnerung, scheinbar nachlässig strukturiert und abschweifend. Selbst die Dichtung Celans, so minimalistisch sie in ihrer Spätphase war, ist auf dem Papier in der Form traditioneller Lyrik angeordnet, häufig recht geschlossen unter Verwendung von einheitlicher Linierung und in Strophen.

Aber obgleich das austromoderne Schreiben eine formale Experimentalstruktur, wie wir sie in einer Avantgarde erwarten würden, vermeidet, dürfte doch die Aufnahme anderer Sprachregister in das Deutsch der Autoren, die Überzeugung – am einprägsamsten von Wittgenstein zum Ausdruck gebracht –, dass das Argumentieren nicht nach einem linearen Diskurs, sondern nach einer Folge von Aphorismen verlangt, die Umwertung der moralischen Werte, die Freude an Paradox und Widersprüchlichkeit als Wege zum Verständnis und insbesondere die scharfe Spitze seiner unbändigen und bis ins Groteske komischen Ironie ein vielleicht nachhaltigeres Erbe der Moderne sein als der Einsatz von Collage, Zeitverschiebung oder Bewusstseinsstrom.

Zudem nimmt die Austromoderne – dies gilt insbesondere für Musil und Kraus – das Verfahren des Dokumentierens/Aneignens vorweg, das ich mit Bezug auf die Gegenwartslyrik in meinem Buch „Unoriginal Genius"[7] erörtert habe. „Die unwahrscheinlichsten Gespräche, die hier geführt werden", schreibt Kraus in der Einleitung zu den „letzten Tagen der Menschheit", „sind wörtlich gesprochen worden; die grellsten Erfindungen sind Zitate. ... Das Dokument ist Figur; Berichte erstehen als Gestalten, Gestalten verenden als Leitartikel".[8] „Einen Menschen ganz aus Zitaten zusammensetzen!", schreibt Musil 1920 in sein Tagebuch.[9]

Das Rote und das Schwarze
Die Verwandlung der Monarchie in eine Republik war im neuen Österreich vielleicht besonders schwierig. Die erste Republik, deren überwiegend bäuerliche, provinzielle und katholische Bevölkerung von der Hauptstadt aus regiert wurde – einer kultivierten Metropole, deren Einwohner zu zehn Prozent Juden waren –, war mit großer Wahrscheinlichkeit zum Scheitern verurteilt. So stimmte das westliche Bundesland Vorarlberg 1919 in einem später für nichtig erklärten Referendum 1919 für den Anschluss an die Schweiz als bessere Alternative zum Verbleib im „Wiener Judenstaat".[10] Zugleich schauten Innsbruck und das umliegende Tirol mehr nach Berlin als nach Wien, um die Annexion durch Italien abzuwenden.

Mein Großvater Richard Schüller, der in der Vorkriegszeit in der Regierung als Sektionschef für Handel gedient hatte, erinnert sich in seinen Memoiren an seine Rückkehr ins Ministerium am Ballhausplatz an einem Oktobertag 1918, als schon in Paris über ein Waffenstillstandsabkommen verhandelt wurde:

„*Ich fand meine Kollegen still in ihren Büros sitzen, ohne zu wissen, was zu tun sei, sie vermieden jedes Gespräch über die Katastrophe. ... Ich hatte 20*

*Jahre lang mit Menschen aller Nationalitäten zusammengearbeitet. Vor dem
Krieg hatte ich unter zwei Handelsministern gearbeitet, Fort und Fiedler, die
Tschechen waren, und [der] Staatssekretär, Dr. Müller, war Tscheche, ein
stellvertretender Sekretär war Pole, und in meiner eigenen Abteilung waren
2 von 5 Beamten Tschechen. Sie fragten mich, ob sie das Amt verlassen
sollten, und ich riet ihnen, nach Prag zu gehen, wo sie vielleicht von der
neuen Regierung gebraucht würden. ... Sie gehörten jetzt zur siegreichen
Tschechoslowakei, und ich zum besiegten Österreich. Meine eigene Mutter war
Staatsbürgerin der Tschechoslowakei, wo ich [in Brünn, heute Brno] geboren
wurde.
Der Außenminister Victor Adler bat mich, das Handelsministerium zu
verlassen und ins Außenministerium zu kommen."*[11]

Für die anschließende Krise gab es keine Entsprechung in Deutschland. Der neu entstandene Staat Tschechoslowakei stoppte alle Kohlelieferungen; die ungarischen und slawischen Provinzen kürzten die früheren Lebensmittellieferungen um drei Viertel, und im folgenden, besonders harten Winter verweigerten England und Frankreich alle Kredite und die Lieferung von Getreide, Mehl oder Öl.

Stefan Zweig schildert in seinem Buch „Die Welt von Gestern" mit Entsetzen seine Zugreise im November 1918 vom schweizerisch-österreichischen Grenzbahnhof Feldkirch in Vorarlberg nach Salzburg, wo er ein Anwesen besaß:

*„Die Schaffner, die einem die Plätze anwiesen, schlichen hager, verhungert
und halb zerlumpt herum; zerrissen und abgetragen schlotterten ihnen die
Uniformen um die eingesunkenen Schultern. An den Fensterscheiben waren
die Lederriemen zum Aufziehen und Niederziehen abgeschnitten, denn jedes
Stück Leder bedeutete eine Kostbarkeit. ... Die elektrischen Birnen waren
zerschlagen oder gestohlen, wer etwas suchte, mußte mit Zündhölzern sich
vorwärtstasten ... Jeder hielt ... noch sein Gepäck und sein Lebensmittelpaket
ängstlich an sich gepreßt; keiner wagte im Dunkel auch nur für eine Minute
etwas aus der Hand zu geben."* [12]

Seine Reise, die gewöhnlich sieben Stunden brauchte, dauerte siebzehn. Bei seiner Ankunft fanden sich weder Träger für das Gepäck noch Droschken – und später kein Brennholz und kaum etwas zu essen: „In unserem Garten schoß ein junger Bursche Eichhörnchen als Sonntagsspeise ab, und wohlgenährte Hunde oder Katzen kamen nur selten von längeren Spaziergängen zurück."

Vor diesem Hintergrund fanden im Februar 1919 die ersten österreichischen Parlamentswahlen statt. Es gab im Grunde nur zwei politische Gruppierungen: die Christlichsozialen und die Sozialdemokraten. Diese „sozialistische" Partei stützte sich vorwiegend auf das jüdische Wien. Sie errang bei den ersten Wahlen eine Mehrheit von sechs Sitzen (69 zu 63), während die rechtsgerichtete Nationalpartei 26 Abgeordnete stellte. Victor Adler, der ehrwürdige Führer der Sozialisten, war kurze Zeit nach dem Waffenstillstand gestorben. Karl Renner, ein deutschsprachiger Tscheche und ehemaliger Bibliothekar des Reichsrats, wurde zum ersten Kanzler der neuen Republik ernannt und der führende Wiener Austromarxist Otto Bauer zum Außenminister.

Knapp zwei Jahre später hatte sich die Lage ins Gegenteil verkehrt: Im Jahr 1920 gewannen die Christlichsozialen 79 Sitze gegenüber 63 für die Sozialisten. Während der folgenden 18 Jahre gewannen die Sozialisten keine Nationalratswahl mehr, obwohl es ihnen gelungen war, im „Roten Wien" ein bemerkenswertes Wohlfahrtssystem zu errichten. So war Wien, wie Lisa Silverman schreibt,

„*eine einsame ‚rote' Stadt, umgeben von den ‚schwarzen' Provinzen und föderalen Landesregierungen. Die antisemitische Rhetorik hatte die Juden schon lange vor der Zwischenkriegszeit mit dem Sozialismus verbunden, aber diese Bindungen verstärkten sich noch, als sich die Juden nach dem Ersten Weltkrieg vermehrt in dieser Bewegung engagierten und daher noch sichtbarer wurden.*"[13]

Im Jahr 1922 wurde Ignaz Seipel, ein katholischer Priester, zum Kanzler gewählt. Und Engelbert Dollfuß, der umstrittene Kanzler zu Beginn der 1930er-Jahre, der autokratisch am Parlament vorbeiregierte, hatte ebenfalls einen priesterlichen Hintergrund. Nach nur zwei Jahren Kanzlerschaft wurde Dollfuß, der sich in seiner autoritären Manier Hitler widersetzt hatte, bei einem Putschversuch in seinem Büro von Nationalsozialisten ermordet.

Seit dem Herbst 1914 waren zehntausende Juden vor dem Krieg in Galizien und der Bukowina wie auch aus Polen und Westrussland geflüchtet und nach Wien geströmt, und der bereits seit Langem im katholischen Österreich latente Antisemitismus brach angesichts des Zustroms so vieler hungriger Mäuler offen aus. Dazu einige hilfreiche statische Daten, wobei ich mich vor allem auf Brigitte Hamann stütze.[14] Seit der Gleichstellung der Juden durch den Kaiser 1867 hatten sich die österreichischen Juden – zum größten Teil in Wien ansässig – beträchtlich vermehrt und es zu Wohlstand gebracht. 1870 lebten rund 40.000 Juden in Wien, 1880 waren es 72.000 und 1890 mehr als 118.000 (fast zehn Prozent der Einwohnerschaft). Die neu gebauten Eisenbahnstrecken trugen zur Beschleunigung der Migration aus dem Osten bei.

Bis 1885 waren mehr als sechzig Prozent aller Ärzte und mehr als die Hälfte der zugelassenen Anwälte der Hauptstadt Juden. Von großer Bedeutung ist der Umstand, dass fast alle größeren Tageszeitungen Wiens und deren Redaktionen in der Hand von Juden waren – wodurch sie einen beträchtlichen Einfluss auf die öffentliche Meinung ausüben konnten. Der Herausgeber der führenden Zeitung „Die Neue Freie Presse", Moritz Benedikt, ein überzeugter Anhänger des Pangermanismus, avancierte zum Lieblingsgegner von Karl Kraus. Kraus, selbst Jude, der 1899 zum Katholizismus übergetreten war, sich aber später von der Kirche aufgrund ihrer Unterstützung des Krieges losgesagt hatte, war für seine verstörenden, durchaus antisemitisch wirkenden Äußerungen bekannt, seine Anschuldigungen der Korruption und Verlogenheit erwiesen sich allerdings in Falle Benedikts als korrekt.

Das Übergewicht der Juden in den sozialdemokratischen Bewegungen der Zeit führte zu offenen Forderungen nach einer ethnischen Säuberung. Die russische Revolution des Jahres 1905 hatte eine eigene Welle des Antisemitismus ausgelöst. Leo Trotzki, der von 1907 bis 1914 in Wien lebte, wurde zur Symbolfigur des jüdischen Strebens nach einer sozialistischen Revolution. Wiens antisemitischer Bürgermeister Karl Lueger (der „schöne Karl") warnte die Juden, es ihren russischen Pendants gleichzutun und sich mit den sozialdemokratischen Revolutionären zu verbünden: „Wenn aber die Juden unser Vaterland bedrohen sollten, dann werden auch wir keine Gnade kennen." Denn die Juden „wollen keine Gleichheit, sondern die volle Herrschaft." Man sagte, sie planten „… die Bildung einer Internationalen Bankenallianz mit dem Sitze in Washington" und würden bald „öffentlich ihre Gesetze der Welt diktieren".[15]

Mit dem Zustrom armer galizischer Juden mit ihren schwarzen Kaftanen, Hüten, langen Bärten und ihrer „befremdlichen" Sprache (Jiddisch) – Juden, die als Hausierer („Handeleh") die einheimische Konkurrenz unterboten und es dabei zu beträchtlichem Reichtum brachten – erhitzte sich die antisemitische Stimmung noch weiter.

Das Ungleichgewicht der Berufszugehörigkeit verstärkte sich nach dem Krieg. Wie Bernard Wasserstein in seiner grundlegenden Untersuchung „On the Eve" gezeigt hat, arbeiteten nur wenige Juden in den von der Mehrheit ausgeübten Berufen: Landwirtschaft, haushaltsbezogene Dienstleistungen, Bergbau und öffentliche Arbeiten. Am anderen Ende der Skala waren die Juden ebenfalls unterrepräsentiert: im öffentlichen Dienst, in der Armee und natürlich in der Kirche, die in Österreich sehr einflussreich war. Stark überrepräsentiert waren die Juden hingegen im Finanzwesen, im Handwerk und in den Künsten, im Kleinhandel sowie in der Großindustrie. Die wachsende Rolle von Juden in der politischen Linken machte die Sache nicht besser. „Gefürchtet und zugleich geschmäht ... als subversiver Revolutionär und kapitalistischer Ausbeuter", schreibt Wasserstein, „betrachtete man den Juden als ein fremdartiges Wesen."[16]

Dadurch gerieten assimilierte Juden, von denen viele wie Wittgenstein oder Victor Adler aus Familien kamen, die schon vor langer Zeit konvertiert waren und sich von ihrem jüdischen Ursprung distanziert hatten, in eine verzwickte Lage.[17] Die Generation davor – beispielsweise Arthur Schnitzler und Gustav Mahler – hatte gewiss ebenfalls Antisemitismus erfahren, aber für sie war das Exil noch kein zwingendes Erfordernis. Im Gegenteil, diese Künstler betrachteten Wien vielmehr als *ihre* Heimat, *ihre* Stadt. „Österreich-Ungarn ist nicht mehr", erklärte Freud 1918. „Anderswo möchte ich nicht leben. Emigration kommt für mich nicht in Frage. Ich werde mit dem Torso weiterleben und mir einbilden, daß er das Ganze ist."[18] Selbst zwanzig Jahre später, mit der Besetzung Wiens durch die Nazis, sträubte sich der 82-jährige Freud so sehr gegen das Exil, dass seine Freunde ihn aus dem Haus zerren und fortschaffen mussten.

In der Folgegeneration war diese vorbehaltslose Hingabe an „unser" Wien einer komplexeren und widersprüchlicheren Stimmung gewichen. Edward Timms macht deutlich, dass das Nachkriegswien zur Bühne eines antisemitischen Kreuzzugs geworden war. Eine Parlamentsinitiative zur Begrenzung weiterer Immigration wurde beherrscht von Anspielungen, die christlich-deutsche Zivilisation sei in Gefahr durch ein Bündnis von Marxisten und Juden. Die bolschewistische Gefahr, erklärte der zukünftige Kanzler Ignaz

Seipel 1918, sei eine jüdische Gefahr. Dass sich österreichische Juden deshalb nach der verlorenen Welt der Monarchie zurücksehnten, entbehrt nicht einiger Ironie:

„Die Mehrheit der Juden des Habsburgerreiches hatte sich mit der Vorstellung wohlgefühlt ‚österreichisch' zu sein, im Sinne der Zeit vor 1918, also im ‚kosmopolitischen' Sinn des Wortes: Sie konnten Österreicher sein in Krakau und polnisch sprechen, sie konnten tschechischsprachige Österreicher in Prag sein, oder italienischsprachige in Triest, und das, ohne ihre jüdische Identität verleugnen zu müssen. Im Jahr 1918 kollabierte dieses Modell des Multikulturellen ... Ein deutschsprachiger österreichischer Jude in einem stark antisemitischen Umfeld zu sein bedeutete, eine brüchige Identität zu haben ..."[19]

Das Exil gab es nun häufiger, sei es das selbstgewählte eines Ludwig Wittgenstein, der 1929 nach Cambridge übersiedelte, oder eines Joseph Roth, dem Paris zur journalistischen Heimat wurde, sei es die erzwungene Ausreise Canettis und Musils im Jahr 1938. Der erheblich jüngere Paul Celan, der in dem bei Ausbruch des Zweiten Weltkriegs zu Rumänien gehörenden Czernowitz studiert hatte, überlebte den Holocaust (in dem seine Eltern ermordet wurden), geriet in die Gefangenschaft zuerst der Deutschen, danach der Kommunisten, bevor er sich 1948 dauerhaft in Frankreich niederließ.

Alle diese austromodernen Autoren verband die deutsche Sprache – genauer gesagt: die austrodeutsche Sprache –, in die sie hineingeboren worden waren. Als Kinder eines polyglotten Reiches sprachen und schrieben sie mehr als eine Sprache. Canettis Umgangssprache war zum Beispiel Bulgarisch, Englisch lernte er in Manchester. Musil sprach Tschechisch und Roth Jiddisch (von dem er sich später lossagen würde). Aber die ihnen allen gemeinsame Schriftsprache war ausdrücklich das Deutsche. Man denke etwa an Wittgenstein, dessen philosophische Karriere bei Bertrand Russell und G. E. Moore im Cambridge der Vorkriegszeit begonnen hatte. Wie aus seinen Briefen und den Mitschriften seiner Vorlesungen hervorgeht, blieb sein Englisch bis zum Schluss etwas unbeholfen und geschraubt: Zu keiner Zeit beherrschte er die „Umgangssprache" in dem Maße, wie sie ihm im Deutschen vertraut war. Joseph Roth verfasste am Ende seines Lebens zahlreiche Aufsätze auf Französisch, aber für seine literarischen Arbeiten kam ausschließlich Deutsch in Frage. So auch Paul Celan. In einer häufig zitierten Vorlesung betonte er, dass der Dichter keine Wahl habe, als in seiner Muttersprache zu schreiben, und dass mit der Übernahme einer Fremdsprache die dichterische Wahrheit „vor die Hunde" gehe.[20]

Als Mutter- oder *Wahlsprache* war das Deutsche für die Autoren der Austromoderne in hohem Maße selbstreflexiv – mehr ein Gegenstand der Betrachtung als ein Kommunikationsmittel. „Die Sprache", schrieb Karl Kraus einmal in der „Fackel", „ist die einzige Chimäre, deren Trugkraft ohne Ende ist, die Unerschöpflichkeit, an der das Leben nicht verarmt."[21]

Der eigentümliche Kampf für die „Nerven"
Der große Kraus-Bewunderer Walter Benjamin hatte nur einen Vorbehalt gegen seinen österreichischen Zeitgenossen: Kraus, so Benjamin, glaubte an die Tatkraft des Individuums:

> *„Höchst folgerecht, wenn der verarmte, reduzierte Mensch dieser Tage, der Zeitgenosse, nur noch in jener verkümmertsten Form: als Privatmann, im Tempel der Kreatur eine Freistatt verlangen darf. Wieviel Verzicht und wieviel Ironie liegt in dem sonderbaren Kampfe für die ‚Nerven', die letzten Wurzelfäserchen des Wieners, an denen Kraus noch Muttererde entdecken konnte. ... Wenn irgendwo, tritt hier das seltsame Wechselspiel zwischen reaktionärer Theorie und revolutionärer Praxis zutage, dem man bei Kraus allerorten begegnet."*[22]

Die „revolutionäre Praxis", auf die sich Benjamin hier bezieht, ist die ausschließliche Verwendung von Originalmaterial für eine neue dokumentative Kunst, die nur Zitate bnützt. „Vor der Sprache weisen sich beide Reiche – Ursprung so wie Zerstörung – im Zitat aus. Und umgekehrt: nur wo sie sich durchdringen – im Zitat – ist sie vollendet."[23] Aber diese radikale Praxis lässt sich für Benjamin mit der rückwärtsgewandten politischen Haltung von Kraus nicht vereinbaren. Im Zeitalter der mechanischen Reproduzierbarkeit kann es für einen bürgerlichen Individualismus im Sinne von Kraus keinen Platz mehr geben; soziale Praxis wird kollektiv. Für Kraus hingegen ist, wie Timms schreibt, der Militarismus – nicht der Kapitalismus – der große Gegner, und er verdammt die bourgeoise Welt eher für soziale Ungerechtigkeit als für wirtschaftliche Ausbeutung. Für ihn ist der Bolschewismus weniger ein politisches denn ein moralisches Problem, und er war schockiert vom Schauspiel intelligenter junger Männer, viele mit jüdischem Hintergrund, die sich zur Gewalt bekannten.[24]

In der Tat sagte Kraus in seinen Beiträgen für die Julihefte der „Fackel"
1919 eine Welle des Antisemitismus voraus mit dem Hinweis, dass es vor der
Weltrevolution noch ein „Weltpogrom" geben könnte.[25] Diese sowie andere
Kommentare können als unglücklicher Ausdruck jüdischen Selbsthasses
gewertet werden und wurden das auch, doch darf man nicht übersehen, dass
Kraus in diesem Falle recht behalten sollte.

Die Differenz zwischen Kraus und Benjamin lässt sich jedenfalls als
Unterschied zwischen dem Pragmatismus der am politischen Tagesgeschäft
in einer gefährdeten und kleinen jungen Republik Beteiligten und der von
einer Gruppe fortschrittlicher Intellektueller unternommenen, sehr abstrakten, tief in der philosophischen Tradition ihrer Nation befangenen Analyse
von Geschichte, Literatur und sozialem Denken verstehen. In der Einleitung
zu ihrer 2013 erschienenen Untersuchung mit dem Titel „Weimar Thought"
äußern sich die Herausgeber geradezu enthusiastisch über die „erstaunlichen kulturellen und intellektuellen Gärungsprozesse im Zwischenkriegsdeutschland von etwa 1918 bis 1933":

„Die Ära der Weimarer Republik war wohl der führende Schmelztiegel
intellektueller Innovation in politischer Theorie, Physik und Biologie, und der
Moderne in allen ihren verschiedenen Formen. In ihrer kurzen Lebensspanne
traten Intellektuelle, Gelehrte und Kritiker in Erscheinung, die zu den
führenden Denkern des 20. Jahrhunderts gehören. Eine repräsentative
Liste würde zweifellos radikale Philosophen wie Walter Benjamin, Martin
Heidegger und Max Scheler enthalten; außerdem Theoretiker der politischen
Krise wie Carl Schmitt, Ernst Jünger, Hannah Arendt, Hans Kelsen und
Oswald Spengler; theologische Innovatoren wie Karl Barth, Franz Rosenzweig,
Gershom Scholem und Ernst Bloch; sowie Exponenten einer ästhetischen
Rebellion in Literatur, Film, Theater, Musik und bildenden Künsten mit Alfred
Döblin und Siegfried Kracauer, Bertolt Brecht und Ernst Krenek, Hannah
Höch und Kurt Schwitters."[26]

Eine wahrlich imposante Liste – aber mit einem starken Übergewicht der
politischen und sozialen Theorie über die Literatur. Weimar war eine Werkstatt radikaler Ideen, vom Marxismus über Heideggers ontologische Erkundung des In-der-Welt-Seins bis zur Filmtheorie Siegfried Kracauers, von
Rudolf Arnheim bis Benjamin selbst. Aber das bedeutet keinesfalls, dass
die Austromoderne von Freud, Wittgenstein oder Kraus bis zu Musil und

Roth oder Celan und Bachmann so etwas wie eine schwache Version der starken intellektuellen Ausstattung der Weimarer Republik war. Sie war nur *anders*. Sie entwickelte sich angesichts der besonderen Umstände des Habsburgerreiches und seiner Auflösung und angesichts der östlichen (und überwiegend jüdischen) Herkunft seiner Autoren in eine andere Richtung. Ihr Erkennungsmerkmal war der Skeptizismus gegenüber Regierungsmacht – überhaupt jeder Regierung und also jedem ökonomischen System – mit dem Ziel einer Reform des menschlichen Lebens. In der modernen österreichischen Poesie und Prosa spielte die Ironie – eine Ironie, die weniger mit Satire (die Reformen für möglich hält) als mit einem Sinn für das Absurde zu tun hat – die Hauptrolle. Der Autor hat keinen Auftrag zur *Veränderung* – Veränderung ist für Österreicher stets verdächtig –, sondern die vordringliche Chance zu einer tief greifenden Analyse fundamentaler Bedürfnisse und Grundsätze.

Zum Beispiel der Briefwechsel zwischen dem Deutschen Einstein und dem Österreicher Freud im Jahre 1932 über die Frage: „Warum Krieg?" Den Anlass dazu gab die Anregung der Vereinten Nationen und ihres Internationalen Instituts für geistige Zusammenarbeit in Paris, Einstein mit einer Person seiner Wahl in freiem Meinungsaustausch ein frei gewähltes Problem zu erörtern. Einstein wählte „diejenige Frage" aus, die ihm „beim gegenwärtigen Stande der Dinge als die wichtigste der Zivilisation erscheint: Gibt es einen Weg, die Menschen von dem Verhängnis des Krieges zu befreien?" Diese Frage, so Einstein weiter, sei „durch die Fortschritte der Technik zu einer Existenzfrage für die zivilisierte Menschheit geworden".[27]

Einstein gesteht, dass er, anders als Freud, „keine Einblicke in die Tiefen des menschlichen Wollens und Fühlens" habe, ihm aber die äußere beziehungsweise organisatorische Seite des Problems einfach scheine: „... die Staaten schaffen eine legislative und gerichtliche Behörde zur Schlichtung aller zwischen ihnen entstehenden Konflikte. Sie verpflichten sich, sich den von der legislativen Behörde aufgestellten Gesetzen zu unterwerfen, das Gericht in allen Streitfällen anzurufen, sich seinen Entscheidungen bedingungslos zu beugen sowie alle diejenigen Maßnahmen durchzuführen, welche das Gericht für die Realisierung seiner Entscheidungen für notwendig erachtet."[28]

Einstein fürchtet allerdings, „... daß mächtige psychologische Kräfte am Werk sind, die diese Bemühungen paralysieren. Einige dieser Kräfte liegen offen zutage. Das Machtbedürfnis der jeweils herrschenden Schicht eines Staates widersetzt sich einer Einschränkung der Hoheitsrechte desselben."[29]

Doch sobald man von der Voraussetzung ausgehe, dass im „Menschen … ein Bedürfnis zu hassen und zu vernichten" lebt, könnte man fragen: „Gibt es eine Möglichkeit, die psychische Entwicklung der Menschen so zu leiten, daß sie den Psychosen des Hasses und des Vernichtens gegenüber widerstandsfähiger werden?" Mit Freud hofft Einstein die geeignete Person zu finden, die „das Problem der Befriedung der Welt im Lichte Ihrer neuen Erkenntnisse besonders darstellt, da von einer solchen Darstellung fruchtbare Bemühungen ausgehen können."[30]

Es liegt eine gewisse Ironie darin, dass dieser Austausch im Juli 1932 nur sechs Monate vor Hitlers Machtergreifung stattfand. Freud antwortete mit der Einordnung der Gewalt in ihren ursprünglichen Zusammenhang, nämlich der Tatsache, dass seit unvordenklichen Zeiten Konflikte durch Gewalt entschieden wurden, die meist zum Tod oder zur Unterwerfung des Gegners führte. Im Laufe der Entwicklung, so Freud, „führte ein Weg von der Gewalt zum Recht, aber welcher? Nur ein einziger, meine ich. Er führte über die Tatsache, daß die größere Stärke des Einen wettgemacht werden konnte durch die Vereinigung mehrerer Schwachen. … Gewalt wird gebrochen durch Einigung, die Macht dieser Geeinigten stellt nun das Recht dar im Gegensatz zur Gewalt des Einzelnen. Wir sehen, das Recht ist die Macht einer Gemeinschaft. Es ist noch immer Gewalt, bereit, sich gegen jeden Einzelnen zu wenden, der sich ihr widersetzt, arbeitet mit denselben Mitteln, verfolgt dieselben Zwecke; der Unterschied liegt wirklich nur darin, daß es nicht mehr die Gewalt eines Einzelnen ist, die sich durchsetzt, sondern die der Gemeinschaft."[31] Doch immer wieder aufbrechende Ungleichheiten sogar innerhalb der herrschenden Schichten haben in der Geschichte gezeigt: „… auch innerhalb eines Gemeinwesens ist die gewaltsame Erledigung von Interessenkonflikten nicht vermieden worden."[32]

Was aber kann getan werden? Freud scheint anzunehmen, dass die Hoffnung auf eine friedliche Lösung mit der Größe der Gemeinschaften gleichgerichteter Bedürfnisse und Gewohnheiten wächst: „So paradox es klingt, man muß doch zugestehen, der Krieg wäre kein ungeeignetes Mittel zur Herstellung des ersehnten ‚ewigen' Friedens, weil er im Stande ist, jene großen Einheiten zu schaffen, innerhalb deren eine starke Zentralgewalt weitere Kriege unmöglich macht." Freud denkt hier anscheinend an die österreichisch-ungarische Monarchie, deren Zentralmacht zumindest in der postnapoleonischen Zeit größere Kriege verhindert hatte, obgleich es zahlreiche kleine Kriege an den Grenzen des Reiches gegeben hatte. Doch in Wirklichkeit, räumt Freud ein, zerfallen die neu gebildeten großen Einheiten, „meist infolge des mangelnden Zusammenhalts der gewaltsam geeinigten Teile". [33] Danach droht wiederum ein großer Krieg.

Am Schluss seines Aufsatzes wendet sich Freud der größeren Perspektive von *Eros* und *Thanatos* – Erschaffung und Zerstörung – zu, die für ihn untrennbar miteinander verwoben sind. Es bestehe wenig Aussicht, so Freud, „die aggressiven Neigungen der Menschen abschaffen zu wollen. ... Auch die Bolschewisten hoffen, dass sie die menschliche Aggression zum Verschwinden bringen können dadurch, dass sie die Befriedigung der materiellen Bedürfnisse verbürgen und sonst Gleichheit unter den Teilnehmern an der Gemeinschaft herstellen. Ich halte das für eine Illusion. Vorläufig sind sie auf das sorgfältigste bewaffnet und halten ihre Anhänger nicht zum Mindesten durch den Hass gegen alle Außenstehenden zusammen."[34]

Die idealen Bedingungen für die Abschaffung des Krieges fänden sich nach Auffassung Freuds in einer Gesellschaft, in der ein jeder sein Triebleben (*Eros* versus *Thanatos*) dem Diktat der Vernunft unterordnet. Aber das, gibt Freud zu, „ist höchstwahrscheinlich eine utopische Hoffnung".[35] Zudem ist „eine solche Wendung der Aggression nach innen" zugleich „gar nicht so unbedenklich, wenn sich dieser Vorgang in allzu großem Ausmaß vollzieht." Man müsse daher den Krieg wohl hinnehmen als eine der häßlichen und gefährlichen Strebungen, gegen die wir ankämpfen."[36]

Wittgenstein und auch Kraus hatten ihre Vorbehalte gegen Freud, aber ich glaube, dass sie mit ihm darin übereinstimmen würden, dass die völlige Ausschaltung des Krieges ein Wunschtraum ist und dass eine kommunistische Gesellschaft, die ja selbst eine gewaltsame Revolution voraussetzt, früher oder später selbst der Gewalt erliegen würde. Auch die Forderung der Frankfurter Schule nach einer neuen politischen und sozialen Ordnung musste den Autoren der Austromoderne fremd bleiben. Das neue Ethos konnte allenfalls in einer negativen Theologie bestehen. Angesichts des Krieges und der beiden Übel Kommunismus und Faschismus und der allgegenwärtig drohenden Korrumpierung der Demokratie konnte man zwar die Torheiten und Bosheit der eigenen Welt anprangern, aber ein bedeutsamer *Wandel* konnte immer nur persönlich sein. Das Ziel, so Wittgenstein – und mit ihm Musil und Roth –, konnte nur sein, „ein anderer Mensch zu werden". (In den frühen 1930er-Jahren fühlte sich Wittgenstein eine Zeitlang zum Kommunismus hingezogen und beschloss, in die Sowjetunion zu gehen und ein einfacher Arbeiter zu werden. Dort angekommen, setzte allerdings schnell Ernüchterung ein.)

Damit tritt die Diagnose an die Stelle von Weltbildern: Im „Radetzkymarsch" wie in Musils „Mann ohne Eigenschaften" oder in Celans eigentümlicher Poesie geht es um die *Darstellung*, darum, „wie es ist". In der austromodernen Literatur findet sich kein Titel wie „Elemente und Ursprünge totaler Herrschaft" (Hannah Arendt), denn ein solcher Titel geht davon aus, dass die Ursprünge namhaft gemacht werden können. Die fraglichen Texte – seien es Romane, Essays, Gedichte, Theaterstücke oder Memoiren – sind, bewusst oder unwissentlich, unter dem Vorzeichen Wittgensteins verfasst worden, dem es als Philosoph bei seinen Untersuchungen mehr um den Prozess als um das Ergebnis ging und der die Gewissheit als Feind betrachtete. Man denke an seinen vorsichtigen Titel „Philosophische Untersuchungen" und seine Neigung zu Aphorismen oder zumindest kurzen, prägnanten Formulierungen.

Die Diagnose kann die Lektüre manchmal zu einem schmerzlichen Vorgang machen, wie Kraus' „Die letzten Tage der Menschheit". Gregor von Rezzoris bitterböse „Memoiren eines Antisemiten" (1979) beispielsweise gewähren uns einen ungeschminkten Einblick in die Welt der antisemitischen Familie des Autors – die zu der im jüdisch geprägten Czernowitz ansässigen dekadenten und verkommenen Aristokratie gehört, die die Ersetzung der goldenen „Fahne mit dem doppelköpfigen schwarzen Adler" durch die vulgäre Flagge der neuen Republik betrauern.[37] Und was die Juden angeht: „Nach einer sauberen Denkungs- und – vor allem! – Empfindungsart hätte es unmöglich sein sollen, sich in eine Jüdin zu verlieben. Es bedeutete, seiner Fahne untreu werden."[38]

Der Erzähler der besten Geschichte („Treue") in den Memoiren verliebt sich ausgerechnet in so ein Mädchen. Als junger Student, der mit seiner gestrengen (und mit Stolz antisemitischen) Großmutter in einer Wiener Wohnung wohnt, begegnet er Minka Raubitschek, einem bezaubernden jüdischen Mädchen aus dem Obergeschoss, deren gebildete Eltern vor kurzer Zeit an der Spanischen Grippe gestorben waren, nicht ohne ihr ein stattliches Erbe zu hinterlassen. Minka ist eine Partynudel – umgeben von

Liebhabern, aber doch auf eine eigentümliche Weise unschuldig. Der achtzehnjährige Erzähler wird zu ihrem Verehrer, begleitet sie auf Partys und in Konzerte, ins Theater und sogar zu einem Vortrag von Karl Kraus. Die Idylle der späten 1920er-Jahre endet, als der junge Liebhaber wegen seines Militärdienstes nach Rumänien zurückgehen muss. Als er 1937 nach Wien zurückkehrt, geht die Party gerade zu Ende.

Gregor (Rezzori benutzt hier seinen wirklichen Namen) zitiert einen befreundeten Journalisten: „Wenn, wie Poldi sagte, die Deutschen jetzt wirklich Österreich erobern wollten, um so besser. Dann wären die deutschsprachigen Völker wieder vereint wie im Heiligen Römischen Reich Karls des Großen."[39] Doch als er Minka und ihre Freundinnen zu einem Bierkeller begleitet, wo „ein riesiger, unrasierter Kerl sich vor uns aufpflanzte und uns ins Gesicht brüllte: ,Juden raus!'", steigen die Spannungen. „Minka und alle unsere Freunde, alle Juden überhaupt, taten mir in gewisser Weise sogar aufrichtig leid", notiert der Erzähler, „aber auch das war nun einmal gekommen, wie's gekommen war, jeder büßte für irgendwas, womit er vielleicht gar nichts mehr zu tun hatte, und was ich bestenfalls für die armen Leute tun konnte, war, meine Beziehungen zur SS spielen zu lassen, wenn sie in ernsthafte Schwierigkeiten kommen sollten."[40]

Minka selbst scheint keine Vorstellung davon zu haben, was es heißt, eine Jüdin zu sein. Eine der schrecklichsten Szenen einer Anschluss-Geschichte, die ich je gelesen habe, ist der Bericht von einem Abend in der Butler-Schule in der Praterstraße, wo jüdische Bankiers und Intellektuelle, die auf ihre Ausreisepapiere nach England warten (wie es Minka selbst bald wird tun müssen), lernen, wie man den Briten aufwartet:

„Sie hatte reichlich Zulauf, und wir gingen hin, um zuzuschauen, wie jüdischen intellektuellen Kaffeehaushockern und Börsenmaklern beigebracht wurde, stilgerecht Lordschaften zu bedienen. Wir bogen uns vor Lachen beim Anblick ältlicher Bankiers, die mit Schürzen um die Hüften Silber putzten, vollbeladene Tabletts balancierten und Rotweinflaschen in Karaffen füllten."
In jenem Sommer und Herbst 1938 gingen „die meisten Juden, die ich kannte, einer nach dem anderen ins Ausland ... oder ... verschwanden". [41]

So war das, nach Rezzoris entsetzlich lakonischem Bericht. Minka kann nach England entkommen und will 1947 nach Amerika emigrieren. Jetzt ist es Gregor, der mittellos und hungrig ist. Sein Vater hatte sich umgebracht, als die Russen 1940 die Bukowina besetzten. Es ist anscheinend niemand mehr da, „den man hassen könnte."[42] Deutet Rezzori hier an, dass der Erzähler sein Komplizentum mit den Nazis erkannt hat? Das ist schwer zu sagen, und es wird zweifellos Leser geben, die „Treue" allzu drastisch finden. In dieser und allen anderen Geschichten berichtet Rezzori schonungslos vom österreichischen Antisemitismus als Pathologie eines besiegten und gedemütigten Volkes, das einen Sündenbock braucht.

Nach dem Anschluss 1938 befanden sich die Autoren der Zwischenkriegszeit in einer Art Schwebezustand. Wittgenstein, der seit 1929 in Cambridge wohnte und lehrte, schrieb in sein Tagebuch: „Ich bin jetzt in einer außerordentlich schwierigen Lage. Durch die Einverleibung Österreichs ins Deutsche Reich bin ich deutscher Staatsbürger geworden. Dies ist für mich ein furchtbarer Zustand, denn ich bin nun völlig abhängig von einer Macht, die ich in keinem Sinne anerkenne."[43] Wittgensteins Abscheu richtete sich natürlich auf das Dritte Reich, nicht gegen Deutschland überhaupt; doch trifft es zu, dass sich Wittgenstein niemals als Deutscher gefühlt hat. Unter den herrschenden Umständen blieb ihm offensichtlich keine Wahl: Er musste britischer Staatsbürger werden. An John Meynard Keynes schrieb er:

„Der Gedanke, die britische Staatsbürgerschaft zu erwerben, ist mir schon früher gelegentlich gekommen, doch ich habe ihn immer mit der Begründung zurückgewiesen, daß ich kein nachgemachter Engländer werden will (ich glaube, Du verstehst, was ich meine). Jetzt hat sich die Situation für mich jedoch gänzlich verändert. Denn nun muß ich zwischen zwei neuen Staatsbürgerschaften wählen, von denen mir eine alles *nimmt, während die andere es mir zumindest gestatten würde, in einem Land zu arbeiten, in dem ich, mit Unterbrechungen, den größten Teil meines Erwachsenenlebens verbracht, die innigsten Freundschaften geschlossen und die beste Arbeit geleistet habe."*[44]

Wittgenstein hatte mehr Glück als andere: Er konnte britischer Staatsbürger werden und sein Lebenswerk fortführen. Dagegen blieb Canetti, der ebenfalls nach England geflüchtet war, eine umstrittenere – und entfremdete – Persönlichkeit. Karl Kraus, dessen letzte politische Satire „Die dritte Walpurgisnacht" (1933) mit dem abfälligen Satz „Mir fällt zu Hitler nichts ein" beginnt, musste sich bei seinem Tod 1936 eingestehen, dass er die Macht der Nazis bei Weitem unterschätzt hatte. Roth in Paris hielt 1939 für das Jahr des Endspiels und ergab sich dem Alkohol, er starb kurze Zeit später. Musil musste mit seiner Familie nach Zürich umziehen, wo er keinerlei Aussichten auf Einnahmen hatte. Und der 18-jährige Celan sah zu Hause bei seiner Familie in der Bukowina, damals ein Teil Rumäniens und mit Kriegsbeginn Protektorat der Sowjets, den Einmarsch der Nazis 1940 ebenso wenig voraus wie den Holocaust. Seine ist die mit Abstand traurigste Habsburg-Geschichte von allen.

Von Kraus bis Celan besaß die österreichische Literatur eine eigentümliche Besonderheit. Das Heimweh nach jenem Reich, in der sie geblüht hatte, und die immer gegenwärtige Gefahr von Krieg und Vertreibung warfen einen langen Schatten auf diese besondere Schreibkultur – eine Kultur, in der das gehobene Deutsch, das sie sich während ihrer Kindheit und in ihrer Jugend als Schüler von Goethe und Heine, Schopenhauer und Nietzsche (wie auch von Grillparzer, Nestroy und Raimund) angeeignet hatten, durch den Umstand moduliert wurde, dass diese Autoren stets in Kontakt mit den Sprachen der Anderen des Reiches waren. Die austromoderne Literatur der langen Kriegsjahre war in ganz wörtlichem Sinne eine Literatur am Rand – und am Abgrund.

1. Der medial vermittelte Krieg
Karl Kraus' „Die letzten Tage der Menschheit"

„Was hier geplant wird, ist nichts als eine Trockenlegung des weiten Phrasensumpfes ..."[1] Karl Kraus

1. Akt, 1. Szene. Bühnenanweisung: „Wien. Ringstraßenkorso. Sirk-Ecke. ... Fahnen an den Häusern. Vorbeimarschierende Soldaten werden bejubelt. Allgemeine Erregung. Es bilden sich Gruppen."

Die Zeitungsjungen mit ihrer „Extraausgabe –!", die den Kriegsausbruch ankündigt, werden von einem betrunkenen Demonstranten unterbrochen, der grölt: „Nieda mit Serbieen! Nieda! Hoch Habsburg! Hoch! Hoch Serbieen!" und bekommt für seinen Irrtum sofort einen Rippenstoß. Ein Gauner und eine Prostituierte werfen sich Beleidigungen an den Kopf, und einer von zwei Armeelieferanten, die über die Bestechungsgelder sprechen, die die Reichen einsetzen werden, um ihre Einberufung zu umgehen, zitiert den Ausspruch Bismarcks in der „Neuen Freien Presse" (Wiens führender Zeitung zur Zeit der Ermordung des Erzherzogs in Serbien), dass die Österreicher zum Küssen wären. Ein Offizier sagt zu seinem Kameraden, der Krieg sei „unanwendbar", wobei er in Wirklichkeit, wie sein Freund einwirft, „unabwendbar" meint. Ein patriotischer Wiener preist den kommenden Konflikt als einen heiligen Verteidigungskrieg gegen die „Einkreisung" durch feindliche Mächte: „Sind wir doch umgerungen von lauter Feinden!" und: „Daß sie's nur hören die Feind, es ist ein heilinger Verteilungskrieg was mir führn!", und die Menge schmäht die Feinde mit Reimen im Wiener Dialekt:

Stimmen aus der Menge: ... Serbien muß sterbien! ... A jeder muß sterbien!
Einer aus der Menge: Und a jeder Ruß –
Ein Anderer (brüllend): – ein Genuß!
Ein Dritter: An Stuß! (Gelächter.)
Ein Vierter: An Schuß!
Alle: So is! An Schuß! Bravo!
Der Zweite: Und a jeder Franzos?
Der Dritte: A Roß! (Gelächter.)

Der Vierte: An Stoß!
Alle: Bravo! An Stoß! So is!
Der Dritte: Und a jeder Tritt – na, jeder Britt!?
Der Vierte: An Tritt!
Alle: Sehr guat! An Britt für jeden Tritt! Bravo![2]

Wem dieser 1915 geschriebene Dialog wie eine raffinierte Imitation des Gassenslangs vorkommt, der liegt falsch. Denn diese Schmähreime über Russen, Franzosen und Briten stammen in Wirklichkeit von einer deutschen Bildpostkarte (vom 25. August 1914), auf der zwei Soldaten mit Pickelhauben den Feind attackieren.[3]

Diese Reime tauchen in anderem Kontext in dem wahrscheinlich ersten – und vielleicht bemerkenswertesten – Doku-Drama auf: in Karl Kraus' zutiefst verstörendem „Die letzten Tage der Menschheit". Kraus' Dialoge, wie die in der obigen Szene, klingen alltäglich und sogar ganz „natürlich", spiegeln sie doch die ganze Bandbreite sprachlicher Register, wie sie für soziale Schicht, Volkszugehörigkeit, geografische Herkunft und Berufsstand typisch sind.

Doch ein Großteil des Stücks besteht aus historischen Dokumenten, ist Zeitungen, Leitartikeln, öffentlichen Protokollen, Manifesten, Briefen, Bildpostkarten und Interviews entnommen – praktisch aus allen möglichen Schriftdokumenten der Jahre des Ersten Weltkriegs. „Die unwahrscheinlichsten Taten, die hier gemeldet werden", schreibt Kraus im Vorwort, „sind wirklich geschehen .... Die unwahrscheinlichsten Gespräche, die hier geführt werden, sind wörtlich gesprochen worden; die grellsten Erfindungen sind Zitate."

Die Technik ist die der Montage: Zwischen Shakespeare- und Goethe-Zitate werden Kabarettlieder, vaterländische Gesänge, Tableau vivant, Vaudeville, Marionettentheater eingestreut, und in späteren Akten sogar Fotomontagen, um damit ein fremdartiges Mischgebilde zu erzeugen – teils Operette, teils Karneval, teils politischer Traktat –, in dem sich „hohe" und „niedere" Kultur in einer neuen Mixtur vereinen. „Das Dokument", formuliert Kraus, „ist Figur; Berichte erstehen als Gestalten, Gestalten verenden als Leitartikel; das Feuilleton bekam einen Mund, der es monologisch von sich gibt; Phrasen stehen auf zwei Beinen – Menschen behielten nur eines."[4] Und durchweg dominieren das Komische, das Lustige, das Groteske, das Surreale. „In Berlin", witzelte Kraus angeblich einmal, „ist die Lage ernst, aber nicht hoffnungslos. In Wien ist sie hoffnungslos, aber nicht ernst."[5]

Kraus ist in seiner Analyse der Rolle, die die Medien in Zeiten des Krieges spielen, verblüffend aktuell: Schalten Sie heute den Nachrichtensender CNN ein, werden Sie bemerken, dass die dortige Aufbereitung von Nachrichten den Lesern von Kraus' verheerenden Bloßstellungen der Mediensprache in seiner berühmten Zeitschrift „Die Fackel" oder in „Den letzten Tagen der Menschheit" durchaus vertraut war – eine Aufbereitung, die sich, wie Kraus nur zu allzu gut wusste, schlicht und einfach deshalb möglich ist, weil Journalisten für die Korrektheit ihrer Berichterstattung niemals *verantwortlich gemacht* werden, geschweige denn für ihre Voraussagen.

So konnte etwa der der CNN-Anchor Anderson Cooper bei seiner Berichterstattung über den ägyptischen Aufstand im Januar 2011 nicht genug von den Wundern des arabischen Frühlings mit seiner „Facebook-Revolution" und seinem angeblichen Durst auf „Demokratie" schwärmen. Heute, mit der schrankenlosen Militärdiktatur General as-Sisis an den Schalthebeln der Macht, lassen Coopers abendliche Berichte die Lage in Ägypten fast völlig außen vor (es gilt jetzt über ISIS und Syrien zu berichten!), als ob der CNN-Anchor schon immer gewusst hätte, dass der arabische Frühling zum Scheitern verurteilt gewesen sei. Wie in einer Welt, in der die Wahrheit dem täglichen Nachrichtenzyklus unterworfen ist, Informationen verbreitet werden: Das hat Kraus mit frappierender Weitsicht aufgezeigt.

Der breite Raum, den Zitate und dokumentarische „Belege" in den „Letzten Tagen der Menschheit" einnehmen, unterscheidet sie von den avantgardistischen Pendants in Russland, Italien und Frankreich, von der Kunstsprache der *Zaum*-Poesie in der russischen Avantgarde, den *parole in libertà* und der „Zerstörung der Syntax" des italienischen Futurismus bis zur Fragmentierung, zum hyperbolischen „Un-Sinn" und zu den elaborierten Wortspielen des Dada französischer oder deutscher Prägung.

Kraus' Schriften setzen auf die scheinbare Transparenz von zusammenhängenden Sätzen und „normalen" Absätzen. Die politischen Manifeste der „Fackel" sind in einfacher Prosa verfasst und experimentieren im Unterschied zu F. T. Marinetti oder Tristan Tzara nicht mit innovativer typografischer Gestaltung der Seiten. Dennoch hängen Kraus' satirische Ideen ebenso wie ihre von der erst seit Kurzem den Dichtern und Künstlern zugänglich gewordenen Technologie zur Herstellung und Verbreitung von Druckerzeugnissen ab. Er verstand sich bestens darauf, sie für sein Anliegen zu benutzen, das seines Erachtens *Unvorstellbare* vorstellbar zu machen – eine Welt des Krieges auszumalen, dessen Zweck nie wirklich geklärt wurde und der doch buchstäblich das Leben der Bevölkerung des Reiches zertrümmerte. Tatsächlich war der Bruch der Lebensverhältnisse für die Bürger der Doppelmonarchie viel tief greifender als in Deutschland. Schließlich blieben in Deutschland, ähnlich wie in Frankreich und Großbritannien, die geografischen Grenzen und die ethnischen Strukturen der Vorkriegszeit im Großen und Ganzen erhalten.

Kraus hatte das *Unvorstellbare* bereits zu Beginn des Krieges (am 1. August 1914) vorausgesagt. Der Leitartikel der *Fackel* vom 5. Dezember 1914 trägt den Titel „In dieser großen Zeit" und beginnt wie folgt:

„*In dieser großen Zeit*

die ich noch gekannt habe, wie sie so klein war; die wieder klein werden wird, wenn ihr dazu noch Zeit bleibt; und die wir, weil im Bereich organischen Wachstums derlei Verwandlung nicht möglich ist, lieber als eine dicke Zeit und wahrlich auch schwere Zeit ansprechen wollen; in dieser Zeit, in der eben das geschieht, was man sich nicht vorstellen konnte, und in der geschehen muß, was man sich nicht mehr vorstellen kann, und könnte man es, es geschähe nicht –; in dieser ernsten Zeit, die sich zu Tode gelacht hat vor der Möglichkeit, daß sie ernst werden könnte; von ihrer Tragik überrascht, nach Zerstreuung langt, und sich selbst auf frischer Tat ertappend, nach Worten sucht; in dieser lauten Zeit, die da dröhnt von der schauerlichen Symphonie der Taten, die Berichte hervorbringen, und der Berichte, welche Taten verschulden: in dieser da mögen Sie von mir kein eigenes Wort erwarten. ... Wer etwas zu sagen hat, trete vor und schweige!"[6]

Der unvorstellbare Krieg wird in diesem Anti-Manifest kein einziges Mal erwähnt, es bildet Variationen auf das Wort *Zeit*, das laufend wiederholt wird – eine Zeit, die aus der Sicht von Kraus völlig aus den Fugen ist. Es fällt auf, dass seine Reaktion auf den Großen Krieg im Vergleich zu den verbreiteten Reaktionen völlig atypisch war: Von Rainer Marie Rilkes patriotischen „Fünf Gesängen", die mit den Worten beginnen: „Zum ersten Mal seh ich dich aufstehn, hörengesagter fernster unglaublicher Krieger-Gott" bis zu Hugo von Hofmanthals „Österreichs Antwort" bestand die spontane Reaktion österreichischer Schriftsteller auf den Kriegsausbruch in begeisterter Unterstützung. Selbst Robert Musil, der später ganz andere Ansichten vertreten sollte, schrieb 1914:

„... ein neues Gefühl [war] geboren ..., und eine betäubende Zugehörigkeit riß uns das Herz aus den Händen ... und doch fühlen wir ... , wie wir von einer unnennbaren Demut geballt und eingeschmolzen werden, in der der Einzelne plötzlich wieder nichts ist außerhalb seiner elementaren Leistung, den Stamm zu schützen. Dieses Gefühl muß immer dagewesen sein und wurde bloß wach; ... ein Glück ..., über allem Ernst um eine ungeheure Sicherheit und Freude."[7]

Mit solchen Einlassungen wiederholten österreichische Schriftsteller nur ihre deutschen Kollegen. Das berühmte (oder vielleicht besonders berüchtigte) Beispiel dafür ist Thomas Mann, der 1914 in seinen „Gedanken im Kriege" die Kriegserklärung für völlig gerechtfertigt hielt, ja zu einem gewaltigen kreativen Ereignis erklärte, das anders als die oberflächliche „Zivilisation" des korrupten Frankreich oder England eine nationale Einheit, die moralische Erhebung sowie die Werte einer echten „Kultur" hervorbringen würde, wie sie ein Schopenhauer, ein Nietzsche oder Wagner repräsentierten.[8]

Als Künstler und Schriftsteller in späteren Kriegsjahren den wahren Schrecken des Großen Krieges zu begreifen begannen, wandten sie sich von Politik und Kultur ab und den Qualen derjenigen zu, die tatsächlich in den Schützengräben gekämpft hatten. Die eindrucksvollste deutsche Arbeit dazu war Ernst Jüngers „In Stahlgewittern" aus dem Jahr 1920, in dem die Frontkämpfe äußerst realistisch geschildert werden. Als Eric Maria Remarques Antikriegsbuch „Im Westen nichts Neues" 1928 erschien, hatte sich die Stimmung völlig gewandelt. Auf dem Frontispiz schrieb der Autor: „Dieses Buch soll weder eine Anklage noch ein Bekenntnis sein. Es soll nur den Versuch machen, über eine Generation zu berichten, die vom Kriege zerstört wurde – auch wenn sie seinen Granaten entkam."

Allerdings – und nun wird es kompliziert – haben Kraus' „Letzte Tage der Menschheit" mit „Im Westen nichts Neues" genauso wenig gemeinsam wie mit den kriegsbegeisterten Oden und Karikaturen von 1914. Während Jünger oder Remarque oder auch englische Kriegsdichter (Wilfred Owen, Rupert Brooke, Siegfried Sassoon u. a.) sehr persönliche und verstörende Aspekte des realen Kriegsgeschehens schilderten, die mitfühlend Zeugnis von den offenkundig unschuldigen jungen Männern ablegten, die ihm zum Opfer fielen, setzt Kraus für sein dokumentarisches Drama alle Mittel seines poetischen Arsenals ein, um die Mittäterschaft, die Feigheit und die oft ungewollte Grausamkeit nicht nur derjenigen darzustellen, die im Krieg waren, sondern auch derer, die zurückblieben oder ihn organisierten. Vom ersten durchdringenden Ruf des Zeitungsjungen, der das Attentat auf Erzherzog Franz Ferdinand verkündete, über die kleinkarierten Kontroversen zwischen Kellnern und Gästen der örtlichen Cafés bis hin zu den Depeschen vom Ballhausplatz (den Büros der Ministerien) und den Predigten in den Wiener Kirchen gibt es kaum etwas, das vom Kriegswahn und seinen Torheiten verschont bleibt.

Was wie zufällig beginnt, wird alsbald zum Normalzustand und offenbart eine verborgene Bösartigkeit, die nicht nur die öffentlichen Diskurse, sondern bald das gesamte soziale Gefüge durchdringt. Hochkultur gegen bloße „Zivilisation": Dieser Gegensatz bedeutet den hungernden Kindern im Klassenzimmer wenig, die gezwungen werden, patriotische Weihestunden zu inszenieren, und ebenso wenig den frischen Rekruten in den Kasernen, die den Bürokraten kleine Bestechungsgelder zustecken, um einige Stunden Urlaub zu ergattern.

Kraus' grausame Apokalypse erschien seinen modernen Lesern womöglich übertrieben: Anders als zum Beispiel Bertolt Brecht sah er keine politische Alternative zum kapitalistischen Wettbewerbssystem, das die Kriegsmaschine befeuerte. Wenn jemand für die Verherrlichung des Krieges verantwortlich war, dann war dies nach Kraus die Presse, der er freilich selbst angehörte. Viele Leser haben seine Obsession mit den Medien als falsch oder zumindest übertrieben empfunden. Walter Benjamin, ein großer Kraus-Verehrer, erinnert seine Leser: „Die Zeitung ist ein Instrument der Macht. Sie kann ihren Wert nur von dem Charakter der Macht haben, die sie bedient ..."[9] Das war 1931, kurz vor der Machtergreifung der Nazis. Doch im Jahre 1939 war er sich in Bezug auf die Quellen der Macht der Presse schon nicht mehr so sicher:

„Hätte die Presse es darauf abgesehen, daß der Leser sich ihre Informationen als einen Teil seiner Erfahrung zu eigen macht, so würde sie ihren Zweck nicht erreichen. Aber ihre Absicht ist die umgekehrte und wird erreicht. Sie besteht darin, die Ereignisse gegen den Bereich abzudichten, in dem sie die Erfahrung des Lesers betreffen könnten. Die Grundsätze journalistischer Information (Neuigkeit, Kürze, Verständlichkeit und vor allem Zusammenhanglosigkeit der einzelnen Nachrichten untereinander) tragen zu diesem Erfolge genauso

bei wie der Umbruch und wie die Sprachgebarung (Karl Kraus wurde nicht müde nachzuweisen, wie sehr der sprachliche Habitus der Journale die Vorstellungskraft ihrer Leser lähmt)."[10]

Das setzt natürlich voraus, dass es tatsächlich eine individuelle Vorstellungskraft gibt, die paralysiert wird. Doch was passiert, wenn die Medien ein Eigenleben führen, wie es heute der Fall ist, wenn die „Vorstellungskraft" selbst Produkt medialer Darstellung ist? Das Theaterstück „Die letzten Tage der Menschheit" ist außergewöhnlich vorausschauend, aber bis in die jüngste Zeit haben die Kritiker ihm nur zögerlich Gerechtigkeit widerfahren lassen. So erwähnt etwa Stanley Corngold das Stück in seinem detaillierten Überblick über die deutsche Literatur zum Ersten Weltkrieg nur am Rande anlässlich der Darstellung der Kriegsgewinnler, die dort in einigen bösen, satirischen Szenen auftreten. Und selbst dabei distanziert sich Corngold noch von Kraus, indem er ihn (mit einem Zitat aus zweiter Hand) als einen „jüdischen Antisemiten" bezeichnet.[11]

Diese Bezeichnung ist nicht falsch, sie lässt allerdings den Kontext der Kraus'schen Invektiven völlig außer Acht. Kraus' These zur Entstehung des Ersten Weltkriegs läuft nämlich darauf hinaus, dass die Medien durch ihr unvermeidliches Vertrauen auf Schlagzeilen, Bildunterschriften und Sprüche eine Atmosphäre erzeugen, in der die Bürger nicht mehr erkennen, wie barbarisch und sinnlos eine bestimmte Politik sein kann. Patriotische und kriegsbejahende jüdische Herausgeber und Verleger – das markanteste Beispiel war Moritz Benedikt von der „Neuen Freien Presse" – sahen sich derselben schneidenden Kritik ausgesetzt wie ihre nichtjüdischen Kollegen.

Nach dem Krieg – „Die letzten Tage der Menschheit" waren erst 1922 vollendet worden – wichen die Auseinandersetzungen an der Heimatfront drängenderen Problemen. Angesichts des gewalttätigen Antisemitismus und der Verschwörungstheorien im Zusammenhang mit der militärischen Niederlage von 1918 wandte sich Kraus dem Aufstieg des Nationalsozialismus zu. Deutschland, schrieb er in der „Fackel" schon 1921, sei das Land, „wo das Hakenkreuz über den Trümmern des Weltbrands ragt".[12] In der Tat gewannen die Hakenkreuzler immer größeren Einfluss, aber Kraus hatte das schon im Jahr 1915 geahnt, als er die Stimmungslage der Nachkriegsjahre (bei Faschisten ebenso wie bei Kommunisten) folgendermaßen beschrieb:

„Gleichwohl wird sich der Heimkehrende nicht leicht in das zivile Leben wieder einreihen lassen. Vielmehr glaube ich: Er wird in das Hinterland einbrechen und dort den Krieg erst beginnen. Er wird die Erfolge, die ihm versagt werden, an sich reißen und der Krieg wird ein Kinderspiel gewesen sein gegen den Frieden, der da ausbrechen wird. Vor der Offensive, die dann bevorsteht, bewahre uns Gott. Eine furchtbare Aktivität, durch kein Kommando mehr gebändigt, wird in allen Lebenslagen nach der Waffe und nach dem Genuß greifen und es wird mehr Tod und Krankheit in die Welt kommen, als der Krieg je ihr zugemutet hat."[13]

Während der Erste Weltkrieg in England aus der Perspektive der Schützengräben und damit vor allem aus dem Blickwinkel der unglücklichen Soldaten beschrieben wurde, liegt der Fokus bei Kraus mehr auf der Heimatfront. Die moderne Kriegsführung, heißt es in der „Fackel" im Oktober 1917, sei nicht mehr eine Frage von Armbrust und Tyrannen (Kraus spielt auf „Wilhelm Tell" an), sondern von „Technik und Bürokraten". Das Prinzip der „schauerlichen Kontrasthaftigkeit" verlangt nicht nach einer „mathematischen" Poesie, sondern nach dem, was Kraus „apokalyptische Genauigkeit" nennt – man könnte sagen, der Genauigkeit von Hyperdetails.[14]

Ein Prinzip, das uns heute, im Zeitalter der Bilderflut und der sozialen Netzwerke, sehr vertraut vorkommt. Peli Grietzer bemerkt 2012 im Zusammenhang mit aktuellem „Conceptual Writing": „Literatur kann uns heute nicht mehr befriedigen, indem sie die Dinge unserer Welt beschreibt oder beschwört, aber sie kann dies tun, indem sie einen großen Teil der Dinge aufnimmt, die *in* der Welt sind: Steuerformulare, Unterhaltungen, Indizes, Briefe, tägliche Reden, Radiogeschwätz, E-Mails – alles, was jemals im Internet war, sogar die Literatur selbst."[15]

Ein Jahrhundert nach seiner Fertigstellung wird man Kraus' hypertextuelles „Die letzten Tage der Menschheit" am treffendsten als das bezeichnen, was ich „differenziellen Text" nenne – einen Text, der weder einzigartig noch autonom ist, sondern aus einer Reihe von Varianten besteht. Begonnen 1915, bei vielen Gelegenheiten während des Krieges vom Autor gelesen, mit Auszügen in der „Fackel", stark überarbeitet im Jahr 1918, aber erst 1922 fertiggestellt und nicht vor 1926 in vollständiger Form veröffentlicht, haben die „letzten Tage" Herausgeber, Übersetzer und Theaterdirektoren vor endlose Herausforderungen gestellt, wenn sie versuchten, es genauso zu reproduzieren, wie ihr Autor das Stück geschrieben hat. Kraus wusste selbst, dass dies unmöglich war. Im Vorwort schreibt er:

„Die Aufführung des Dramas, dessen Umfang nach irdischem Zeitmaß etwa zehn Abende umfassen würde, ist einem Marstheater zugedacht. Theatergänger dieser Welt vermöchten ihm nicht standzuhalten. Denn es ist Blut von ihrem Blute und der Inhalt ist von dem Inhalt der unwirklichen, undenkbaren, keinem wachen Sinn erreichbaren, keiner Erinnerung zugänglichen und nur in blutigem Traum verwahrten Jahre, da Operettenfiguren die Tragödie der Menschheit spielten."

Kraus' unaufführbares Drama in fünf Akten umfasst einschließlich Prolog und Epilog 800 Seiten. Eine gekürzte, von Kraus selbst erstellte „Bühnenfassung" (von 220 Seiten) wurde in Wien aufgeführt. Die Version von 1928 eliminiert Prolog und Epilog sowie die langen Debatten zwischen dem Optimisten und dem Nörgler und arrangiert die Szenenfolge im Interesse der narrativen Kohärenz und der dramatischen Unmittelbarkeit neu. Das Ergebnis ist meines Erachtens, dass die Vielfalt der Register, die das Original so einzigartig macht, weitgehend verloren gegangen ist.[16]

Von den Mitschnitten von Kraus' eigenen Lesungen aus den „Letzten Tagen" und verwandter Texte (zum Beispiel seine dramatische Lesung der „Reklamefahrten zur Hölle", zu hören auf YouTube) bis zu Mario Hellingers brillanter Lesung von „Die Gerüchte" können wir die außerordentliche Theatralik spüren. In den letzten Jahren gab es zahlreiche Aufführungen, Filme, Videos, Lesungen des Stücks – von der Inszenierung des Free Theatres in Neuseeland 2008 bis zur Wiener Neustädter Produktion von Paulus Manker 2018/2019 –, die die bittere Satire und den schwarzen Humor dieses mit Sicherheit radikalsten Antikriegsstücks zum Ausdruck brachten.

Die Metaphysik der Haifische
Wie funktioniert das Kraus'sche Theater? Ich werde dafür Beispiele vornehmlich aus dem ersten Akt nehmen, der mit einer großen Massenszene am Vorabend des Krieges beginnt und über tiefschürfende Gesprächen zwischen adligen Diplomaten auf die komische Szene in der Wiener Vorstadt zusteuert (1. Akt, Szene 8), in der eine Gruppe junger Handwerker damit beschäftigt ist, Laden- und Restaurantschilder mit „ausländischen"-Namen zu entfernen: das Café Westminster (offensichtlich bis zum Ausbruch des

Krieges von vielen britischen Touristen frequentiert, einschließlich adeliger Herren!) überlebt nur dank der Umtaufe in Café West*münster*; das französische *Adieu* ebenso wie das lateinische *Servus!* („Ergebener Diener!" – ein gebräuchlicher Wiener Ausdruck für „Bis dann!" oder „Auf Wiedersehen!") muss aus dem Vokabular gestrichen werden. Die Szene endet mit dem folgenden Ratschlag des einen Handwerkers:

„*Apropos, im Fall einer protestiert, legitimierts euch einfach als interimistische Volontäre der provisorischen Zentralkommission des Exekutivkomitees der Liga zum Generalboykott für Fremdwörter. Adio!*"

Der Witz dieses Ratschlags besteht natürlich darin, dass er selbst ein Gewebe aus Fremdwörtern darstellt: Dem *Apropos* (französisch) folgt das lateinische *protestiert* und *legimitiert* und darauf das küchenlateinische *interimistische*, das zugleich das Paragramm *Mist* (österreichisch für „Abfall") enthält. Das letzte Wort *Adio!* ist eine verstümmelte Version des spanischen *Adios*, Äquivalent zum französischen *Adieu*. Aber die größte Ironie von Kraus liegt in der Wortverbindung *Generalboykott*, in dem aberwitzig hochtrabenden Titel „provisorische Zentralkommission des Exekutivkomitees". Das englische Wort *Boycott* wurde während des irischen „Land War" (1880) als Reaktion auf das von einem gewissen Captain Charles C. Boycott (1832–1897), englischer Landagent im County Mayo, erlassene Edikt geprägt, in dem er die Verringerung der Gebühren seiner Pächter ablehnte. „Generalboykott für Fremdwörter" schließt folglich selbst ein Fremdwort ein – die Bezeichnung stammt von Österreichs mächtigstem Feind England. Während eines Krieges entstanden, wird der *Boycott* während eines anderen eingesetzt.

Kraus hat solche Absurditäten nicht erfunden: Die „Neue Freie Presse" und andere Wiener Zeitungen waren voll davon. In der anschließenden Szene (1. Akt, 9. Szene) gibt es einen absurden Dialog zwischen einem Lehrer und einem Schüler in einer typischen Schulklasse: Das Wort *Fremdenverkehr* – wörtlich der Verkehr mit Ausländern (kommerziell oder sexuell), allgemein der Tourismus, der Devisenverkehr bzw. der Außenhandel – verwandelt sich nun in einen Begriff mit entgegengesetzten Bedeutungen: „Verkehr" im Sinne von Kriegsverkehr, von Handel mit Panzern, Lastwagen, Flugzeugen und Waffen. Die erste Strophe des abschließenden Alphabet-Liedes (fünf Strophen für A, E, I, O, U), gesungen von den Schülern und von ihrem Lehrer auf der Geige begleitet, beginnt folgendermaßen:

„A a a, der Fremde der ist da.
Die stieren Zeiten sind vergangen,
Der Fremdenverkehr hat angefangen,
A a a, der Fremde der ist da."

Der *Fremde*, der in diesem kleinen Liedchen eine Woche zuvor in den Geschichts-, Erdkunde- und Deutschstunden in einem Klassenzimmer in Wien beschrieben wurde, hat sich über Nacht in den Feind verwandelt. Und der Rest dieses Liedes beschwört das „Wiener Blut".[17] Eine solche Verwandlung der Sprache und die Enttäuschung „normaler" Erwartungen wird auf allen Ebenen des Stücks realisiert. Die kurze Szene 12 zum Beispiel bringt einen Dialog zwischen einem Riesen in Zivil und einem Zwerg in Uniform. Der Riese wurde für untauglich erklärt; er sagt, dass er durchgerutscht sei – eine delikate Absurdität bei einem Riesen –, während der Zwerg stolz darauf ist, dass er einberufen wurde:

„Der Zwerg: Ich aber bin zufrieden. Es wächst der Mensch mit seinen höhern
Zwecken. Zuerst hab ich ja gezweifelt, ob ich in die große Zeit passen werde
und imstande sein, Schulter an Schulter zu kämpfen. Aber im Zivil wird
man nur verspottet und vom Militär komm ich als Held zurück, über den
so manche Kugel hinweggeflogen sein wird. Wenn die andern sich zu Boden
werfen – ich bleibe stehn!
Der Riese: Sie Glücklicher!
Der Zwerg: Trösten Sie sich. Sie können ja nichts dafür. Es kommt auf die
Kommission an.
Der Riese: Ich bin durchgerutscht.
Der Zwerg: Ich bin dem Arzt aufgefallen.
Der Riese: Gehn wir essen, ich habe einen Riesenhunger.
Der Zwerg: Ich werde eine Kleinigkeit zu mir nehmen."

In Wirklichkeit hat der glückliche Zwerg, einberufen wegen seiner Fähigkeit, aus der Ferne unsichtbar zu sein, das Recht zu sterben erworben. Krieg, der große Gleichmacher, erlaubt solche Statusverschiebungen.

Die mit Sicherheit dramatischste Szene (1. Akt, Szene 14) des ersten Aktes beruht auf der wahren Geschichte einer prominenten Wiener Schauspielerin (Gretl Horn, die im Stück Elfriede Ritter heißt), die sich laut Zeitungsberichten aus dem Jahre 1916 zu Kriegsbeginn in Riga aufgehalten hatte und von der russischen Polizei der Spionage verdächtigt und überwacht worden war. Die Polizei hatte Verdacht geschöpft, nachdem sie in ihrem Besitz eine Postkarte ihres Bruders gefunden hatte, eines jungen Soldaten, auf der er seine Begeisterung beschreibt, gegen Serbien in den Krieg zu ziehen. Kraus hatte offensichtlich die wahren Schuldigen ermittelt: Laut seiner Darstellung ist die Schauspielerin Elfriede Ritter mit dem Auspacken des Gepäcks in ihrer Wiener Wohnung beschäftigt, als drei aufdringliche Reporter namens Füchsl (Füchslein), Feigl (kleine Feige, auch: kleiner Feigling) und Halberstam (halbe Wurzel oder Stängel) auftauchen, um sie zu interviewen:

„Elfriede Ritter (spricht norddeutsch, lächelnd): Meine Herren, ich danke für Ihr teilnahmsvolles Interesse, es ist wirklich rührend, daß mir meine lieben Wiener ihre Sympathien bewahrten. Ich danke Ihnen von Herzen, daß Sie sich sogar persönlich bemüht haben. Ich wollte ja auch gern mit Kofferauspacken warten, aber ich kann Ihnen beim besten Willen, meine Herren, nichts anderes sagen, als daß es sehr, sehr interessant war, daß mir gar nichts geschehen ist, na was denn noch, daß die Rückfahrt zwar langwierig, aber nicht im mindsten beschwerlich war und (schalkhaft) daß ich mich freue, wieder in meinem lieben Wien zu sein."

Die Reporter stürzen sich sofort auf diesen Bericht, und Füchsl, der vor dem Interview bereits eine Einleitung für den Artikel verfasst hatte, notiert:
„Aus den Qualen der russischen Gefangenschaft erlöst, am Ziele der langwierigen und beschwerlichen Fahrt endlich angelangt, weinte die Künstlerin Freudentränen bei dem Bewußtsein, wieder in ihrer geliebten Wienerstadt zu sein ..."

Als die Schauspielerin dieser Darstellung lächelnd und „mit dem Finger drohend" widerspricht, bestehen die Reporter darauf, dass sie bei der „Wahrheit" bleibe, um deutlich zu machen, dass hier in Wien, anders als in Russland, Redefreiheit herrsche. Als Ritter entgegnet, sie sage wirklich die Wahrheit, sie habe sich frei bewegen und tun und lassen können, was sie wollte, greifen die Reporter zu einer neuen Stratege und erwähnen – wie nebenbei –, dass ihr Theaterdirektor, ein gewisser Herr Fuchs, auf Russland nicht gut zu sprechen sei, und erinnern das Fräulein Ritter daran, wie gut sie bisher in der Wiener Theaterszene behandelt worden sei. In Zukunft, meinen sie spitz, würden ihr gute Rollen vielleicht nicht mehr so leicht angeboten werden. „Ich sag Ihnen, es handelt sich um Ihre Existenz!" Umgehend macht die Schauspielerin einen Rückzieher und erzählt ihren „lieben" Reporterfreunden („lieber Doktor"), dass sie sich nicht mehr genau erinnern könne, was passiert sei, und vielleicht verdränge sie einfach bestimmte schmerzhafte Erinnerungen. Als Füchsl nun andeutet, dass sie zu eingeschüchtert sei, um darüber zu sprechen, spielt Ritter mit.

Nachdem sie Ritters „Geschichte" über die angeblich erlittene Misshandlung bekommen haben, wenden sich Füchsl, Feigl und Halberstam zum Gehen. Jetzt ist es die Schauspielerin, die ihnen schmeichelt: „Na, charmant war's, daß Sie mich besucht haben. Kommt doch bald wieder – Adieu, adieu." Als die drei Reporter zur Tür hinausgehen, sagt Feigl zu seinen Freunden: „Sie hat das Ärgste überstanden und sie hat nicht den Mut es jemandem zu sagen …!" Am Ende glauben die Journalisten an die eigene Geschichte – oder behaupten dies zumindest. Fräulein Ritter habe schließlich über ihre „geheimsten Empfindungen" gesprochen.

Die ganze Wahrheit, wie man sie drucken kann. Die böse kleine Geschichte von Kraus, die vielleicht auf der Szene der Verwandlung von Lady Anna in Shakespeares „Richard III." basiert, ist paradigmatisch geworden. Elfriede Ritter sehen wir nie wieder, aber die metonymische Struktur der „Letzten Tage" bringt Variation auf Variation des Themas „Macht der Presse" hervor. In Szene 24 des ersten Aktes beobachten wir beispielsweise den Hoffotografen Skolik, der ein Foto des berühmten Feldmarschalls Conrad von Hötzendorf machen will, als dieser anscheinend die Karte des italienischen Kriegsschauplatzes studiert. Der Fotograf stellt bald fest, dass der senile alte Feldmarschall die Karte mit der des Balkans verwechselt, wo Hötzendorf zehn Jahre zuvor in den Balkankriegen militärisch triumphiert hatte.

Dazu gehört auch Szene 26 des ersten Aktes, in der die bekannte, äußerst patriotische Kriegskorrespondentin Alice Schale, die im Stück ihren richtigen Namen trägt, ihren ersten Augenzeugenbericht von der Front liefert. „Oben auf dem Joch, da hab ich zum erstenmal etwas wie Genugtuung gefühlt beim Anblick der Verwandlung eines Dolomitenhotels in ein Militärquartier. Wo sind jetzt die geschminkten, spitzenumwogten Signoras, wo ist der welsche Hotelier? Spurlos verschwunden."

Und in Szene 28 sieht man den Herausgeber der „Neuen Freien Presse", Moritz Benedikt (Kraus' schlimmsten Feind), einen Artikel über Österreichs Seesieg auf der Adria diktieren:

„Und die Fische, Hummern und Seespinnen der Adria haben lange keine so guten Zeiten gehabt wie jetzt. In der südlichen Adria speisten sie fast die ganze Bemannung des ‚Leon Gambetta'. Die Bewohner der mittleren Adria fanden Lebensunterhalt an jenen Italienern, die wir von dem Fahrzeug ‚Turbine' nicht mehr retten konnten, und in der nördlichen Adria wird den Meeresbewohnern der Tisch immer reichlicher gedeckt."

Keine Verrücktheit, keine Verlogenheit entkommt dem Blick von Kraus: etwa in der kurzen Szene 34 im fünften Akt, in der eine Frau aus dem Dorf Postabitz einen Brief an ihren Mann an der Front schreibt:

„Inigsgelibter Gatte!
Ich theile Dir mit, daß Ich mich verfelt habe. Ich kan nichs Dafür, lieber Gatte. Du verzeist mir schon alles, was ich Dir mittheile. Ich bin in Hoffnung geratten, von einem andern. Ich weis ja, das Du gut bist und mir alles verzeist. Er hat mich überredet und sagte, Du komst so nicht mehr zurück vom Felde und hatte dazu meine schwache Stunde. Du kennst ja die weibliche Schwäche und kanst nichts Besseres als verzeihen, es ist schon passiert. Ich dachte mir schon, Dir muß auch schon was passiert sein, weil Du schon 3 Monat nichts mehr geschrieben hast. Ich bin ganz verschrocken, als ich Deinen Brief erhalten habe und Du noch am Leben warst. Ich wünsche es dir aber verzeihe es mir, lieber Franz, vileicht stirbt das Kind und dan ist alles wieder gut. Ich mag diesen Kerl nicht mehr, weil ich weis, das Du noch am Leben bist. Bei uns ist alles sehr teuer, es ist gut, daß Du fort bist, im Feld kostet Dich wenigstens das Essen nichts. Das Geld, was Du mir geschickt hast, kan ich sehr notwendig gebrauchen. Es grüßt Dich nochmals Deine Dir unvergeßliche Frau Anna."

Das, so meint Kraus, macht die unnatürliche Trennung durch den Krieg aus ganz normalen Menschen: die Hoffnung, dass das Kind sterben möge, und die Entscheidung für das Geld von Franz und gegen die Liebe des anderen Mannes sorgt für schmerzhaft-ironische Lektüre. Das Individuum ist der Kette der Ereignisse ausgeliefert, deren Bedeutung durch nichts so sehr befeuert wird wie durch Hörensagen, falschen Alarm und vor allem Gerüchte.

Einer der großen Augenblicke in den „Letzten Tagen" ist die Szene 17 im fünften Akt, die auf einem eigenen Stück von Kraus für die „Fackel" basiert, illustriert von Rudolf Herrmann und wieder abgedruckt in seinem „Weltgericht" (1919). Es heißt „Die Gerüchte". Kraus nimmt hier den Plural eines einfachen Worts und wiederholt ihn mit äußerst feinen Abwandlungen, bis das Gerücht von Gerüchten Gerüchten zufolge eine surreale Qualität erhält.

Im Stück entspinnt sich der Dialog zwischen Abonnent und Patriot:

„*Der Abonnent: Was sagen Sie zu den Gerüchten?*
Der Patriot: Ich bin besorgt.
Der Abonnent: In Wien sind Gerüchte verbreitet, daß in Österreich Gerüchte verbreitet sind. Sie gehen sogar von Mund zu Mund, aber niemand kann einem sagen –
Der Patriot: Man weiß nichts Bestimmtes, es sind nur Gerüchte, aber es muß etwas dran sein, wenn sogar die Regierung verlautbart hat, daß Gerüchte verbreitet sind.
Der Abonnent: Die Regierung warnt ausdrücklich, die Gerüchte zu glauben oder zu verbreiten, und fordert jeden auf, sich an der Unterdrückung der Gerüchte tunlichst auf das energischeste zu beteiligen. No ich tu was ich kann, wo ich hinkomm sag ich, wer gibt auf Gerüchte?
Der Patriot: No die ungarische Regierung sagt auch, daß in Budapest Gerüchte verbreitet sind, daß nämlich in Ungarn Gerüchte verbreitet sind, und warnt auch.
Der Abonnent: Mit einem Wort, es hat stark den Anschein, daß die Gerüchte in der ganzen Monarchie verbreitet sind.
Der Patriot: Ich glaub auch. Wissen Sie, wenn mans nur gerüchtweise gehört hätte, aber die österreichische Regierung sagt es doch ausdrücklich und die ungarische auch.
Der Abonnent: Es muß etwas dran sein. Aber wer gibt auf Gerüchte?"

Und so geht es weiter, moduliert sich durch etwa dreißig Wiederholungen des Wortes „Gerüchte", wobei die Macht der Gerüchte zu bestimmen, was geschieht, immer größer wird, je stärker jeder der beiden ihren Wahrheitsgehalt oder auch nur ihre Existenz verneint. In der auf „Die Gerüchte" folgenden Szene nehmen der Optimist und der Nörgler, die beiden chorischen Figuren von Kraus, den Faden auf, indem der Erstere Letzteren fragt: „Was sagen Sie zu den Gerüchten?" Rückblickend hat das ganze Stück die Wirkung von Gerücht, Hörensagen, Wink und Enthüllung dramatisiert, bis es nichts anderes mehr gibt.

Für den Schluss habe ich eine Überlegung zu den beiden zentralen Figuren des Stücks, den Optimisten und den Nörgler, aufgehoben. Die meisten Leser hielten den Nörgler für ein Sprachrohr von Kraus selbst, im Drama die Quelle der wichtigsten Ideen über Politik, Geschichte, Kultur und Krieg. Doch in seiner Bühnenfassung von 1928 eliminierte Kraus die beiden völlig, offenbar in dem Gefühl, dass ihre Dialoge, obwohl ideologisch interessant, theatralisch nicht genügen würden. Edward Timms meint, wir sollten vorsichtig sein, den Nörgler mit Kraus gleichzusetzen, da sich dessen Politik im Laufe des Schreibens an dem Stück von einer frühen Loyalität zur Monarchie später zu radikalem Sozialismus entwickelt habe. Man könne den Nörgler als frühe Version des satirischen Selbst von Kraus sehen. Der Optimist andererseits ist weniger eine allegorische Figur als der naive Gesprächspartner eines platonischen Dialogs, jener Gesprächspartner, der Sokrates die Stichworte liefert.

Es ist allerdings kaum zu leugnen, dass viele der langen Szenen zwischen Optimist und Nörgler ermüdend sind und die dramatische Dynamik von Kraus' Stück untergraben. Zwar enthalten die Reden des Nörglers einige der besten Aphorismen von Kraus. Als Antwort auf die frühe Hoffnung des Optimisten, dass der Krieg eine Fülle von Edelsinn und Opfermut gefördert habe, spöttelt der Nörgler zum Beispiel in Szene 22 von Akt 1: „Wenn's einer Brandstiftung bedurft hat, um zu erproben, ob zwei anständige Hausbewohner zehn unschuldige Hausbewohner aus den Flammen tragen wollen, während achtundachtzig unanständige Hausbewohner die Gelegenheit zu Schuftereien benützen, so wäre es verfehlt, die Tätigkeit von Feuerwehr und Polizei durch Lobsprüche auf die guten Seiten der Menschennatur aufzuhalten."

Und als der Optimist bald darauf meint, es sei der „fortgeschrittenen Medizin gelungen, die Verbreitung von Flecktyphus, Cholera und Pest zu verhindern", antwortet der Nörgler: „... soll es für den Krieg sprechen, daß er die Gelegenheit geboten hat, ein wenig seinen Begleiterscheinungen beizukommen? ... Schmach einem wissenschaftlichen Ingenium, das sich auf Prothesen etwas zugute tut anstatt die Macht zu haben, Knochenzersplitterungen vorweg und grundsätzlich zu verhüten."

Oftmals in lange Reden eingebettet, verlieren viele Aphorismen von Kraus ihre Kraft. In seiner 800-seitigen Version haben „Die letzten Tage der Menschheit" zweifellos einige ermüdende Momente. Doch als Diagnose der

Rolle der Medien in der Entwicklung des Ersten Weltkriegs – und daher auch späterer Kriege – ist die dramatische Satire von Kraus einzigartig. „Der Journalismus", schreibt Benjamin in seinem Essay über Kraus, „ist Verrat am Literatentum, am Geist, am Dämon. Das Geschwätz ist seine wahre Substanz und jedes Feuilleton stellt von neuem die unlösbare Frage nach dem Kräfteverhältnis von Dummheit und von Bosheit, deren Ausdruck es ist."[18] Die Zwillinge Klatsch und Gerücht, die die Welt von Kraus beleben, kennen wir aus dem 21. Jahrhundert nur zu gut. Sag es auf Twitter, dann ist es so, zumindest für zehn Sekunden, bis die nächsten Tweets eintreffen.

„Wenn die Menschheit keine Phrasen hätte, brauchte sie keine Waffen", meint Kraus in seinem Essay „Zur Sprachlehre".[19] Ich möchte mit einem bemerkenswerten Dialog schließen, der diesen Punkt sehr gut veranschaulicht.

In Szene 25 des ersten Aktes begegnen wir zwei Soldaten, einem Deutschen und einem Österreicher. Der Deutsche ist Wachtmeister Wagenknecht („Fahrer"), der Österreicher Feldwebel Sedlatschek (tschechisch für „kleiner Bauer"). Wagenknecht teilt Sedlatschek mit, dass sie Befehl von oben (vom Oberbombenwerfer) haben, einige Bomben fallen zu lassen. Sedlatschek, der am liebsten in *keinerlei* Kriegshandlung verwickelt würde, bringt seine Verwirrung über das Präfix *Ober* zum Ausdruck und merkt an, dass Bomben nicht nach oben, sondern nach unten fallen und es daher eigentlich „Herabbombenwerfer" heißen müsste. Der Deutsche antwortet, dies sei lächerlich, denn das Wort „Oberbombenwerfer" sei in Analogie zum Wort „Oberkellner" gebildet, den man meist kurz „Ober" nenne, und jeder wisse, dass damit der zuständige Kellner gemeint sei. Es folgt ein wenig Gezänk über den Gebrauch von „Ober", und unversehens fragt der Österreicher, ob es in Ordnung sei, wenn er jetzt einige Bomben werfe. Wagenknecht, der mit seinen absurden Analogien das Wortgefecht für sich entschieden hat, antwortet: „Na meinswegen, wenn's dir Spaß macht …" Er geht ab und überlässt dem Bauern-Soldaten das Handeln, der anscheinend keine Ahnung hat, was auf dem Spiel steht. Der widerstrebende Neuling, dessen Hauptanliegen es zu Beginn war, den anmaßenden Deutschen daran zu hindern, gegen seine Schulter zu drücken, beansprucht nun den Titel.

Und dieser Titel enthält noch eine weitere Ironie. „Oberbombenwerfer" war ein Beiname, den die Presse dem deutschen Kronprinzen Wilhelm gegeben hatte.[20] Kraus spielt hier einmal mehr mit Zeitungsmeldungen, um zu zeigen, dass die Wahrheit – zumindest manche lokalen Wahrheiten – absonderlicher sein kann als Dichtung. „So erschöpft sich auf ihrer höchsten Stufe die Leistung von Kraus darin, selbst die Zeitung zitierbar zu machen", schreibt Walter Benjamin über die Kunst von Karl Kraus. Das Zitat „ruft das Wort beim Namen auf, bricht es zerstörend aus dem Zusammenhang, eben damit aber ruft es dasselbe auch zurück an seinen Ursprung. Nicht ungereimt erscheint es, klingend, stimmig, in dem Gefüge eines neuen Textes. Als Reim versammelt es in seiner Aura das Ähnliche; als Name steht es einsam und ausdruckslos."[21]

Wie die Sprache geht, war Kraus überzeugt, so geht auch die Nation. Die satirische Kraft der „Letzten Tage" beruht weniger auf der Handlung oder den Figuren – die einzelnen Szenen ließen sich leicht anders anordnen und sogar umgestalten – denn auf der Demaskierung besonderer Sprachspiele aus dem Archiv des Krieges: die täglichen Meldungen aus der Stadt oder vom Schlachtfeld, die immer schon vermittelt und weitergeleitet sind. In dieser *großen* Zeit – oder ist es eine *kleine* Zeit? – regieren die Waffen der Klischees.

Der Oberbombenwerfer: Kraus war besonders empfindlich für den entmenschlichenden Effekt von Zusammensetzungen aus dem Ersten Weltkrieg wie „Menschenmaterial", „Verteidigungskrieg", „Schutzhaft" und „Schicksalsgemeinschaft" – Wortverbindungen, die die Schrecken des Krieges absichtlich verschleiern. Und seine besondere Abneigung galt unmittelbar nach dem Krieg dem Wort „Hakenkreuz", das bereits 1920 das Symbol von Hitlers neuer Partei war. Wie, so fragt Kraus, konnte das christliche Kreuz, das Zeichen religiöser Andacht, mit dem Haken zusammengehen, einem Instrument zum Schneiden und Hacken? Wenn Worte derart widersprüchliche Botschaften gleichzeitig vermitteln, dann steht zweifellos etwas Verdächtiges, wenn nicht Böses dahinter.

Sprache hat für Kraus eine starke ethische Komponente. Er hätte Ezra Pounds Diktum gutgeheißen: „Gute Schriftsteller sind jene, die die Sprache wirksam halten … Wenn sich die Literatur einer Nation verschlechtert, verkümmert und verfällt diese Nation."[22] In Kraus' späteren Jahren wird die Reinigung der Sprache beinahe zur Obsession: Im Essay „Die Sprache" in der Fackel von 1932 erklärt er zum Beispiel: „Den Rätseln ihrer Regeln, den Plänen ihrer Gefahren nahezukommen, ist ein besserer Wahn als der, sie beherrschen zu können."[23] Aufgrund seiner Faszination für sprachliche

Rätsel hat man von Kraus auch behauptet, er habe den Wittgenstein der
„Philosophischen Untersuchungen" vorweggenommen, deren Thesen in den
frühen 1930er-Jahren schrittweise entstanden sind.

Als Kraus den zitierten Aufsatz in der Fackel 1932 schrieb, las Wittgenstein in Cambridge über die Rätsel der Sprache. Doch anders als Kraus nimmt Wittgenstein die Sprache, *wie er sie vorfindet,* ohne das geringste Werturteil über den ethischen Wert dieser oder jener Phrase. Ziel ist vielmehr, zu beschreiben und zu verstehen, was *ist*, zu verstehen, was eine gegebene Behauptung in einem bestimmten Kontext bedeuten könnte. „Es gibt keine Lücken in der Grammatik, die Grammatik ist immer vollständig." „Die grammatischen Regeln sind willkürlich, doch ihre Anwendung ist es *nicht.*" „Alle Erklärungen finden *innerhalb* der Sprache statt."[24] Daher – und hier kommen wir zum Eckpfeiler der „Philosophischen Untersuchungen": „Die Bedeutung eines Wortes ist sein Gebrauch in der Sprache".[25] Wenn man diesen Grundsatz annimmt, dann akzeptiert man auch die logische Konsequenz – dass die Alltagssprache in Ordnung ist: „Wenn ich über Sprache (Wort, Satz etc.) rede, muß ich die Sprache des Alltags reden."[26]

Kraus' eigene Sprachtheorie, die aus einer frühen Epoche stammt, konnte eine solche Gelassenheit nicht erlauben: Die „gewöhnliche Sprache" war für ihn zwar bedeutungsvoll, aber das heißt nicht, dass sie in Ordnung war. Für ihn sind Worte immer noch Träger besonderer kultureller oder politischer Bedeutungen: Es sind die Worte, vor allem Prägungen wie „Hakenkreuz" oder „Oberbombenwerfer", die die Werte einer Kultur bemessen. Doch was Kraus so modern macht – wenn nicht sogar postmodern –, ist sein Verständnis für die Rolle, die ein gefundener Text in der neuen Welt der Medien spielen kann – einer Welt, die er so gründlich durchschaut hatte. Bei der Lektüre seines apokalyptischen Superdramas mit seiner wilden Mischung von Genres und visuellen/klanglichen Überzeichnungen kann man mit vielen Aussagen seiner Figuren nicht einverstanden sein – auch denen des Optimisten und des Nörglers. Man findet den Autor vielleicht zu pessimistisch, zu zynisch. Aber das Gefühl der Unmittelbarkeit und der Genauigkeit in den Szenen, die den Leser oder Zuschauer in die Position eines Zeugen und Mitwissers bringen, macht „Die letzten Tage der Menschheit" zu einem Dokudrama, dessen Zeit ein Jahrhundert später zweifellos gekommen ist.

2. Der verlorene Bindestrich
Joseph Roths „Radetzkymarsch"

„*Bruck-Kiralyhida hatte einmal einen Bindestrich. Dann kam der Umsturz, löschte den Bindestrich weg, und damit war die Doppelmonarchie kaputtgegangen. ... Der Bindestrich war in Wirklichkeit eine Brücke, die, über die Leitha geschlagen, Diesseits und Jenseits miteinander verband. Der Verkehr über die Brücke war ein vollkommen unbehinderter.*"[1]

„*Mein stärkstes Erlebnis war der Krieg und der Untergang meines Vaterlandes, des einzigen, das ich je besessen: der österreichisch-ungarischen Monarchie. Auch heute noch bin ich durchaus patriotischer Österreicher und liebe den Rest meiner Heimat, wie eine Art Reliquie.*"[2] *Joseph Roth*

Beim jährlichen Neujahrskonzert im Wiener Musikverein spielen die Philharmoniker immer den Radetzkymarsch von Johann Strauß dem Älteren. Mit seiner unverwechselbaren Melodie, den eingeschobenen Walzermotiven und dem energischen Optimismus reißt er die Zuhörer mit wie nur wenige vergleichbare Werke. Geschrieben wurde er 1848, um den Sieg des Feldmarschalls Radetzky im Piemont über die italienische Armee zu feiern, den letzten großen militärischen Triumph Österreich-Ungarns. Eineinhalb Jahrhunderte später ist der Marsch immer noch ein Liebling der Konzertsäle, das Publikum klatscht oft mit und marschiert am Platz. Die patriotische Komposition ist weit über Österreich hinaus beliebt: Sie wird regelmäßig bei Militärparaden gespielt, von Chile bis Südkorea.

Für Joseph Roth hätte es kaum ein stärkeres Motiv geben können als den Radetzkymarsch – einmal nannte er ihn die „Marseillaise des Konservatismus"[3] –, allerdings nicht ganz in dem Sinn, wie die Wiener Philharmoniker und die verschiedenen Militärkapellen ihn sehen. Im Roman erklingt der Marsch zum ersten Mal am Beginn des zweiten Kapitels. Es ist das wöchentliche Sonntagnachmittagskonzert im Park einer kleinen, namenlosen Stadt in Mähren in den „goldenen" Jahren vor dem Ersten Weltkrieg. Die Kapelle des 10. Infanterieregiments unter der Leitung von Kapellmeister Nechwal spielt den Radetzkymarsch unter dem Balkon des Herrn Bezirkshauptmanns Franz Baron von Trotta:

> „*Obwohl er den Mitgliedern der Kapelle so geläufig war, daß sie ihn mitten in der Nacht und im Schlaf hätten spielen können, ohne dirigiert zu werden, hielt es der Kapellmeister dennoch für notwendig, jede Note vom Blatt zu lesen. Und als probte er den Radetzkymarsch zum erstenmal mit seinen Musikanten, hob er jeden Sonntag in militärischer und musikalischer Gewissenhaftigkeit den Kopf, den Stab und den Blick und richtete alle drei gleichzeitig gegen die seiner Befehle jeweils bedürftig scheinenden Segmente des Kreises, in dessen Mitte er stand. Die herben Trommeln wirbelten, die süßen Flöten pfiffen, und die holden Tschinellen schmetterten. Auf den Gesichtern aller Zuhörer ging ein gefälliges und versonnenes Lächeln auf, und in ihren Beinen prickelte das Blut. Während sie noch standen, glaubten sie schon zu marschieren. Die jüngeren Mädchen hielten den Atem an und öffneten die Lippen. ... Die ältlichen Frauen saßen im benachbarten Park, und ihre kleinen, grauen Köpfchen zitterten. Und es war Sommer.*"[4]

Roths milde Satire eines provinziellen Sonntagnachmittagsrituals unterscheidet sich auf den ersten Blick stark von den unbarmherzigen Karikaturen der österreichischen Kriegszüge von Karl Kraus. Die Abfolge des Romans ist chronologisch, die Perspektive des Erzählers allwissend. Wie bei Kraus gibt es reichlich Gerüchte, Hörensagen und Vorzeichen, Ereignisse wiederholen sich oder spiegeln einander. Doch das Zitat, vorherrschendes Mittel bei Kraus, spielt bei Roth kaum eine Rolle: Seine Sprache ist konkret und präzise, die Bilder farbig und anschaulich. Im Vergleich zu „Ulysses" von Joyce oder „Das Urteil" von Kafka erscheint der Roman technisch gesehen konservativ: Er erzählt die Geschichte von Untergang und Fall, in der das Schicksal der Familie Trotta das größere der österreichisch-ungarischen Monarchie widerspiegelt – zwischen der Schlacht von Solferino (1859), in der die österreichische Armee unter dem persönlichen Kommando von Kaiser Franz Joseph den Franzosen und Italienern unterlag, und dem Ersten Weltkrieg, der das Ende der Monarchie bedeutete. Doch der demonstrative Realismus der Erzählung ist selbst eine Form von Ironie, die den Leser in das Spiegelkabinett dieses zutiefst ambivalenten und komplexen Romans hineinzieht.

Das Sonntagskonzert ist nicht ganz jenes Sinnbild der alten Ordnung, für das man es bei der ersten Lektüre halten mag. An diesem Sonntag, an dem Kapellmeister Nechwal den Herrn Bezirkshauptmann wie jede Woche zu besuchen pflegt, ist dessen Sohn Carl Joseph auf Heimatbesuch, 15-jähriger Schüler einer Kavalleriekadettenanstalt:

> „Man saß in breiten Lederstühlen. Herr Nechwal erzählte von der letzten Lehár-Operette in Wien. Er war ein Weltmann, der Kapellmeister. Er kam zweimal im Monat nach Wien, und Carl Joseph ahnte, daß der Musiker auf dem Grunde seiner Seele viele Geheimnisse aus der großen, nächtlichen Halbwelt barg. Er hatte drei Kinder und eine Frau ‚aus einfachen Verhältnissen', aber er selbst stand im vollsten Glanz der Welt, losgelöst von den Seinen. Er genoß und erzählte jüdische Witze mit pfiffigem Behagen. Der Bezirkshauptmann verstand sie nicht, lachte auch nicht, sagte aber: ‚Sehr gut, sehr gut!'. ‚Wie geht es Ihrer Frau Gemahlin?' fragte Herr von Trotta regelmäßig. Seit Jahren stellte er diese Frage. Er hatte Frau Nechwal nie gesehen, er wünschte auch nicht, der ‚Frau aus einfachen Verhältnissen' jemals zu begegnen."[5]

Roth verrät nicht, ob Nechwal Jude ist, aber jemand, der jüdische Witze erzählt – Witze, die der Bezirkshauptmann ganz einfach nicht versteht –, ist wohl kaum ein Angehöriger des katholischen Österreich. Außerdem steht Nechwal, zumindest in den Augen von Carl Joseph, in Verbindung mit etwas, das ein wenig fragwürdig ist – dem Milieu der Wiener Operette und der „großen, nächtlichen Halbwelt".

> „‚Und wie geht es Ihren Kindern?' fragte Herr von Trotta, der immer wieder vergaß, ob es Söhne oder Töchter waren. ‚Der Älteste lernt gut!' sagte der Kapellmeister. ‚Wird wohl auch Musiker?' fragte Herr von Trotta mit leiser Geringschätzung. ‚Nein!' erwiderte Herr Nechwal, ‚noch ein Jahr, und er kommt in die Kadettenschule.' ‚Ah, Offizier!' sagte der Bezirkshauptmann. ‚Das ist richtig. Infanterie?' Herr Nechwal lächelte: Natürlich! Er ist tüchtig. Vielleicht kommt er einmal in den Stab.' ‚Gewiß, gewiß!' sagte der Bezirkshauptmann. ‚Man hat derlei Sachen schon erlebt!' Eine Woche später hatte er alles vergessen. Man merkte sich nicht die Kinder des Kapellmeisters."[6]

Weiß von Trotta, dass Nechwal Jude ist? Roth lässt die Frage offen. Klar ist jedenfalls, dass sich der Bezirkshauptmann einem Kapellmeister entschieden überlegen fühlt, auch wenn dieser für seinen Sohn eine militärische Laufbahn anstrebt. Die Ironie besteht hier darin, dass die so offensichtlichen Klassenunterschiede bereits untergraben sind: Franz Baron von Trotta ist schließlich Enkel slowenischer Bauern aus dem Dorf Sipolje.

Das nächste Mal hören wir die fesselnden Rhythmen des Radetzkymarsches in Resis Bordell, in das sich der Sohn des Bezirkshauptmanns, jetzt Leutnant Carl Joseph und auf seinem ersten militärischen Posten, mit einigen Offizierskameraden widerwillig begibt:

„Nun standen sie vor Tante Resis blauer Laterne. Rittmeister Taittinger klopfte an das verschlossene Tor. Jemand öffnete. Drinnen begann das Klavier sofort zu klimpern: den Radetzkymarsch. Die Offiziere marschierten in den Salon. ‚Einzeln abfallen!' kommandierte Taittinger. Die nackten Mädchen schwirrten ihnen entgegen, eine emsige Schar von weißen Hennen."[7]

Und später, in dem verrufenen Wirtshaus, wo sich Carl Joseph und sein einziger Freund, Dr. Max Demant, in der Nacht, bevor dieser ein Duell ausfechten und dabei sterben wird, bis zur Besinnungslosigkeit betrinken: „In der Wirtsstube schmetterte der Musikapparat wieder, ein Potpourri aus bekannten Märschen, zwischen denen die ersten Trommeltakte des Radetzkymarsches, entstellt durch heisere Nebengeräusche, aber immer noch kenntlich, in bestimmten Zeitabständen erklangen."[8] Beim nächsten und letzten Mal, bei dem der Roman die Strauß-Komposition zitiert, wird Carl Joseph, in Ungnade gefallen und auf das Söldnerdasein seiner slowenischen Vorfahren zurückgeworfen, von einer Kugel getötet, als er gerade einen Wassereimer trägt, um sterbenden Soldaten zu helfen.

Roths Roman ist weniger ein realistischer Bildungsroman (oder besser ein Antibildungsroman, denn es geht darum, was Carl Joseph verlernt) als ein poetisches Märchen oder eine Fabel – eine Fabel, deren Moral keineswegs klar ist.[9] Denn Roth unterzieht die untergehende Habsburgermonarchie nicht nur beißender Kritik, wie die meisten Kritiker glauben. Die von Trottas werden mit ebenso viel bitterer Ironie wie wohlwollendem Verständnis beschrieben. Es ist schließlich ihre Sichtweise, aus der die meisten Geschehnisse des Romans geschildert werden.

Das Eröffnungskapitel bereitet die Bühne und beschreibt das grundlegende Ereignis des Romans als Fehler, aus dem alle anderen folgen. Während der Mittagspause der Schlacht von Solferino sieht der junge Leutnant Joseph Trotta, ein slowenischer Bauer, den Kaiser, der durch ein Fernglas über das Feld blickt, während er durch die Linien geht. Trotta weiß, dass ein Soldat mit Feldstecher von der Nachhut des Feindes zu jeder Zeit als Ziel gesehen wird, stürmt zum Kaiser und drückt ihn zu Boden. Eine Kugel, die Franz Joseph gegolten hatte, verfehlt ihr Ziel und trifft Trottas Schulter. Die „heroische" Tat offenbart weniger Trottas Tapferkeit als vielmehr die Nachlässigkeit des Kaisers – er hätte nicht zu Fuß und ungeschützt sein dürfen. Und sie weist darauf hin, dass der Verlust der Schlacht auch etwas mit schlechter Urteilsfähigkeit zu tun haben könnte. Solferino war jedenfalls die letzte Schlacht, in der Franz Joseph die eigenen Armeen selbst ins Feld führte.

Ist der Held von Solferino als Parodie gemeint? Ja und nein. Jahre, nachdem er geadelt und geehrt und selbst Vater wurde, nimmt Joseph Baron von Trotta das erste Lesebuch seines Sohnes zur Hand und findet den folgenden Bericht:

> „,Der Monarch' - hieß es – ,hatte sich im Eifer des Gefechts so weit vorgewagt, daß er sich plötzlich von feindlichen Reitern umdrängt sah. In diesem Augenblick der höchsten Not sprengte ein blutjunger Leutnant auf schweißbedecktem Fuchs herbei, den Säbel schwingend. ... Eine feindliche Lanze durchbohrte die Brust des jungen Helden, aber die Mehrzahl der Feinde war bereits erschlagen. Den blanken Degen in der Hand, konnte sich der junge unerschrockene Monarch leicht der immer schwächer werdenden Angriffe erwehren. Damals geriet die ganze feindliche Reiterei in Gefangenschaft. Der junge Leutnant aber – Joseph Ritter von Trotta war sein Name – bekam die höchste Auszeichnung, die unser Vaterland seinen Heldensöhnen zu vergeben hat: den Maria-Theresien-Orden.'"[10]

Von Trotta ist sprachlos angesichts dieser „Lügen". Nicht ein Wort ist wahr: Weder der Kaiser noch Trotta saßen auf Pferden, sie fanden sich nicht mitten in der Schlacht, und der Kaiser musste sich nicht mit einem Degen gegen Angriffe zur Wehr setzen. Niemand wurde gefangen genommen. Und der „blutjunge Leutnant" war kein Ritter von Trotta, sondern ein gewöhnlicher slowenischer Bauernrekrut, der zufällig zur Stelle war.

Es wird zur Lebensaufgabe für Joseph Baron von Trotta, das Unrecht zu korrigieren und das autorisierte Lesebuch zu berichten. Immer wieder teilt man ihm mit, dass die erfundene Geschichte nur dazu dient, Patriotismus in den Kindern zu wecken. Schließlich erhält Trotta eine Audienz beim Kaiser. Doch der große Mann, Trottas Idol, tut die Sache mit einem Achselzucken ab und im österreichischen Jargon: „Lassen S' die Geschicht!" Und als Entschuldigung fügt er hinzu: „Meine Minister müssen selber wissen, was sie tun. Ich muß mich auf sie verlassen. Verstehen Sie, lieber Hauptmann Trotta?" Doch dieser gibt nicht nach und bittet um Entlassung aus der Armee. Zwar wird die Passage später auf Veranlassung des Kaisers entfernt, doch Hauptmann von Trotta ist völlig desillusioniert und beschließt, dass sein einziger Sohn Franz eine zivile Laufbahn einschlagen soll.

Der Schurke in dieser Geschichte ist weder der Kaiser noch Trotta, sondern wie bei Karl Kraus der Diskurs der öffentlichen Medien – in diesem Fall ein von der Regierung zugelassenes Schulbuch für Kinder. Roth war selbst ein brillanter Journalist in der Tradition von Kraus und wusste nur zu gut, wie Zeitungen und Regierungsdokumente funktionieren. Die Kindergeschichte hatte die richtigen patriotischen Gefühle zu vermitteln. Trotta selbst ist in anderer Weise auch ein Kind, seine mögliche Entwicklung wurde durch die Verleihung des Adelstitels gehemmt. Der Kaiser wird niemals zur Verantwortung gezogen und in seinen Wünschen und Befehlen sogar noch einfältiger gesehen.

Zugleich zeigt der Roman den Kaiser überraschend liebenswert. Er gewährt Trotta sehr rasch eine Audienz, er spricht offen und zwanglos und gesteht die Wahrheit ein. Er sorgt sogar für die Löschung der kränkenden Passage aus dem Schulbuch. Bei der Begegnung mit Trotta ist er der menschliche Part, während Trotta unnachgiebig und stur bleibt und alles schwarz-weiß sieht. Dennoch ist Trotta erfreut, als ein Schulfreund seines Sohnes – ein gewisser Professor Moser – sein Porträt malt, das glücklichere Erinnerungen wachruft und im Roman eine wichtige Rolle spielt. Und als Trotta stirbt, hinterlässt er den Großteil seines Vermögens dem Militärinvalidenfonds. Sein Sohn erhält ein Beileidsschreiben vom Kaiser, „in dem von den immerdar ‚unvergessenen Diensten' des selig Verstorbenen zweimal die Rede war".[11]

Auch eine scheinbar einfache Persönlichkeit wie der vom Bauern zum Helden gewordene Joseph Trotta lässt sich nicht nach einem Muster sortieren oder in eine Schublade stecken. Das ist zweifellos eines der zentralen Motive im „Radetzkymarsch". Vieles im Leben wird durch die eigene soziale und kulturelle Umgebung bestimmt, und in dieser Welt insbesondere auch durch die Klasse. Aber es besteht immer die Möglichkeit, anders zu sein. Und die Ironie des Romans? So wie der berühmte patriotische „Marsch" von einem jüdischen Kapellmeister dirigiert wird, ist auch die anschauliche

Erzählung militärischen und provinziellen Lebens in den letzten Tagen der Habsburgermonarchie nicht von einem aristokratischen Insider oder einem intellektuellen Literaten wie Karl Kraus verfasst. Der Erzähler verkörpert den Autor des Romans: einen deutschsprachigen jüdischen Schriftsteller aus der östlichsten Provinz des Reiches, aus Galizien. Roth sah sich selbst als exemplarischen Außenseiter.

Die Ordnung der Dinge
Der „Radetzkymarsch" erschien 1932 in Berlin, wenige Monate, bevor Hitler Reichskanzler wurde. Der Roman zeichnet die Auflösung eines ganz besonderen Wertesystems nach – in vieler Hinsicht absurde und rückwärtsgewandte Werte, jedoch gutartig im Vergleich zur Nachkriegsatmosphäre in Europa. Am Beginn des Krieges Pazifist und in seiner Jugend überzeugter Linker, misstraute Roth 1932 dem Kommunismus genauso wie dem Faschismus. Und er glaubte auch nicht an die parlamentarische Demokratie, wie sie in der Weimarer Republik oder gar im Nachkriegsösterreich funktionierte oder, besser gesagt, nicht funktionierte.

„Niemals habe ich so stark gefühlt, daß ich ein Europäer bin, ein Mittelmeer-Mensch …", beteuerte Roth gegenüber einem Freund aus der neuen Sowjetunion, wohin ihn die „Frankfurter Zeitung" 1926 als Auslandskorrespondent geschickt hatte.[12] Dieser „Mittelmeer-Mensch", der sich auch als Römer und Katholik, Humanist und Renaissance-Mensch sah, wurde 1894 als Moses Joseph Roth in der Grenzstadt Brody in Galizien geboren – heute Teil der Ukraine, in Roths Kindheit stolzes Kronland der Habsburger. Brody liegt etwa 800 Kilometer östlich von Wien und war nach Lemberg die zweitgrößte Stadt Galiziens. Mehr als 65 Prozent der Einwohner waren im Jahr 1914 Juden, doch es gab auch viele Mischehen. „Meine Mutter", schrieb Roth 1930 an seinen Berliner Verleger, „war eine Jüdin von kräftiger, erdnaher, slawischer Struktur":

> *„Sie hatte kein Geld und keinen Mann. Denn mein Vater, der sie eines Tages nach dem Westen nahm, wahrscheinlich nur, um mich zu zeugen, ließ sie in Kattowitz allein und verschwand auf Nimmerwiedersehen. Er muß ein merkwürdiger Mensch gewesen sein, ein Österreicher vom Schlag der Schlawiner, er verschwendete viel, trank wahrscheinlich und starb, als ich sechzehn Jahre alt war, im Wahnsinn. Seine Spezialität war die Melancholie, die ich von ihm geerbt habe. Ich habe ihn nie gesehen."*[13]

Dieser Bericht ist zum Teil erfunden: Roth hat seinen Vater Nachum zwar nie getroffen, der offensichtlich einen geistigen Zusammenbruch erlitt und in einem Sanatorium starb,[14] doch dieser war alles andere als ein österreichischer Taugenichts. Der Hamburger Kaufmann aus Galizien wurde seiner Frau Maria von ihren Brüdern vorgestellt und heiratete sie 1892 in der Synagoge von Brody. Josephs Geburt war also ehelich. Und seine Mutter war keineswegs arm, sie gehörte einer großen, eng verbundenen und recht wohlhabenden Familie an. Der junge Joseph besuchte die jüdische Schule der Stadt, in der Deutsch offizielle Sprache war, danach das ausgezeichnete deutsche Gymnasium. Nach einigen Semestern an der Universität von Lemberg übersiedelte er zum Studium nach Wien, das für ihn und seine Landsleute das Mekka selbst war.

In späteren Jahren erfand Roth alle möglichen Lügengeschichten über den Vater, den er nie gekannt hatte: Vielleicht war er ein polnischer Graf, mit dem seine Mutter eine kurze Affäre hatte (Anklänge an Apollinaire!), ein Künstler, ein Wiener Munitionsfabrikant, ein Offizier. Solche Fantasien waren nicht gänzlich unbegründet, denn das Galizien von Roths Kindheit war ein Kreuzungspunkt zwischen Ost und West, die Juden sprachen dort „mehrere Sprachen und sind ein Produkt mehrerer Rassenmischungen, und ihr Vaterland ist dort, wo man sie zwangsweise in eine militärische Formation einreiht."[15]

Mehrsprachigkeit machte sogar einen Außenposten wie Brody merkwürdig kosmopolitisch: Neben Deutsch und Jiddisch konnte Roth selbst sowohl Polnisch wie Russisch, ebenso Französisch, das man selbstverständlich in der Schule lernte, und wohl auch etwas Italienisch. Im Kaiserreich seiner Kindheit sprach weniger als ein Viertel von Franz Josephs Untertanen Deutsch als erste Sprache, und sogar in Österreich selbst war jeder Zweite slawischer Abkunft – Tscheche, Slowake, Pole, Ukrainer, Kroate oder Slowene. Die Juden waren sehr unterschiedlich, von Chassidim über Zionisten bis zu den weitgehend Assimilierten. Wie Roth in seinem wunderbaren Buch „Juden auf Wanderschaft" sehr offen erklärt, war es der vorherrschende Traum, nach Westen zu gehen. Unter jenen, denen dies gelang, war Antisemitismus verbreitet:

„Es ist eine – oft übersehene – Tatsache, daß auch Juden antisemitische Instinkte haben können. Man will nicht durch einen Fremden, der eben aus Lodz gekommen ist, an den eigenen Großvater erinnert werden, der aus Posen

oder Kattowitz stammt. Es ist die ignoble, aber verständliche Haltung eines gefährdeten Kleinbürgers, der eben im Begriff ist, die recht steile Leiter zur Terrasse der Großbourgeoisie mit Freiluft und Fernaussicht emporzuklimmen. Beim Anblick eines Vetters aus Lodz kann man leicht die Balance verlieren und abstürzen."[16]

So zynisch diese Bemerkungen erscheinen, so zutreffend sind sie: Als Roth selbst 1914 nach Wien kam und sich wie so viele junge Männer aus der Provinz als Hauslehrer einer aristokratischen Familie über Wasser hielt, nahm er rasch die Pose eines Dandys an, trug einen Spazierstock sowie ein Monokel und küsste den Damen links und rechts die Hand.

Der Krieg machte diesem Idyll ein abruptes Ende: Roth ging zu den Schützen und wurde einer polnisch sprechenden Einheit in Galizien zugeteilt, wo es ihm bald gelang, mit Kriegsdepeschen beschäftigt zu werden, statt zu kämpfen. Nach dem Krieg und dem Tod des alten Wien empfand er sein Judentum immer zwiespältiger. In „Juden auf Wanderschaft" gilt seine Sympathie den Ostjuden seiner Kindheit: Er erklärt den ehrgeizigen Geschäftsleuten, die ihr Glück im Westen machen wollen, seine Liebe zu Hausierern und Krämern der armen, schmuddeligen Dörfer von Galizien. Über diese Geschäftsleute konnte er sich sehr schneidend äußern: „Und die Hälfte aller Juden, die heute verächtlich oder geringschätzig vom Osten sprechen, hatte Großväter, die aus Tarnopol kamen."[17]

In Roths Augen war die Wanderschaft das Schicksal der Juden: „Sie haben kein ‚Vaterland', die Juden, aber jedes Land, in dem sie wohnen und Steuern zahlen, verlangt von ihnen Patriotismus und Heldentod …"[18] Und Roth erkannte, dass der Krieg die Lage der Juden besonders verschlimmert hatte:

„Der Krieg hat viele ostjüdische Flüchtlinge nach Wien gebracht. So lange ihre Heimat besetzt war, gab man ihnen ‚Unterstützungen'. Man schickte ihnen nicht etwa das Geld nach Haus. Sie mußten in den kältesten Wintertagen, in den frühesten Nachtstunden anstehen. Alle: Greise, Kranke, Frauen, Kinder. Sie schmuggelten. Sie brachten Mehl, Fleisch, Eier aus Ungarn. Man sperrte sie in Ungarn ein, weil sie die Nahrungsmittel aufkauften. Man sperrte sie in Österreich ein, weil sie nichtrationierte Lebensmittel ins Land brachten. Sie erleichterten den Wienern das Leben. Man sperrte sie ein.
Nach dem Krieg wurden sie, zum Teil gewaltsam, repatriiert. Ein sozialdemokratischer Landeshauptmann ließ sie ausweisen. Für

Christlichsoziale sind's Juden. Für Deutschnationale sind sie Semiten. Für Sozialdemokraten sind sie unproduktive Elemente."[19]

Doch nach Roths Auffassung ist „der Zionismus nur eine Teillösung der Judenfrage". Er selbst wollte ganz einfach Europäer sein. Wenn nur die europäischen „Wirtsvölker" – vor allem Frankreich – zu innerer Freiheit gelangen würden „und zu jener Würde, die das Verständnis für das Leid gewährt".[20]

Doch 1933 war der Traum einer paneuropäischen Identität ziemlich tot. In diesem Jahr – als Hitler an die Macht kam – schreibt Roth an seinen Freund und Schriftstellerkollegen Stefan Zweig: „Inzwischen wird Ihnen klar sein, daß wir großen Katastrophen zutreiben. Abgesehen von den privaten – unsere literarische und materielle Existenz ist ja vernichtet – führt das Ganze zum neuen Krieg. Ich gebe keinen Heller mehr für unser Leben. Es ist gelungen, die Barbarei regieren zu lassen. Machen Sie sich keine Illusionen. Die Hölle regiert."[21] Doch Roth machte sich Illusionen.

Im April 1933 schreibt er an Zweig: „Ich bin ein alter österreichischer Offizier. [War er nicht.] Ich liebe Österreich. Ich halte es für feige, jetzt nicht zu sagen, daß es Zeit ist, sich nach den Habsburgern zu sehnen. Ich will die Monarchie wieder haben und ich will es sagen."[22] „Was aber mich selbst betrifft, so habe ich neun Monate im Felde für die Habsburger gestanden. Kein Hakenkreuzler kann es von sich sagen. Ich habe ein Recht auf mein Vaterland."[23] Der jüdische Autor, der nur wenige Jahre zuvor behauptet hatte, Juden hätten kein Vaterland, beansprucht jetzt, ein habsburgischer Bürger zu sein. „Sie müssen Österreich lieben", schreibt er an Zweig im August 1933, „es wird Sie wieder lieben."[24] Und er stellt sein lebenslustiges Österreich einem kalten, bürokratischen Preußen gegenüber, zu dem er keinerlei Beziehung empfindet. „Meine Meinung ist, nach, wie vor", darauf besteht er 1934, „daß nur der Kaiser Österreich erhält und rettet."[25]

Der Traum wurde bald durch den Anschluss Österreichs im März 1938 und das Novemberpogrom 1938 zerstört, bei dem Exemplare von Roths Büchern unter den ersten waren, die verbrannt wurden. Schon jahrelang war er schwerer Alkoholiker, jetzt bemühte er sich nicht mehr, seine Trunksucht zu beschränken. Roth starb im Mai 1939 an Delirium tremens, nur wenige Monate vor Ausbruch des Zweiten Weltkriegs. Unter seinen Papieren fand sich eine Einladung des amerikanischen PEN-Clubs zum Weltkongress der Schriftsteller im Rahmen der Weltausstellung in New York vom 8. bis 10. Mai 1939.

Ein Freiheitskongress in den USA: Man kann sich nicht vorstellen, dass Joseph Roth an einem solchen Event teilgenommen hätte. Für ihn war Paris der große, gute Ort, der Wien zu sein aufgehört hatte, und Erlösung war immer und ausschließlich eine persönliche Angelegenheit. „Ich habe niemals die Tragik des Jüdischen überschätzt, besonders nicht jetzt, wo es schon tragisch ist, ein anständiger Mensch schlechthin zu sein."[26]

Ein anständiger Mensch zu sein: In diesem Satz klingen die Worte eines anderen großen Österreichers nach: Ludwig Wittgenstein. Er hatte sich 1914 am Beginn des Ersten Weltkriegs zum Kampf gemeldet, und als er zum ersten Mal dem Feind gegenüberstand (in diesem Fall den Russen an der Ostfront), schrieb er im September 1914 in sein geheimes Tagebuch: „Jetzt wäre mir die Gelegenheit gegeben, ein anständiger Mensch zu sein …"[27]

„In seinen Briefen und in privaten Notizen äußerte er den Wunsch, ein anderer Mensch werden zu können; er wollte im Hinblick auf seine eigenen Mängel keiner Selbsttäuschung unterliegen und durch die Beseitigung dieser Täuschung ein anderes Leben führen."[28]

Wie bei Wittgenstein ging auch bei Roth Anständigkeit Hand in Hand mit dem Widerstreben, große Verallgemeinerungen zu machen oder moralische Urteile abzugeben über Wahrheit, Güte und Schönheit. Die Erklärung ist der Feind. Beide wollten eher zeigen als sagen, eher veranschaulichen als urteilen. Und so gilt für den Radetzkymarsch wie für den Tractatus: „Wovon man nicht sprechen kann, darüber muss man schweigen."

Das zweite Kapitel des Romans, das mit der Aufführung des „Radetzkymarsches" beginnt und in einer der großen Verführungsszenen der modernen Literatur gipfelt (Carl Joseph gibt sich Frau Slama hin), ist beispielhaft für Roths Technik. Beschrieben wird ein einzelner Sonntag während der Sommerferien des 15-jährigen Carl Joseph von Trotta, an dem dieser seinem verwitweten Vater den jährlichen Besuch abstattet, Bezirkshauptmann Franz Baron von Trotta und Sipolje. Die Erzählung spielt an einem bestimmten Sonntag, doch sind viele Ereignisse gewohnte Routine. Manches, wie der Auftritt der Kapelle oder die Nachmittagsfahrt des einzigen reichen Landbesitzers der Stadt, Herrn von Winternigg, geschieht jeden Sonntag. Die Ereignisse wiederholen sich derart rituell, dass jede Abweichung, so sie geschieht, besonderes Aufsehen erregt. Hier das Protokoll:

„*Am Sonntag hatte Herr von Trotta und Sipolje keinen Dienst. Den ganzen Vormittag von neun bis zwölf reservierte er für seinen Sohn. Pünktlich zehn Minuten vor neun, eine Viertelstunde nach der ersten Messe, stand der Junge in der Sonntagsuniform vor der Tür seines Vaters. Fünf Minuten vor neun kam Jacques in der grauen Livree die Treppe herunter und sagte: ‚Junger Herr, der Herr Papa kommt.' Carl Joseph zog noch einmal an seinem Rock, rückte das Koppel zurecht, nahm die Mütze in die Hand und stemmte sie, wie es Vorschrift war, gegen die Hüfte. Der Vater kam, der Sohn schlug die Hacken zusammen, es knallte durch das stille, alte Haus. Der Alte öffnete die Tür und ließ mit leichtem Gruß der Hand dem Sohn den Vortritt. Der Junge blieb stehen, er nahm die Einladung nicht zur Kenntnis. Der Vater schritt also durch die Tür, Carl Joseph folgte ihm und blieb an der Schwelle stehen. ‚Mach dir's bequem!' sagte nach einer Weile der Bezirkshauptmann. Jetzt erst trat Carl Joseph an den großen Lehnstuhl aus rotem Plüsch und setzte sich, dem Vater gegenüber, die Knie steif angezogen und die Mütze mit den weißen Handschuhen auf den Knien. Durch die dünnen Ritzen der grünen Jalousien fielen schmale Sonnenstreifen auf den dunkelroten Teppich. Eine Fliege summte, die Wanduhr begann zu schlagen.*"[29]

Was diese Passage so fesselnd macht? Jedes notwendige und unvermeidliche Detail wird beschrieben – ohne Kommentar oder Reaktion, weder vom Vater noch vom Sohn und auch nicht vom Erzähler. Die Szene entfaltet sich vor dem Leser wie ein Film – eine Szene, in der das Häusliche restlos systematisiert, ja militarisiert ist. Für den Bezirkshauptmann gibt es dazwischen keinen Unterschied, undenkbar, die rituelle Inszenierung zu verändern, die auf der anderen Seite des Fensters von der immer gleichen Aufführung des „Radetzkymarsches" begleitet wird. Sogar das natürliche Sonnenlicht ist zwischen den dünnen Ritzen der Jalousien gefangen und eingesperrt. „Mach dir's bequem" ist gerade auch in diesem österreichischen Jargon wunderbar absurd.

Der folgende Dialog zwischen Vater und Sohn ist eher Inquisition denn Konversation: Die vorhersehbaren Fragen des Vaters, jedes Mal von einem „Jawohl, Papa!" des Sohnes beantwortet, erzeugen einen derart gewohnten und vertrauten Rhythmus, dass nicht einmal dann etwas geschieht, als der Bezirkshauptmann bemerkt, dass die reiterlichen Fähigkeiten seines Sohnes eine „Schande" gewesen seien. Der Raum bleibt still. „Die Uhr tickte, die

Fliege summte." Doch mitten in der Untersuchung zu Schule und Noten fragt der Papa plötzlich: „‚Du bist ja ein großer Bub, mein Sohn! Du mutierst ja! Etwa verliebt?' Carl Joseph wurde rot. Sein Gesicht brannte wie ein roter Lampion, er hielt es tapfer dem Vater entgegen. ‚Also noch nicht!' sagte der Bezirkshauptmann."[30] Und der Sohn fährt fort, den Inhalt von Büchern seiner Lektüreliste zusammenzufassen.

In einem viktorianischen Roman hätte der sensible Sohn das autoritäre Regime seines Vaters und das strenge Sonntagsritual unerträglich gefunden. Das ist hier überhaupt nicht der Fall. Carl Joseph liebt das Konzert der Kapelle offensichtlich, er liebt die Tatsache, dass sein eigener Vater ein Repräsentant des Kaisers war, „der gütig war und groß, erhaben und gerecht, unendlich fern und sehr nahe". Dann kommt das Ritual des sonntäglichen Mittagessens, das sogar noch zeremonieller ist und daher beruhigend wirkt: „… der schwere, silberne Schöpflöffel und die Fischterrine und die Obstmesser mit den gezackten Rücken und die winzigen Kaffeetäßchen und die gebrechlichen Löffelchen, die dünn waren wie dünne Silbermünzen: all das zusammen bedeutete Sommer, Freiheit, Heimat."[31]

Das überraschende Wort an dieser Stelle ist natürlich „Freiheit". Wie kann man Freiheit so umschreiben? Diese Frage wird Carl Joseph später noch in seinem zunehmend glücklosen und unglücklichen Leben verfolgen. Doch für den Augenblick bereitet das Essensritual Vater und Sohn Vergnügen. Jacques serviert mit seinen weißen Handschuhen. Fräulein Hirschwitz, die Hausdame in diesem mutterlosen Heim, „eine mächtige, krumme Spange quer über der Brust wie eine Art Tartarensäbel", teilt die Suppe aus:

„*Ein warmer, goldener Schimmer wallte in den Tellern; es war die Suppe: Nudelsuppe. Durchsichtig, mit goldgelben, kleinen, verschlungenen, zarten Nudeln. Herr von Trotta und Sipolje aß sehr schnell, manchmal grimmig. Es war, als vernichtete er mit geräuschloser adeliger und flinker Gehässigkeit einen Gang um den anderen, er machte ihnen den Garaus. Fräulein Hirschwitz nahm bei Tisch winzige Portionen und aß nach vollendeter Mahlzeit in ihrem Zimmer die ganze Reihenfolge der Speisen aufs neue. Carl Joseph schluckte furchtsam und hastig heiße Löffelladungen und mächtige Bissen. So wurden sie alle zugleich fertig.*"[32]

Sogar das Mittagsmal folgt militärischem Drill, und doch einem Drill, der so viel sinnliches Vergnügen bereiten soll wie möglich. Und zum ersten Mal schleicht sich ein Zeichen absichtlicher Täuschung ein: Fräulein Hirschwitz kann, weil sie nur damenhaft kleine Portionen zu sich nimmt, mit den anderen nur deshalb zugleich fertig sein, weil sie ihre eigentliche Mahlzeit für später aufhebt. Unterdessen wird das Essen mit Tafelspitz fortgesetzt und das Gemüse hat sein eigenes Leben: „Das Auge des Bezirkshauptmanns liebkoste zuerst den zarten Speckrand, der das kolossale Stück Fleisch umsäumte, dann die einzelnen Tellerchen, auf denen die Gemüse gebettet waren, die violett schimmernden Rüben, den sattgrünen, ernsten Spinat, den fröhlichen, hellen Salat, das herbe Weiß des Meerrettichs, das tadellose Oval der jungen Kartoffeln, die in schmelzender Butter schwammen und an zierliche Spielzeuge erinnerten."[33] Dann kamen die „Muster" von Kirschknödeln (Carl Joseph nimmt zwei), dann werden die Servietten gefaltet. Das Essen ist vorbei. Das Ritual hat die Präzision eines Marsches oder eines klassischen Balletts – alles hat seine Zeit und seinen Platz.

Und doch hat das perfekte Essensritual seine inneren Widersprüche. Ordnung und Disziplin des Ablaufs passen nicht zum erotischen Genuss des wöchentlichen Festessens. Zu Herrn von Trotta merkt der Erzähler an: „Er war ein Spartaner. Aber er war ein Österreicher."[33] Es gibt noch andere Ungereimtheiten. Die lang verstorbene Mutter von Carl Joseph kann den Vorgängen nur von ihrem Porträt an der Wand aus folgen. Fräulein Hirschwitz, ihre Stellvertreterin, gehört nicht wirklich hierher, denn sie stammt aus Deutschland, wie der Bezirkshauptmann sie gern erinnert, indem er sie boshaft an ihre Unkenntnis des Namens der einen oder anderen österreichischen Speise erinnert. Herr von Trotta selbst spricht „das nasale österreichische Deutsch der höheren Beamten und des kleinen Adels. Es erinnerte ein wenig an ferne Gitarren in der Nacht, auch an die letzten zarten Schwingungen verhallender Glocken, es war eine sanfte, aber auch präzise Sprache, zärtlich und boshaft zugleich".[34] Eine Sprache, so könnte man hinzufügen, wie ein Auswuchs der Herkunft von Trottas: Sein Vater hatte, wie im ersten Kapitel berichtet wurde, mit seinem Vater noch Slowenisch gesprochen.

Die Idee der Ordnung ist in diesem Zusammenhang ebenso gefährdet wie kostbar. Nach dem Ritual der sonntäglichen Mahlzeit geht Carl Joseph spazieren. Ohne besondere Absicht gelangt er an den Rand der Stadt und zum Gendarmeriekommando, das dem Wachtmeister Slama untersteht, den er oberflächlich kennt. „Er beschloß anzuklopfen."[35] Warum er klopft, wird nie ganz klar. Slama ist kein Freund, nur eine Bekanntschaft. Doch Frau

Slama bittet ihn herein. Die junge Frau bringt Limonade. Dann geschieht das Unerwartete – ist es wirklich unerwartet?

„Frau Slama schüttete nach. Sie brachte Zigaretten. Rauchen war verboten. Sie zündete selbst eine Zigarette an und sog an ihr, nachlässig, mit geblähten Nasenflügeln, und wippte mit dem Fuß. Plötzlich nahm sie, ohne ein Wort, die Mütze von seinen Knien und legte sie auf den Tisch. Dann steckte sie ihm ihre Zigarette in den Mund, ihre Hand duftete nach Rauch und Kölnisch Wasser, der helle Ärmel ihres sommerlich geblümten Kleides schimmerte vor seinen Augen. Er rauchte höflich die Zigarette weiter, an deren Mundstück noch die Feuchtigkeit ihrer Lippen lag, und sah auf die Limonade. Frau Slama steckte die Zigarette wieder zwischen die Zähne und stellte sich hinter Carl Joseph. Er hatte Angst sich umzuwenden. Auf einmal lagen ihre beiden schimmernden Ärmel an seinem Hals, und ihr Gesicht lastete auf seinen Haaren. Er rührte sich nicht. Aber sein Herz klopfte laut, ein großer Sturm brach in ihm aus, krampfhaft zurückgehalten vom erstarrten Körper und den festen Knöpfen der Uniform."[36]

Jetzt lehnt sie sich zurück und beginnt, „mit zärtlicher Genauigkeit einen Knopf der Uniform nach dem anderen zu lösen". Stück für Stück wird die Uniform abgelöst, das Sinnbild Trotta'scher Disziplin und Kontrolle.

Es fällt auf, dass der junge Trotta genauso passiv bleibt wie bei der Befragung durch seinen Vater. Befehl ist Befehl, ob Nacherzählen, Essen oder Liebemachen, und er befolgt sie alle recht zufrieden und „höflich". Als er Frau Slama etwas später verlässt, schlägt er die Absätze aneinander, dass es knallt, und drückt ihr die Hand, als wäre nichts geschehen. Auch seine weiteren Rendezvous sind geordnet und ritualisiert: Wir hören, dass er Frau Slama jeden zweiten Tag um vier Uhr besucht, wenn der Wachtmeister Dienst hat. Es ist ein großes Geheimnis (oder nicht?), bis Carl Joseph, ein Jahr später wieder auf Heimurlaub, von seinem Vater erfährt, dass Frau Slama bei der Geburt eines Kindes gestorben ist. Die Andeutung ist natürlich, dass das tot geborene Kind von Carl Joseph stammt, aber im Moment ist nicht klar, wie viel die anderen wissen. Jedenfalls teilt der Bezirkshauptmann seinem Sohn mit, dass ein Kondolenzbesuch angebracht sei, und der Sohn kann nur folgen.

Dieser Besuch ist eine der witzigsten – und auch traurigsten – Szenen des Romans. Wachtmeister Slama möchte seinem Besucher den sprichwörtlichen Himbeersaft anbieten, den seine Frau bei solchen Gelegenheiten serviert hatte, aber er weiß nicht, in welchem Schrank sie ihn aufbewahrte. Trotta weiß genau, wo er ist, aber kann es natürlich nicht sagen, ohne sein Geheimnis zu enthüllen. Der förmliche Besuch verläuft ziemlich reibungslos. Trotta bricht erleichtert auf, doch auf dem Heimweg ruft ihm der Wachtmeister nach und schwenkt ein Paket von Briefen, die er zurückgeben möchte – die Liebesbriefe Carl Josephs an Frau Slama. Der Wachtmeister hat also die Wahrheit seit ihrem Tod gekannt (oder vielleicht die ganze Zeit?), und ebenso Carl Josephs Vater, der ihn zu dem Höflichkeitsbesuch aufgefordert hatte. Die ultimative Ironie besteht darin, dass die Offenbarung des Ehebruchs keinerlei offene Konsequenzen haben wird, denn Wachtmeister Slama steht im Rang tiefer als der Liebhaber seiner Frau. Es gibt nichts, was Herr Slama tun oder sagen kann.

Brillanz und Subtilität der Verführungsszene beruhen zumindest zum Teil darauf, dass sie unerwartet geschieht. Beim ersten Lesen erwartet man, dass Frau Slama sich darauf beschränken wird, mit ihrem jungen Gast Höflichkeiten auszutauschen. Doch als sie die Tür öffnet, roch es „kühl und ein wenig nach Parfum. Frau Slama hatte einen Tropfen Wohlgeruch auf das Kleid getupft", von dem man später erfährt, dass es Reseda ist. Diese Geste hat an sich nichts zu bedeuten, doch Carl Joseph denkt ähnlich wie bei seiner Reaktion auf den Besuch des Kapellmeisters Nechwal an Wiener Nachtlokale. Die „nächtliche Halbwelt" war für den 15-Jährigen ganz offensichtlich zur Obsession geworden. Vielleicht hat er auch solche Nachtlokale bereits frequentiert und ist gar nicht so jungfräulich, wie sein Vater vermutet.

Man könnte seine Passivität auch als gespannte Erwartung verstehen. Es stellt sich heraus, dass das Ritual des Liebemachens gar nicht so anders ist als andere Rituale – die Bügelfalte der Hose auszurichten, die väterliche Befragung, das Sonntagsmahl. Man beobachtet, lernt die Spielregeln von einem älteren, erfahreneren Führer und macht dann seine eigenen Schritte. „Jawohl, Papa!" Die Regeln dürfen nicht infrage gestellt werden. Und was das betrifft: Vielleicht wusste Carl Joseph schon die ganze Zeit, dass Frau Slama ihm zur Verfügung stehen würde; vielleicht klopfte er deshalb an diese spezielle Tür und nicht an eine andere.

Roth lässt absichtlich vieles ungesagt: Wir erfahren nie, ob und wie Carl Joseph seine Jungfräulichkeit verloren hat, und wir haben auch keine Vorstellung davon, was Frau Slama denkt – außer, dass sie den jungen Trotta offensichtlich attraktiv findet – oder was Carl Joseph über das unmittelbare Begehren hinaus denkt oder fühlt. Ist ein Ritual einmal initiiert, ist es eine Frage der Ehre, es bis zum Ende zu vollziehen. Dasselbe wird später mit Frau Diamant passieren. Wie beim „Radetzkymarsch" selbst trotzt die Form – besser: die Formel – allen möglichen Abweichungen. Und die Weigerung, über die wirklich wichtigen Dinge zu sprechen – oder nachzudenken –, deutet darauf hin, dass Selbstdisziplin die eigenen inneren Gefühle so gut wie unzugänglich gemacht hat. „Die Grenzen meiner Sprache bedeuten die Grenzen meiner Welt", hat Wittgenstein geschrieben. Frau Slama spricht dem jungen Trotta nicht von Liebe, sie drückt mit der Geste, ihre Zigarette in seinen Mund zu stecken, alles aus.

Was aber geschieht, wenn diese strengen Rituale zusammenbrechen? Wenn das Mittagessen nicht mehr pünktlich um eins serviert wird, wenn es keinen Tafelspitz gibt, keinen goldenen Ring von Kartoffeln, die in geschmolzener Butter schwimmen? Was geschieht später, als Carl Joseph erfährt, dass Frau Slama (Kathi) tot ist? Die Ordnung, an die sich die Trottas klammern, ist ein Mikrokosmos der Ordnung des Reiches selbst, mit endlosen Regeln und Vorschriften, Klauseln und Befugnissen, Pomp und Umständen. Ordnung ist nicht verhasst, im Gegenteil. Carl Joseph beachtet sie mit Erleichterung, denn sie bewahrt einen vor schwierigen Entscheidungen. Doch wenn das vertraute System Brüche zeigt, wie in dem Augenblick, als der junge Trotta mit dem Tod von Frau Slama und seiner eigenen möglichen Schuld konfrontiert wird, dann gibt es keinen Ausweg. „Man hat in der Kadettenschule nie etwas darüber gelernt, wie sich ein Offizier in einer ähnlichen Lage zu benehmen hat."[37] So geht der junge Mann in eine Bar und trinkt einen Weinbrand und einen zweiten. Das ist – wie bei Roth selbst und auch, wenn Carl Joseph den Dienst antritt – die „Lösung".

Duell und Ungnade
Die Szene wechselt zum Regimentsalltag in der kleinen mährischen Stadt, wo der junge Leutnant Trotta seinen ersten militärischen Posten hat. Der Enkel des „Helden von Solferino" muss sich mit der sinnlosen Routine morgendlicher Manöver und Abenden im Offizierskasino und in „Tante Resis" Bordell begnügen, statt das Vaterland zu verteidigen. Nichts, was er so mühsam in der Kadettenschule gelernt hat – die Stücke von Körner auswendig lernen, mathematische Probleme lösen – hat jetzt die geringste Bedeutung.

Der Kaiser wird nicht mehr im Feld erwartet, er ist auf sein Porträt an der Wand des Kasinos reduziert, im vollen militärischen Ornat: „Auf einmal war es, als bedurfte der Kaiser, unnahbar geworden in seinem kristallenen Panzer, keiner Trottas mehr. Man hatte zu lange Frieden."[38] Die Routine, der Carl Joseph in seinem jungen Leben so peinlich genau gefolgt war, macht endloser Freizeit Platz, die hauptsächlich mit dem neu erworbenen Ritual verbracht wird, starken Schnaps zu trinken.

Carl Joseph freundet sich mit dem Regimentsarzt Dr. Max Demant an, dessen untreue Frau Eva bei mehreren Anlässen mit Trotta geflirtet hat. Trotta und Demant sind ein ungleiches Paar, verbunden durch ihr Außenseitertum – der Enkel eines analphabetischen slowenischen Bauern und der Enkel eines alten großen Juden „mit silbernem Bart", wie Demant sich ausdrückt.[39] Trottas ritterliche „Rettung" der Frau Demant – er begleitet sie vom Theater nach Hause, wo sie ihr Mann nach einem Streit zurückgelassen hat – führt zu einem Duell zwischen Demant und dem boshaften Graf Tattenbach, bei dem beide getötet werden. In Ungnade gefallen, wird Trotta in der Folge versetzt.

Wie die frühere Verführungsszene ist die Trotta-Demant-Nachtwache vor dem Morgen des Duells große Kulisse. Von Pushkins „Eugen Onegin" über Tolstois „Krieg und Frieden" bis zu Fontanes „Effi Briest" (1895), in dem der Mann der Heldin ihren Liebhaber herausfordert und tötet, sind die romantischen Duelle des 19. Jahrhunderts Folge eines strengen Ehrenkodex – die Ehre muss unter allen Umständen verteidigt werden. Doch duelliert sich Max Demant nicht mit jenem Mann, der vielleicht die Ehre seiner Frau verletzt hat – von Trotta –, tatsächlich aber unschuldig ist, sondern mit seinem betrunkenen Rittmeister Graf von Tattenbach, „den kurzen, rundlichen Leib auf gekrümmten Reiterbeinen, den ewig roten Schädel mit den gestutzten, wasserblonden, in der Mitte gescheitelten Haaren und den hellen, kleinen, rotgeränderten Äugelein".[40] Dieser hat Trotta verleumdet und Demant als Juden verhöhnt. „‚Jud, Jud, Jud!' Achtmal sagt er's hintereinander", erinnert sich ein anderer Offizier, „ich hab' noch die Geistesgegenwart gehabt, genau zu zählen."[41]

Die antisemitische Verunglimpfung führt ein neues Motiv in den Roman ein. Einen Kapellmeister (Nechwal) jüdischer Abstammung herablassend zu behandeln, ist die eine Sache, das Leben des Militärs ist wieder etwas anderes. Zwar ist Trottas Regiment ein Schmelztiegel, wie die Namen seiner

Offizierskollegen zeigen: Kovacs (ungarisch), Prohaska (tschechisch), Reznicek (slawisch) und Bärenstein (deutsch). Doch ein Militärarzt ist ohnehin kein richtiger Soldat, und als Jude ist Demant doppelt verloren. Indem sich Trotta mit ihm anfreundet und in der Nacht vor dem Duell betrinkt, kompromittiert er sich selbst. Um seine Ehre zu retten, gibt es kein anderes Mittel als einen Wechsel des Regiments. Carl Joseph schreibt an seinen Vater und erhält folgende Antwort:

„Lieber Sohn!
Ich danke Dir für Deine genauen Mitteilungen und für Dein Vertrauen. Das Schicksal, das Deine Kameraden getroffen hat, berührt mich schmerzlich. Sie sind gestorben, wie es sich für ehrenwerte Männer geziemt.
Zu meiner Zeit waren Duelle noch häufiger und die Ehre weit kostbarer als das Leben. Zu meiner Zeit waren auch die Offiziere, wie mir scheinen will, aus einem härteren Holz. Du bist Offizier, mein Sohn, und der Enkel des Helden von Solferino. Du wirst es zu tragen wissen, daß Du unfreiwillig und schuldlos an dem tragischen Ereignis beteiligt bist. Gewiß tut es Dir auch leid, das Regiment zu verlassen, aber in jedem Regiment, im ganzen Bereich der Armee, dienst Du unserem Kaiser.
Dein Vater
Franz von Trotta
Nachschrift: Deinen zweiwöchigen Urlaub, der Dir bei der Transferierung zusteht, kannst Du, nach Deinem Belieben, in meinem Haus verbringen, oder, noch besser, in dem neuen Garnisonsort, damit Du Dich mit den dortigen Verhältnissen leichter vertraut machst.
Der Obige"[42]

Carl Joseph muss hier jedes Wort schmerzlich empfinden. Das Duell, entstanden aus wenig mehr als kleinlicher Boshaftigkeit und Antisemitismus, liefert einen Vorgeschmack auf die Nachkriegszeit (in der Roth schreibt), in der die Tattenbachs eine zunehmende Zahl von Demants aus Österreich vertreiben wollen. Doch das Protokoll wird eingehalten. Der einzige Enkel des Helden von Solferino darf nicht einmal zu seinem Vater nach Hause kommen – in ein Haus, das der Bezirkshauptmann als „sein" Haus bezeichnet, nicht als „unseres".

In einer Episode, die an das Märchenmotiv von der Verbannung des Helden erinnert, wird Carl Joseph von Trotta in ein Jägerbataillon einer armseligen Stadt an der russischen Grenze versetzt, der „letzten östlichen Bahnstation der Monarchie"[43]. Hier – in einer Landschaft, die Roth aus seiner Kindheit gut kannte – erlebt der junge österreichische Leutnant eine ganz neue Welt des Handels mit allem und jedem (einschließlich männlicher Prostitution) und eine exotische ethnische Konstellation, die völlig anders war als die „Sonntags-im-Park-Welt" des „Radetzkymarsches" zu Hause. An der Grenze gab es einen „edlen Ring aus grünen Wäldern und blauen Hügeln"[44] und darin eine seltsame neue Arbeitswelt, die die arme Bauernschaft früherer Jahre ersetzt hatte:

> *„Wir sagen: eine Art von Handel: denn weder die Ware noch die geschäftlichen Bräuche entsprachen den Vorstellungen, die man sich in der zivilisierten Welt vom Handel gemacht hat. ... In der Tat, das Leben dieser Händler war ein Rätsel. Sie hatten keine Läden. Sie hatten keinen Namen. Sie hatten keinen Kredit. Aber sie besaßen einen scharfgeschliffenen Wundersinn für alle geheimen und geheimnisvollen Quellen des Geldes. Sie lebten von fremder Arbeit; aber sie schufen Arbeit für Fremde. Sie waren bescheiden. Sie lebten so kümmerlich, als erhielten sie sich von der Arbeit ihrer Hände. Aber es war die Arbeit anderer. Stets in Bewegung, immer unterwegs, mit geläufiger Zunge und hellem Gehirn ..."*[45]

Wer sind diese Handlungsreisenden? Aus Trottas Sicht – und wir sehen diese fremde neue Welt aus seiner Sicht – sind es nur unangenehme und seltsame Neulinge. Doch der Leser erfährt, dass diese entwurzelten Ostler, „immer unterwegs", hauptsächlich Juden sind. Sie vermischen sich nun mit den Slawen der Gegend, mit den Ungarn, Slowenen, Kroaten und Serben, sodass eine Mischung entsteht, die später so unbeständig sein wird:

> *„Sie handelten mit Bettfedern, mit Roßhaaren, mit Tabak, mit Silberstangen, mit Juwelen, mit chinesischem Tee, mit südländischen Früchten, mit Pferden und Vieh, mit Geflügel und Eiern, mit Fischen und Gemüse, mit Jute und Wolle, mit Butter und Käse, mit Wäldern und Grundbesitz, mit Marmor aus Italien und Menschenhaaren aus China zur Herstellung von Perücken, mit Seidenraupen und mit fertiger Seide, mit Stoffen aus Manchester, mit Brüsseler Spitzen und mit Moskauer Galoschen, mit Leinen aus Wien und Blei aus Böhmen. ... Sie verschickten Deserteure der russischen Armee nach den Vereinigten Staaten und junge Bauernmädchen nach Brasilien und Argentinien."*[44]

Bezeichnenderweise nennt Roth keine Zeit für das Entstehen dieser neuen Klasse von Händlern. Es muss geschehen sein, lang nachdem der Held von Solferino das Leben des Kaisers gerettet hat. Realistisch gesehen, muss es sich um das erste Jahrzehnt des 20. Jahrhunderts handeln, wenn man von drei Generationen der Trottas ausgeht – Roth verleiht seiner Erzählung allerdings absichtlich den Nimbus von Märchen und Legende. Jahrhunderte scheinen vergangen zwischen dem Erscheinen des jungen Kaisers auf dem italienischen Schlachtfeld und der Ankunft des Enkels in der Grenzstadt. Die Offiziere, „Bürgerliche zumeist und deutscher Abstammung", leben hier losgelöst „von ihren heimischen Sitten, ihrer deutschen Muttersprache ... ausgeliefert der unendlichen Trostlosigkeit der Sümpfe, verfielen sie dem Hasardspiel und dem scharfen Schnaps, den man in dieser Gegend herstellte und der unter dem Namen ‚Neunziggrädiger' gehandelt wurde. Aus der harmlosen Durchschnittlichkeit, zu der sie Kadettenschule und überlieferter Drill herangezogen hatten, glitten sie in die Verderbnis dieses Landes ..."[46]

In diesem Herzen der Finsternis ist ein polnischer Landbesitzer mit Namen Graf Wojciech Chojnicki die beherrschende Gestalt, der die Offiziere zu freigebigen Partys einlädt. Er ist die erste Person, die Carl Joseph je getroffen hat, der tatsächlich den Kaiser kritisiert. Einen „gedankenlosen Greis" nennt er ihn und spottet über Nationen und Ethnien, die das Reich zusammenhält:

> „*Die deutschen Österreicher waren Walzertänzer und Heurigensänger, die Ungarn stanken, die Tschechen waren geborene Stiefelputzer, die Ruthenen verkappte und verräterische Russen, die Kroaten und Slowenen, die er ‚Krowoten und Schlawiner' nannte, Bürstenbinder und Maronibrater, und die Polen, denen er ja selbst angehörte, Courmacher, Friseure und Modephotographen.*"[47]

Der Graf erklärt:
> „*Dieses Reich muß untergehn. Sobald unser Kaiser die Augen schließt, zerfallen wir in hundert Stücke. Der Balkan wird mächtiger sein als wir. Alle Völker werden ihre dreckigen, kleinen Staaten errichten, und sogar die Juden werden einen König in Palästina ausrufen. In Wien stinkt schon der Schweiß der Demokraten, ich kann's auf der Ringstraße nicht mehr aushalten. Die Arbeiter haben rote Fahnen und wollen nicht mehr arbeiten. ... Im Burgtheater spielt*

man jüdische Saustücke, und jede Woche wird ein ungarischer Klosettfabrikant Baron."[47]

Ein solcher nihilistischer Rassismus unterscheidet sich sehr vom naiven Glauben der Trottas, selbst eher Slawen als Deutsche. Für sie ist es selbstverständlich, dass die Bürger des Reiches, woher immer sie stammen, durch den Schutz ihres Kaisers und seiner Minister verbunden sind. Bezeichnend ist auch, dass der einzige enge Freund und Schachpartner des Bezirkshauptmanns der örtliche Kurarzt ist, der sein Leben lang in dieser Stadt gewohnt hat und daher als vertrauenswürdiger Einheimischer gilt, obwohl sein Nachname Skowronnek, der vom polnischen Wort für Feldlerche kommt, ihn als Abkömmling polnischer Juden ausweist.

Wie Baron von Trotta ist Dr. Skowronnek ein guter österreichischer Patriot, doch die Welt dieser Patrioten verändert sich. Im zehnten Kapitel probt Roth noch einmal einen Tag im Leben des Herrn von Trotta, doch dieses Mal werden die Rituale dadurch gestört, dass die tägliche offizielle Post nicht auf dem Frühstückstablett liegt. Fräulein Hirschwitz berichtet, dass der Diener Jacques krank ist – eine völlig unvorhergesehene Neuigkeit, denn von Trottas Wertesystem erlaubt keinerlei Wandel. Er regt sich dermaßen auf, dass er sein Frühstück nicht essen kann. „Jacques lag an einer rätselhaften Krankheit danieder." Dieses Wissen mischt sich im Bewusstsein von Trottas mit Anzeichen der Veränderung in der größeren Welt:

„Es hatte gestern wieder eine Versammlung tschechischer Arbeiter gegeben. Ein Sokolfest war angesagt, Delegierte aus ‚slawischen Staaten' – gemeint waren Serbien und Rußland, aber im dienstlichen Dialekt niemals namentlich erwähnt – sollten morgen schon kommen. Auch die Sozialdemokraten deutscher Zunge machten sich bemerkbar. In der Spinnerei wurde ein Arbeiter von seinen Kameraden geschlagen, angeblich und nach den Spitzelberichten, weil er es ablehnte, in die rote Partei einzutreten. All dies bekümmerte den Bezirkshauptmann, es schmerzte ihn, es kränkte ihn, es verwundete ihn. ... Er schärfte dem Bezirkskommissär ein, jede Versammlung sofort aufzulösen, in der man es sich etwa einfallen ließ, ‚Resolutionen' zu fassen. Von allen in der letzten Zeit modern gewordenen Worten haßte er dieses am stärksten; vielleicht, weil es nur eines winzigen Buchstabens bedurfte, um in das schändlichste aller Worte verwandelt zu werden: in Revolution."[48]

Auffallend ist die (Herrn von Trotta unbekannte) Parallele zur Lage in der Garnisonsstadt seines Sohnes. Doch der Vater ist viel unnachgiebiger als sein schwacher Sohn. Kann sich Resolution so leicht in Revolution verwandeln? Wenn Jacques stirbt, ist alles möglich.

Zum ersten Mal in seinem Leben besucht Franz Baron von Trotta Jacques' bescheidene kleine Hütte und sitzt am Bett des alten Mannes. „,Wird ein Katarrh sein!' ,Jawohl, Herr Baron!' erwiderte Jacques und machte unter der Decke einen schwachen Versuch, die Fersen zusammenzuschlagen."[49] Unter der Decke des eigenen Totenbettes die Fersen zusammenzuschlagen! Was könnte rührender sein als Jacques Unfähigkeit, sogar jetzt noch das Protokoll zu verlassen? Der alte Mann lebt noch einige Tage – einmal steht er sogar auf und beginnt, wie immer seine Stiefel zu polieren –, und erst als er stirbt, erfährt Herr von Trotta, dass der wahre Name des Mannes, der ihm all die Jahre gedient hat, Franz Xaver Joseph Kromichl ist. „,Warum hast dich denn Jacques genannt?", fragt von Trotta. „,Das hat er so befohlen!'", bezieht sich Jacques auf den Vater des Bezirkshauptmannes. Und so ist Jacques' Tod wie eine Wiedergabe vom Tod des „Helden von Solferino". Ein „Leichenbegängnis erster Klasse, mit vier Rappen und acht livrierten Begleitern" wird bestellt. Und Herr von Trotta wird nie wieder derselbe sein:

„*Von nun an erschien dem Bezirkshauptmann sein Haus verändert, leer und nicht mehr heimisch. Er fand die Post nicht mehr neben seinem Frühstückstablett, und er zögerte auch, dem Amtsdiener neue Anweisungen zu geben. Er rührte nicht mehr eine einzige seiner kleinen, silbernen Tischglocken an, und wenn er manchmal zerstreut die Hand nach ihnen ausstreckte, so streichelte er sie nur. Manchmal, am Nachmittag, lauschte er auf und glaubte, den Geistesschritt des alten Jacques auf der Treppe zu vernehmen. Manchmal ging er in die kleine Stube, in der Jacques gelebt hatte, und reichte dem Kanarienvogel ein Stückchen Zucker zwischen die Käfigstangen.*"[50]

Eine vollständige Umkehrung der Rollen: Jacques verköstigt nicht mehr seinen Herrn, sondern der Herr geht zum Haus des Dieners, um dessen Kanarienvogel zu füttern. Nur so kann Herr von Trotta seinen Gefühlen Ausdruck verleihen, seiner besonderen Liebe zu Jacques als einem Sinnbild der „heldenhaften" Überlieferung, der er sein Leben gewidmet hat.

Lebewohl für eine Idee
Die Erfolglosigkeit der Familie Trotta ist nicht nur den Umständen geschuldet, wie manche meinen: Es ist auch das Scheitern ihrer Sprache, das für Zeit und Ort so bezeichnend ist. Rituale – je ausgefeilter, desto besser – sind annehmbar, doch eine normale Verständigung – die Kommunikation zwischen Vater und Sohn, zwischen Freunden und Liebhabern – ist schrecklich schwierig. Nach Jacques' Tod scheint für den Bezirkshauptmann alles auseinanderzufallen. Er besucht seinen Sohn in der entlegenen Grenzstadt und findet einen passiven Säufer vor. Doch die Trauer des Vaters lässt sich nicht in Worte fassen. Am Tag seiner Abreise begleitete ihn „ganze Bataillon' … auf den Perron."

> „Herr von Trotta hatte den Wunsch, noch etwas Besonderes zu sagen, aber es fiel ihm gar nichts Passendes ein. Er schickte noch einen zärtlichen Blick zu seinem Sohn. Gleich darauf aber hatte er Angst, man würde diesen Blick bemerken, und er senkte die Augen. Er drückte dem Major Zoglauer die Hand. Er dankte Chojnicki. Er lüftete den würdigen, grauen Halbzylinder, den er auf Reisen zu tragen pflegte. Er hielt den Hut in der Linken und schlug die Rechte um den Rücken Carl Josephs. Er küßte den Sohn auf die Wangen. Und obwohl er sagen wollte: Mach mir keinen Kummer! Ich liebe dich, mein Sohn!, sagte er lediglich: ‚Halt dich gut!' – Denn die Trottas waren schüchterne Menschen."[51]

Der letzte Satz scheint zunächst überraschend: Wie kann der Bezirkshauptmann, mit seinen endlosen Befehlen und Vorschriften, seiner Obsession mit dem Protokoll und der Verachtung für jene, die diesem nicht folgen, so auf den Mund gefallen sein? Vielleicht, weil die Trennung zwischen Gefühl und Ausdruck in seiner Kultur nahezu unüberbrückbar geworden ist. Auch der Kaiser, so erfahren wir in der Folge, ist recht schüchtern, ebenso wie Carl Joseph. Worte – die offiziellen Worte und staatlichen Dogmen – können Handlungen immer weniger kontrollieren. Wittgenstein war sich dieser Trennung bewusst und bestand darauf: „Darum kann es auch keine Sätze der Ethik geben." (Tractatus 6.42) Nur ethische Handlungen. Könnte Herr von Trotta seinen Gefühlen Ausdruck verleihen, würde er zweifellos zustimmen.

Die Lage spitzt sich zu, als Carl Joseph nach der letzten Schmach seiner Spielschulden den Vater um die gewaltige Summe bittet, die zurückzuzahlen ist, bevor der Sohn aus dem Dienst ausscheiden kann. Die Tragödie beschert dem Bezirkshauptmann jetzt seine Sternstunde. Weil er das Geld weder vom guten Dr. Skowronnek noch vom größten Landbesitzer, Herrn von Winternigg, erhalten kann, beschließt er, zum Kaiser selbst zu gehen. Er erhält eine Audienz und probt das kaiserliche Protokoll drei Tage lang, kleidet sich in seinen schwarz-grünen Frack, bestellt eine Kutsche nach Schönbrunn:

„An beiden Flügeln der hohen, weißen, goldgesäumten Tür standen zwei übergroße Wächter wie tote Standbilder. Der braungelbe Parkettboden, den der rötliche Teppich nur in der Mitte bedeckte, spiegelte den unteren Teil Herrn von Trottas undeutlich wider, die schwarze Hose, die vergoldete Spitze der Degenscheide und auch die wallenden Schatten der Frackschöße. Herr von Trotta erhob sich. Er ging mit zagen, lautlosen Schritten über den Teppich. Sein Herz klopfte. Aber seine Seele war ruhig."[52]

Als die Doppeltür sich teilt und er Kaiser Franz Joseph gegenübersteht, erfährt Franz Baron von Trotta einen Augenblick puren Glücks. „Und sie glichen zwei Brüdern, von denen der eine ein Kaiser, der andere ein Bezirkshauptmann geworden war." In weniger als einer Minute gewährte der Kaiser Trotta die Bitte, obwohl er schon wieder vergessen hatte, „ob ihm der Großvater oder der Vater des Leutnants das Leben in der Schlacht bei Solferino gerettet hatte".[53] „‚Grüßen Sie Ihren Papa!'", sagt der Kaiser beim Abschied. „‚Mein Vater ist tot, Majestät!'", antwortet der Bezirkshauptmann.[54] Aber der Kaiser, dessen Gedächtnis versagt, nimmt kaum Notiz davon.

Ohne genaue Zeitangabe wechselt die Szene zu dem Moment, an dem Carl Joseph, vom Kaiser begnadigt, den großen Sommerball in Graf Chojnickis „Wäldchen" besucht, einem Treffpunkt, der für diese Gelegenheit in eine Art Märchenort verwandelt worden war. Es ist ein opernhafter Augenblick, der nächtliche Tanz wird zuerst durch ein Gewitter und dann durch die Ankunft eines Dragoners unterbrochen, mit einem Brief für den Oberst des Regiments, in dem in einer „furchtbaren, großen, blauen Schrift" stand: „‚Thronfolger gerüchtweise in Sarajevo ermordet.'"[55]

Für die Leser ist dieser Moment ebenso unerwartet wie für die Festgäste, denn trotz mancher Gerüchte hier und in früheren Kapiteln schien der Krieg doch nicht unmittelbar bevorzustehen. Zumindest nicht für die von Trottas und ihre Mitstreiter, die alle Geschöpfe der Gewohnheit waren. Doch auf die Antwort, die jetzt kommt, ist niemand vorbereitet. Die ungarischen Aristokraten jubeln:

*„‚Bravo!' rief der Baron Nagy Jenö, der von den Husaren. Er hielt, obwohl
er zweifellos von einem jüdischen Großvater aus Ödenburg abstammte und
obwohl erst sein Vater die Baronie gekauft hatte, die Magyaren für eine der
adligsten Rassen der Monarchie und der Welt, und er bemühte sich mit Erfolg,
die semitische, der er entstammte, zu vergessen, indem er alle Fehler der
ungarischen Gentry annahm."*[56]

Der Baron hatte schon lange den Verdacht, dass Franz Ferdinand „den slawischen Völkern günstig gesinnt und den Ungarn böse" gewesen sei.[57] Seine ungarischen Kameraden applaudieren ihm, während die Slowenen, die die Ungarn hassen, empört sind. Ein großer Tumult entsteht, und nur Leutnant Trotta erhebt den Säbel, den Dr. Demant ihm bei seinem Tod vermacht hat, und ruft zur Ordnung. Er beschließt, sofort seinen Abschied zu nehmen, dieser wird genehmigt, und er kehrt – weitgehend unabsichtlich – zum bäuerlichen Leben seiner Ahnen zurück. Die Trottas, so scheint es, haben den Kreis geschlossen.

Doch das ist noch nicht das Ende. Innerhalb eines Monats wird der Krieg erklärt, und ein einfacher Reflex sagt Trotta, was er zu tun hat. „Das war der Krieg, auf den er sich schon als Siebenjähriger vorbereitet hatte."[58] Carl Joseph legt seine alte Uniform an, geht zum örtlichen Regiment und will Wassereimer zu den durstigen Männern im Feld tragen, da „schlug eine Kugel an seinen Schädel".[59] Während er fällt, hämmern die ersten trommelnden Takte des Radetzkymarsches in seinem Kopf.

Was hat das alles zu bedeuten? Der Epilog des Romans berichtet vom Tod des Kaisers Franz Joseph wie auch von Franz Baron von Trotta (der offensichtlich nicht ertragen konnte, seinen Helden zu überleben) und endet mit der Rückkehr Dr. Skowronneks vom Begräbnis mit dem Bürgermeister:

*„Vor dem Kaffeehaus ließ Doktor Skowronnek den Wagen halten. Er ging,
wie jeden Tag, an den gewohnten Tisch. Das Schachbrett stand da, als
ob der Bezirkshauptmann nicht gestorben wäre. Der Kellner kam, um es
wegzuräumen, aber Skowronnek sagte: ‚Lassen Sie nur!' Und er spielte mit
sich selbst eine Partie, schmunzelnd, von Zeit zu Zeit auf den leeren Sessel
gegenüber blickend und in den Ohren das sanfte Geräusch des herbstlichen
Regens, der noch immer unermüdlich gegen die Scheiben rann."*[60]

Die Ironie könnte kaum größer sein. Der Kaiser ist in der Kapuzinergruft begraben. Die Trottas und all ihre Gewissheiten und ihre festen Überzeugungen sind verschwunden. Graf Chojnicki ist zurück von der Front und in einem Irrenhaus in Wien, wo Frau von Taußig, mit der Carl Joseph eine unglückliche Affäre hatte, als freiwillige Krankenschwester arbeitet. Nur Dr. Skowronnek, der gute Österreicher jüdischer Abstammung, hat überlebt. Er hat seinen Schachpartner verloren und macht das Beste daraus, indem er gegen sich selbst spielt. Manchmal lächelt und zwinkert er, als sei er über seine Züge erfreut. Draußen fällt der Regen, aber das Spiel geht weiter.

Spiel gegen sich selbst
In einem Essay aus dem Jahr 2005 erinnert Michael Hofmann daran, dass der Radetzkymarsch bis in die frühen 1980er-Jahre, also ein halbes Jahrhundert nach seiner Veröffentlichung, ein „vergessener Klassiker" war. Zweifellos hätten die Leser in der Hitlerzeit und insbesondere gleich nach dem Holocaust einen Roman eines galizischen Juden mit Missfallen betrachtet, der mit einiger Nostalgie auf die Habsburgermonarchie zurückblickt. Aus dem Abstand der Gegenwart sieht man manches mit anderen Augen:

„Als ich [in den 1980ern] begann, Roth zu lesen, war die österreichischungarische Doppelmonarchie mit ihren mühsam vereinigten 17 Nationalitäten etwas, das ich in der Schule ... hatte lernen müssen. Es war sicher nichts, für das ich auch nur das Mindeste empfand, und die Vorstellung, dass ich etwas empfinden würde, schien mir absurd. Jetzt erscheint sie mir als ein heroisches Projekt und ihr Ende in einem Sturm konkurrierender Nationalismen eine andauernde Tragödie für Europa, wo die EU ein blasser und ziemlich seelenloser Versuch ist, darum herumzukommen. Die jüngsten Kriege auf europäischem Festland, Milošević und Tudman, die Belagerung von Sarajevo und die Gräuel in Bosnien, die Beschießung von Dubrovnik, die Zerstörung der alten Brücke von Mostar, und weiter zurück die Teilung Europas, der Eiserne Vorhang, die Ermordung von sechs Millionen Juden und die beiden Weltkriege, alles erscheint mir direkt zurückzuführen auf das Ende der Doppelmonarchie."[61]

Als dies 2005 geschrieben wurde, gab es die heute sehr ernste wirtschaftliche Spaltung zwischen Nord- und Südeuropa noch nicht, die das Überleben der Europäischen Union bedroht, und in Ungarn war das aktuelle protofaschistische Regime noch nicht gewählt. Die Trommeltakte von Strauss' „Radetzkymarsch" klingen heute wahrscheinlich ganz anders als damals. In seinen journalistischen Arbeiten und vor allem in seinen Briefen an Freunde äußert sich Roth tief pessimistisch über die Zukunft, sowohl seine eigene wie auch die Europas. In seinen Romanen enthält er sich einer Wertung. Wer ist schuld an den Ereignissen, die im Radetzkymarsch erzählt werden? Wäre es den Trottas besser ergangen, wenn sie bei ihrem bäuerlichen Leben in Slowenien geblieben wären? War der Kaiser schuld, zunehmend alt und realitätsfern? War es die autokratische Regierungsform? Die Ansammlung allzu vieler Länder durch die früheren Habsburger? Das unvermeidliche Ergebnis der Industrialisierung und der Diaspora von Slawen, Ostjuden und anderen „unerwünschten Personen" im wachsenden kapitalistischen Konkurrenzkampf? Oder nur der Übergang von einer Ära in eine andere, die das „kaiserliche und königliche" Imperium überflüssig machte?

In einer der großen Episoden im Radetzkymarsch erhält Leutnant Carl Joseph von Trotta, eben von seiner Geliebten Frau von Taußig in Wien abgewiesen, den Befehl, eine Horde Streikender einer nahen Borstenfabrik zu zerstreuen, die mit einer Massendemonstration drohen. Auf dem Weg zum Fabriksplatz versucht Trotta, der einige Gläser Neunziggrädigen getrunken hat, vergeblich, sich zu konzentrieren: „Sie [die Demonstranten] kamen. Sie kamen aus der Richtung der Schenke. Ihnen voran wehte ihr Gesang, ein Lied, das der Leutnant noch niemals gehört hatte. In dieser Gegend hatte man es noch kaum gehört. Es war die Internationale, in drei Sprachen gesungen. ... Der Leutnant Trotta verstand kein Wort."[62] Der Schlüssel ist hier der Ausdruck „drei Sprachen". Die Doppelmonarchie war stolz auf ihre sehr reale Vielsprachigkeit, ihre ethnische Vielfalt. Als Hitler das erste Mal nach Wien kam und Parlamentssitzungen verfolgte, interessierten ihn besonders die Reden auf Tschechisch und Ungarisch, er versuchte zu verstehen, wie das System der Nationalitäten funktionierte oder nicht funktionierte.[63] Schnell kam er zu dem Schluss, dass trotz des Protokolls die einzig wirklich wichtige Sprache in diesem Parlament das Deutsche sei. Wie lange also würde das Zentrum des Reiches erhalten bleiben?

Carl Joseph von Trotta, selbst Slowene, aber als Mitglied des Deutsch sprechenden Adels erzogen, „verstand kein Wort". Und gibt vorschnell den Befehl zum Schießen, weil er die Kraft der Gegner falsch einschätzt: ein wütender Mob, der mit Steinen und genagelten Latten antwortet, die „auf ihre Rücken und Nacken" fallen[64]. Leutnant Trotta wird von einem dieser Geschosse getroffen und erleidet einen Schädelbruch. Er erkennt, dass seine militärische Laufbahn beendet ist.

Die Streikepisode findet am Vorabend von Sarajevo statt. Mit einer neuen Art von Feind konfrontiert – einem Feind, der General Radetzky auf den Schlachtfeldern von Italien oder Frankreich ganz unbekannt war und der aus Mitbürgern besteht, deren *Sprache* völlig unverständlich ist –, findet sich der letzte Trotta nicht zurecht. Ist der bitter ironische Tod des jungen Leutnants als Wasserträger der Truppen das überfällige Ende einer anachronistischen Ordnung? Oder ist etwas Wertvolles verloren gegangen? In dieser entscheidenden und komplexen Frage bezieht der Radetzkymarsch keine klare Position. Dieser scheinbar abschließende Roman, der mit dem Aussterben der Trottas und dem Tod des Kaisers endet, bleibt für alle Interpretationen offen. Das Schachspiel, das der gute Kurarzt auf der letzten Seite mit sich selbst spielt, wird wieder und wieder gespielt werden.

3. Die Möglichkeitsform
Robert Musils „Der Mann ohne Eigenschaften"

„Wer ihn [den Möglichkeitssinn] besitzt, sagt beispielsweise nicht: Hier ist dies oder das geschehen, wird geschehen, muß geschehen; sondern er erfindet: Hier könnte, sollte oder müßte geschehn; und wenn man ihm von irgend etwas erklärt, daß es so sei, wie es sei, dann denkt er: Nun, es könnte wahrscheinlich auch anders sein."¹ Robert Musil

Das Eröffnungskapitel von Musils großem unvollendeten Roman mit dem Titel „Woraus bemerkenswerter Weise nichts hervorgeht" beginnt mit einem Bericht über Luftdruck, Isothermen, astrologische Vorzeichen, Wasserdampf in der Luft und die Feuchtigkeit der Luft an einem schönen Augusttag in Wien.² Doch schon der zweite, scheinbar unkomplizierte Absatz richtet die Bühne für Musils besondere Form der Ironie:

„*Autos schossen aus schmalen, tiefen Straßen in die Seichtigkeit heller Plätze, Fußgängerdunkelheit bildete wolkige Schnüre. Wo kräftigere Striche der Geschwindigkeit quer durch ihre lockere Eile fuhren, verdickten sie sich, rieselten nachher rascher und hatte nach wenigen Schwingungen wieder ihren gleichmäßigen Puls. Hunderte Töne waren zu einem drahtigen Geräusch ineinander verwunden, aus dem einzelne Spitzen vorstanden, längs dessen schneidige Kanten liefen und sich wieder einebneten, von dem klare Töne absplitterten und verflogen. An diesem Geräusch, ohne daß sich seine Besonderheit beschreiben ließe, würde ein Mensch nach jahrelanger Abwesenheit mit geschlossenen Augen erkannt haben, daß er sich in der Reichshaupt- und Residenzstadt Wien befinde. Städte lassen sich an ihrem Gang erkennen wie Menschen. Die Augen öffnend, würde er das gleiche an der Art bemerken, wie die Bewegung in den Straßen schwingt, beiweitem früher als er es durch irgendeine bezeichnende Einzelheit herausfände. Und wenn er sich, das zu können, nur einbilden sollte, schadet es auch nichts.*"²

Autos, die aus „schmalen, tiefen Straßen" schießen: ein Klischee des Stadtromans oder auch des frühen Films. Doch das Besondere an Musils Bericht ist, dass er wohl kaum zutrifft. Im Vorkriegs-Wien des Jahres 1913 gab es noch wenig Autoverkehr; es war die Zeit der elektrischen Straßenbahnen und – in der Innenstadt – der Fußgänger. Pferdekutschen waren noch recht häufig: Läutende Straßenbahnen und das Klapp-Klapp der Pferdehufen hätten wohl kaum das „drahtige Geräusch" erzeugt, das der Erzähler bestimmt – ein Geflecht, das erst nach dem Krieg auftaucht.

Es hat den Anschein, dass Städte „wie Menschen" sich *nicht* „an ihrem Gang erkennen" lassen. Der im ersten Kapitel erzählte Unfall, bei dem ein nicht identifizierter Mann offenbar von einem schweren Lastwagen angefahren und mit dem Krankenwagen ins Krankenhaus gebracht wird, legt eine weitere falsche Fährte. Motorisierte Krankenwägen wurden im Wesentlichen im Ersten Weltkrieg für das Rote Kreuz entwickelt, als der Krieg auch die Produktion von Lastwägen beschleunigt hatte, die man für den Transport von Militärgütern benötigte. Die Dame und der Herr, die den Unfall sehen – vielleicht, so deutet der Erzähler an, Musils Powerduo Ermelinda Tuzzi („Diotima") und Paul Arnheim – „gehörten ersichtlich einer bevorzugten Gesellschaftsschicht an, waren vornehm in Kleidung, Haltung und der Art, wie sie miteinander sprachen".[3]

„Die Dame", so lesen wir, „fühlte etwas Unangenehmes in der Herz-Magengrube, das sie berechtigt war für Mitleid zu halten; es war ein unentschlossenes, lähmendes Gefühl". Aber die Autorität ihres männlichen Begleiters beschwichtigt ihre Ängste. Als sie eine Erklärung für den Unfall erhält – „Diese schweren Kraftwagen, wie sie hier verwendet werden, haben einen zu langen Bremsweg" –, empfindet die Dame und mit ihr die ganze Menschenmenge offensichtlich jene Erleichterung, die mit der Zuschreibung einer benennbaren Ursache einhergeht:

„*Sie hatte dieses Wort wohl schon manchmal gehört, aber sie wußte nicht, was ein Bremsweg sei, und wollte es auch nicht wissen; es genügte ihr, daß damit dieser gräßliche Vorfall in irgend eine Ordnung zu bringen war und zu einem technischen Problem wurde, das sie nicht mehr unmittelbar anging. Man hörte auch schon die Pfeife eines Rettungswagens schrillen, und die Schnelligkeit seines Eintreffens erfüllte alle Wartenden mit Genugtuung. Bewundernswert sind diese sozialen Einrichtungen. Man hob den Verunglückten auf eine Tragbahre und schob ihn mit dieser in den Wagen. Männer in einer Art Uniform waren um ihn bemüht, und das Innere des Fuhrwerks, das der Blick erhaschte, sah so sauber und regelmäßig wie ein Krankensaal aus. Man ging fast mit dem berechtigten Eindruck davon, daß sich ein gesetzliches und ordnungsmäßiges Ereignis vollzogen habe.*"[4]

Und der Herr versorgt seine Begleitung in der Folge mit „amerikanischen Statistiken" über die Zahl der durch Autounfälle getöteten oder verletzten Personen in einem gegebenen Jahr.

Nichts, wie die Überschrift des Kapitels uns mitteilt, entwickelt sich aus dieser Szene, und doch könnte sie kaum weniger bedeutungsschwanger sein. Erstens zeigen die Bezüge auf flitzende Autos, gefährliche Lastwägen, Krankenwägen und Männern in Uniform, dass die wirkliche Zeit von Musils Roman nicht das angegebene Jahr 1913 ist (als diese Dinge nicht zum Alltag gehörten), sondern die 1920er, als Musil den „Mann ohne Eigenschaften" schrieb (der erste Teil erschien 1930). Während wir in der Folge den zutiefst ironischen Bericht über die „Parallelaktion" lesen, in der die höchsten Wiener Kreise Pläne für den siebzigsten Jahrestag der Thronbesteigung Kaiser Franz Josefs schmieden, wissen wir nicht nur, dass der für 1918 geplante Event niemals stattfinden wird, sondern auch, dass die Umwidmung von Militärfahrzeugen für zivile Zwecke wohl kaum eine Garantie für Recht und Gesetz ist. Das Innere eines Fahrzeugs, das „sauber und regelmäßig wie ein Krankensaal" aussieht: Ist es das, was das neue Jahrhundert braucht?

Zweitens bereitet uns der Autor auf eine Welt vor, die ganz anders ist als die Doppelmonarchie, in der sie angeblich angesiedelt ist. Die oberen Klassen unterscheiden sich nicht mehr durch ihre adelige Ahnentafel, sondern durch „die Anfangsbuchstaben der Namen", die „bedeutsam auf ihre Wäsche gestickt" sind. Diotima (Frau Ermelinda Tuzzi) ist die bürgerliche, nicht sonderlich gut erzogene Frau des ebenso bürgerlichen Hans Tuzzi, der im kaiserlichen Außenministerium des dem Untergang geweihten Habsburgerreiches zum Sektionschef aufgestiegen ist – oder ist es die neue, geschrumpfte Republik? Ihr enger Freund ist Dr. Paul Arnheim, ein superreicher deutscher Unternehmer und Intellektueller, der „von jüdischer Abstammung sein sollte: von seinem Vater wurde das nämlich mit Sicherheit erzählt".[5] Trotz all seiner angeblichen Macht ist er deshalb ein doppelter Außenseiter in den hohen sozialen Kreisen des aristokratischen Österreich.

Drittens bleibt Wien in Musils Roman bis zum Ende seltsam körperlos: Wie sein Held Ulrich wird es als Stadt „ohne Eigenschaften" dargestellt. Zwar diskutieren Ulrich und seine Freunde und Bekannten endlos darüber, wie das Leben gelebt werden sollte, was geeignete ethische, soziale und kulturelle Normen wären. Doch anders als im Wien des Karl Kraus und auch ganz anders als bei der österreichischen Provinzstadt, in der Franz von

Trotta in Joseph Roths „Radetzkymarsch" als Bezirkshauptmann dient, fühlen wir nie wirklich den Puls von Musils Stadt, denn alles Sinnliche und Besondere wird regelmäßig durch das Bewusstsein des Erzähler gebrochen, auch wenn dieses Bewusstsein selbst Gegenstand von Ironie und komischer Kritik ist. Noch der Dialog ist in diesem Roman nicht spezifiziert: Er steht einem pseudoplatonischen Dialog näher als dem Idiolekt einzelner Individuen (daher auch die Namen Diotima, Bonadea usw.). Musil selbst drückt es im ersten Kapitel am Ende des Absatzes über Autos so aus:

„*Es wäre wichtig, zu wissen, warum man sich bei einer roten Nase ganz ungenau damit begnügt, sie sei rot, und nie danach fragt, welches besondere Rot sie habe, obgleich sich das durch die Wellenlänge auf Mikromillimeter genau ausdrücken ließe; wogegen man bei etwas so viel Verwickelterem, wie es eine Stadt ist, in der man sich aufhält, immer durchaus genau wissen möchte, welche besondere Stadt das sei. Es lenkt von Wichtigerem ab.*"[2]

Was ist dieses Wichtigere? Die doppelte Perspektive, die uns den Blick auf die Ereignisse des Romans aus der Sicht sowohl der Vorkriegszeit erlaubt, in der sie angeblich stattfinden, wie des Nachkriegsklimas in Musils Gegenwart – einer Gegenwart, die bereits von der entsetzlichen Zukunft überschattet wird, die Europa erwartet –, verleiht dem Roman seinen ganz besonderen Ton und Struktur. Das doppelte Sehen in Verbindung mit einem Möglichkeitssinn, dem Ungewissen, dem Konjunktiv: Diese Spannung geistert durch Musils Seiten, von der ersten bis zur letzten, ohne dass es in dieser Welt der gescheiterten Möglichkeiten einen Abschluss gäbe. Man sollte gleich dazusagen, dass der Erzähler weder allwissend ist noch ein auf die dritte Person beschränkter Erzähler wie etwa bei Henry James, sondern eher die Stimme eines ironischen und desillusionierten Beobachters, der seinen Gestalten Motive zuschreibt, die bewusst oder gar echt sein können oder auch nicht.

Wer ist es, der auf der ersten Seite des Romans denkt: „Städte lassen sich an ihrem Gang erkennen wie Menschen." Ist es jener „nach jahrelanger Abwesenheit" zurückgekehrte Mensch, also unser Held Ulrich? Ja, aber Ulrichs Perspektive geht leicht in die des ironisch distanzierten Erzählers über. Wenn wir im ersten Kapitel einen Satz lesen wie: „Die Dame fühlte etwas Unangenehmes in der Herz-Magengrube, das sie berechtigt war für Mitleid zu halten; es war ein unentschlossenes, lähmendes Gefühl", zeigt ein momentaner Gedanke, dass wir mit den Gedanken der Dame nicht wirklich vertraut sind. Sie weiß selbst nicht, dass sie sich „unentschlossen und gelähmt" fühlt; nur ein außenstehender Interpret kann dies aus dem unangenehmen Gefühl in ihrer Magengrube schließen. Daher endet auch das erste Kapitel mit einem ergebnislosen Dialog zwischen der Dame und dem Herrn.

> „‚Meinen Sie, daß er tot ist?' fragte seine Begleiterin und hatte noch immer das unberechtigte Gefühl, etwas Besonderes erlebt zu haben.
> ‚Ich hoffe, er lebt' erwiderte der Herr. ‚Als man ihn in den Wagen hob, sah es ganz so aus.'"[4]

Wir werden es nie erfahren. Das zweite Kapitel wendet sich Ulrichs kleiner Villa am Ende der Straße zu, auf der der Unfall geschehen war, und stellt uns den „Mann ohne Eigenschaften" vor. Halten wir zudem fest, dass wir nicht genau wissen, warum die Annahme der Dame, sie habe etwas Besonderes erlebt, „unberechtigt" ist. Waren derart schreckliche Unfälle häufig in den Innenstadtstraßen Wiens zu sehen? Oder meint Musil, dass Ermelinda Tuzzi (die sich als Ulrichs entfernte Kusine herausstellt) nicht wirklich fähig sei, „etwas Besonderes" zu erleben, weil diese Diotima das genaue Gegenteil von Platons Philosophin ist, auch wenn sie, wie wir bald erfahren werden, sich wie ihre Vorfahrin im „Symposion" für eine Autorität in Sachen Liebe hält? In einer Möbiusband-Struktur wie Musils Roman sind die Ironien immer vielschichtig.

Die „Utopie des Essayismus"

Keine Handlung, keine realistischen Charakterisierungen, kein greifbarer Rahmen: Man hat oft erkannt, dass „Der Mann ohne Eigenschaften" weniger ein Roman ist als eine Abfolge komplex zusammenhängender essayistischer Betrachtungen und Spekulationen. Im Kapitel 62 versucht Musil, die allmähliche Entwicklung zu bestimmen, in der Ulrich, ein ausgebildeter Mathematiker, lernt, sich einer Art des Denkens zu öffnen, die sowohl über deduktive wie induktive Beweisführung hinausgeht und dennoch ideologische Gewissheiten meidet:

> „Ungefähr wie ein Essay in der Folge seiner Abschnitte ein Ding von vielen Seiten nimmt, ohne es ganz zu erfassen, – denn ein ganz erfaßtes Ding verliert mit einem Male seinen Umfang und schmilzt zu einem Begriff ein – glaubte er, Welt und eigenes Leben am richtigsten ansehen und behandeln zu können. Der Wert einer Handlung oder einer Eigenschaft, ja sogar deren Wesen und

Natur erschienen ihm abhängig von den Umständen, die sie umgaben, von den Zielen, denen sie dienten, mit einem Wort, von dem bald so, bald anders beschaffenen Ganzen, dem sie angehörten. ... Sie waren gewissermaßen das, was sie wurden, und so wie das eine Wort Hart, je nachdem, ob die Härte mit Liebe, Rohheit, Eifer oder Strenge zusammenhängt, vier ganz verschiedene Wesenheiten bezeichnet, erschienen ihm alle moralischen Geschehnisse in ihrer Bedeutung als die abhängige Funktion anderer. Es entstand auf diese Weise ein unendliches System von Zusammenhängen, in dem es unabhängige Bedeutungen, wie sie das gewöhnliche Leben in einer groben ersten Annäherung den Handlungen und Eigenschaften zuschreibt, überhaupt nicht mehr gab; das scheinbare Feste wurde darin zum durchlässigen Vorwand für viele andere Bedeutungen ..."[6]

Wenn „Essayismus" in diesem Sinn Anarchie und Skeptizismus andeutet, so macht Musil rasch klar: „Nichts ist dem fremder als die Unverantwortlichkeit und Halbfertigkeit der Einfälle, die man Subjektivität nennt, aber auch wahr und falsch, klug und unklug sind keine Begriffe, die sich auf solche Gedanken anwenden lassen, die dennoch Gesetzen unterstehn, die nicht weniger streng sind, als sie zart und unaussprechlich erscheinen." Das Gebiet von großen Essayisten wie Montaigne „liegt zwischen Religion und Wissen, zwischen Beispiel und Lehre, zwischen *amor intellectualis* und Gedicht ...".[7] Sie untersuchen eine bestimmte Frage von allen Seiten, denn sie haben verstanden, dass „jeder moralische Satz, etwa gleich der bekannte und einfache: Du sollst nicht töten ... weder eine Wahrheit ist noch eine Subjektivität. Man weiß, daß wir uns in mancher Hinsicht streng an ihn halten, in anderer Hinsicht sind gewisse und sehr zahlreiche, jedoch genau begrenzte Ausnahmen zugelassen" – in diesem Fall mit Abrahams Opfer von Isaac beginnend. Anders als der wissenschaftliche Impuls geht der essayistische davon aus, „daß nur eine Frage das Denken wirklich lohne, und das sei die des rechten Lebens".

„Für mich knüpfen sich an das Wort Essay Ethik und Ästhetik", schreibt Musil in einem kurzen Essay 1914.[8] Die Verbindung zwischen Ethik und Ästhetik erinnert unmittelbar an das berühmte Wort in Wittgensteins „Tractatus", „Ethik und Ästhetik sind Eins." (Tractatus 6.421) Für Wittgenstein bedeutete das, dass sowohl ethische wie auch ästhetische Urteile von der Existenz echter Werte ausgehen und daher nicht in Aussagen gefasst werden können: „Der Sinn der Welt muss außerhalb ihrer liegen." (Tractatus 6.41) Musil würde dieser Formulierung nicht widersprechen, die zuerst in Wittgensteins „Tagebüchern 1914–1916" auftaucht, also aus derselben Zeit stammt wie Musils eigener Essay. Aber Musil erinnert uns daran, dass das Wort „Essay" nicht nur „Versuch" bedeutet, sondern auch von „Wage" kommt (vom Spätlateinischen „exagium", Abwägen.) Als solches verbindet der Essay „das Gebiet der Wissens-schaft" einerseits und „das Gebiet des Lebens und der Kunst" andererseits.

Nur Ersteres kann das Kriterium der Wahrheit erfüllen, in der Literatur stimmen Figuren und Ereignisse nicht zusammen und das Kriterium der Wahrheit kann nicht angewendet werden. „Zwischen diesen beiden Gebieten liegt der Essay", schreibt Musil. „Er hat von der Wissenschaft die Form u. Methode. Von der Kunst die Materie. ... Er gibt *keine Figuren, sondern eine Gedankenverknüpfung* ... Er gibt keine Totallösung, sondern nur eine Reihe von partikularen."[9] Man versteht „mit einemmal sich selbst und die Welt anders": „Das ist die intuitive Erkenntnis im mystischen Sinn."[10] In seinem „Tractatus" (6.522) formuliert es Wittgenstein so: „Es gibt allerdings Unaussprechliches. Dies zeigt sich, es ist das Mystische."

Es ist kein Zufall, dass Musil und Wittgenstein in diesen Texten intuitives Wissen betonen. In einem scharfsinnigen Essay über den „Mann ohne Eigenschaften" als essayistischen Roman sieht Thomas Harrison die Form als direkte Reaktion auf den großen Krieg: „Sichere Gewissheiten über die westliche Gesellschaft, Überzeugungen von falsch und richtig, Stellenwert und Glaubwürdigkeit des Individuums, Philosophien von Freiheit und Selbstbestimmung, die fundamentale Rationalität des Menschen und die Zuverlässigkeit seines Intellekts schienen plötzlich ebenso gefährdet wie die österreichisch-ungarische Monarchie selbst, in der Musil geboren worden war und die 1918 über Nacht implodiert war." Der Essay, so fügt Harrison hinzu, enthält „Apophthegmen, lyrische Verdichtungen, persönliche Bekenntnisse, Polemik, Ironie und Satire" und hat daher „weder die Strenge einer philosophischen Abhandlung noch die absolute Freiheit poetischer Imagination". Was Musils romanhaften Ausdruck des Essays betrifft, „wenn alle Erfahrungen bedingt, gelegentlich, speziell und voller Möglichkeit sind", brauchen sie eine „narrative Inszenierung": Schließlich können sich Ursachen und Folgen von „Kontingenz und Fatalität kultureller Bedeutungen" nur innerhalb der Zeit zeigen.[11]

Ähnlich argumentiert Jean-Pierre Cometti in seinem Buch „Musil philosophe": „Anders als ein Philosoph demonstriert der Essayist nichts und will das auch gar nicht; seine Argumente kommen eher aus Intuition und Vermutung; sie haben nicht die Systematik, die eine philosophische Argumentation verlangt; ihre Logik gründet nicht auf einer Konzeption."[12] Hier bietet der Wittgenstein der „Philosophischen Untersuchungen" eine wichtige Analogie: „Ich habe diese Gedanken alle als *Bemerkungen,* kurze Absätze, niedergeschrieben", lesen wir im Vorwort. „Manchmal in längeren Ketten, über den gleichen Gegenstand, manchmal in raschem Wechsel von einem Gebiet zum anderen überspringend." Und Wittgenstein gesteht, dass er seine Gedanken nicht, „gegen ihre natürliche Neigung, in *einer* Richtung" weiterzwingen konnte: „Und dies hing freilich mit der Natur der Untersuchung selbst zusammen. Sie nämlich zwingt uns, ein weites Gedankengebiet, kreuz und quer, nach allen Richtungen hin zu durchreisen."[13]

Musils „Untersuchung" springt ähnlich kreuz und quer, aber seine Vorgangsweise ist dialektischer als die von Wittgenstein: „Es entspricht der Erfahrung, daß dabei auf eine Richtung immer die entgegengesetzte folgt."[14] Oder auch: „Jedesmal, wenn Diotima sich beinahe schon für eine solche Idee entschieden hatte, mußte sie bemerken, daß es auch etwas Großes wäre, das Gegenteil davon zu verwirklichen. ... Ideale haben merkwürdige Eigenschaften und darunter auch die, daß sie in ihren Widersinn umschlagen, wenn man sie genau befolgen will."[15] Wenn der „Mann ohne Eigenschaften" ein historischer Roman ist, dann ist er in seltsam parodistischer Weise „historisch", er hat nicht Kultur und Psychodrama des habsburgischen Wien zum Gegenstand, sondern die Zwischenkriegszeit, in der die Normen der Aufklärung – jahrzehntelang unbezweifelt – sich zusammen mit dem verlorenen Reich in Rauch auflösten. Krieg, ein Wort, das bis in die letzten Kapitel kaum vorkommt, steht unübersehbar im Raum.

Musils Krieg
> *„... daß der Krieg nichts ist wie die Fortsetzung des Friedens mit stärkeren Mitteln ..."*[16]

Das achte Kapitel des „Mann ohne Eigenschaften" ist heute ein berühmter und manchmal für sich stehender Essay namens „Kakanien" – Musils Prägung für das verlorene Reich, dass „kaiserlich" war und doch ein Land von

„kaka", wie Kinder ihre Ausscheidungen nennen. Der komisch-nostalgische Bericht beginnt mit Geografie:

„Gletscher und Meer, Karst und böhmische Kornfelder gab es dort, Nächte an der Adria, zirpend von Grillenunruhe, und slowakische Dörfer, wo der Rauch aus den Kaminen wie aus aufgestülpten Nasenlöchern stieg und das Dorf zwischen zwei kleinen Hügeln kauerte, als hätte die Erde ein wenig die Lippen geöffnet, um ihr Kind dazwischen zu wärmen. Natürlich rollten auf diesen Straßen auch Automobile; aber nicht zuviel Automobile! Man bereitete die Eroberung der Luft vor, auch hier; aber nicht zu intensiv. Man ließ hie und da ein Schiff nach Südamerika oder Ostasien fahren; aber nicht zu oft. Man hatte keinen Weltwirtschafts- und Weltmachtehrgeiz; man saß im Mittelpunkt Europas, wo die alten Weltachsen sich schneiden; die Worte Kolonie und Übersee hörte man an wie etwas noch gänzlich Unerprobtes und Fernes."[17]

Die erste Ironie liegt schon darin, dass diese geografische Beschreibung trotz ihrer märchenhaften Eröffnung sehr genau ist: In der österreichisch-ungarischen Monarchie gab es sowohl Gletscher wie Meer, Kalkstein in Slowenien und Korn in der Tschechoslowakei, Nächte an der Adria (zum Beispiel in Dubrovnik) und kleine Dörfer in der Slowakei. Die Schauplätze weisen auf den Verlust: Außer den Gletschern hatte das Rumpf-Österreich der Zeit nach dem Krieg all das verloren. Das späte Reich wird als völlige Antithese zu Deutschland dargestellt, dessen unbarmherziger industrieller Revolution, seinem Streben nach Weltmarkt und Kolonien in Übersee. Das kaiserlich-königliche Reich beschränkte sich auf seine „Kolonien" von Triest bis Transsylvanien, mit der großen Beute Ungarn in seiner Mitte. Es ist richtig, dass die Annexion von Bosnien-Herzegowina 1908 zum Konflikt mit Serbien führte und in der Folge zum großen Krieg, aber an eine Expansion in Übersee dachte man nicht einmal. „Man gab Unsummen für das Heer aus; aber doch nur gerade so viel, daß man sicher die zweitschwächste der Großmächte blieb."[18]

Politisch, erinnert uns Musil, zeigte Kakanien wunderbar absurde Widersprüche:

„Es war seiner Verfassung nach liberal, aber es wurde klerikal regiert. Es wurde klerikal regiert, aber man lebte freisinnig. Vor dem Gesetz waren alle Bürger gleich, aber nicht alle waren eben Bürger. Man hatte ein Parlament, welches so gewaltigen Gebrauch von seiner Freiheit machte, daß man es gewöhnlich

*geschlossen hielt; aber man hatte auch einen Notstandsparagraphen, mit dessen
Hilfe man ohne das Parlament auskam, und jedesmal, wenn alles sich schon
über den Absolutismus freute, ordnete die Krone an, daß nun doch wieder
parlamentarisch regiert werden müsse."*[18]

Auch diese Passage hat eine unheimliche Treffsicherheit, sie sagt zum Beispiel das Dollfuß-Regime 1933–1934 voraus, als das Parlament auf Geheiß des Kanzlers ausgeschaltet wurde. Dennoch wurde Österreich von seinen Intellektuellen geliebt, wie die Erinnerungen von Elias Canetti und die Briefe von Sigmund Freud bezeugen. „… man war negativ frei darin, ständig im Gefühl der unzureichenden Gründe der eigenen Existenz".

„*Es ist passiert, sagte man dort, wenn andre Leute anderswo glaubten, es
sei wunder was geschehen; das war ein eigenartiges, nirgendwo sonst im
Deutschen oder einer andern Sprache vorkommendes Wort, in dessen Hauch
Tatsachen und Schicksalsschläge so leicht wurden wie Flaumfedern und
Gedanken. Ja, es war, trotz vielem, was dagegen spricht, Kakanien vielleicht
doch ein Land für Genies; und wahrscheinlich ist es daran auch zugrunde
gegangen."*[19]

Es ist passiert: Die intransitive Konstruktion und der Gebrauch von „es" erinnern an Karl Kraus, der „Die letzten Tage der Menschheit" mit dem absurden Haftungsausschluss beendete (den er dem deutschen Kaiser Wilhelm zuschrieb): „Ich habe es nicht gewollt!" Musils eigene nationale Zugehörigkeit war kompliziert. Geboren in Klagenfurt (Kärnten) in eine katholische, aber vollkommen säkulare, Deutsch sprechende Familie, wuchs er im tschechischen Brünn auf, wo sein Vater ein bedeutender Professor für Maschinenlehre und Maschinenkunde an der Technischen Hochschule war. Ausgebildet in österreichischen Militärschulen, folgte der junge Musil dem Beispiel seines Vaters und machte einen Abschluss in Ingenieurswesen.

Doch sehnte er sich nach einer humanistischeren Bildung und zog nach Berlin, wo er in Psychologie und Philosophie promovierte. Dort begegnete er der Liebe seines Lebens, seiner zukünftigen Frau Martha Marcovaldi. Sie war sieben Jahre älter als er, bereits zweimal geschieden und Mutter zweier Kinder. Sie war auch Jüdin – eine Tatsache, die Musils Leben nach 1933 (als er Berlin verlassen musste) und auch 1938 (als er aus Wien weggehen musste) verändern sollte. In den Jahren vor dem Ersten Weltkrieg nahm er intensiv am literarischen Leben Berlins teil, bekannt als Autor von „Die Verwirrungen des Zöglings Törleß" und als Mitarbeiter des wichtigen literarischen Magazins „Die Neue Rundschau", doch beteiligte er sich nicht am patriotischen Kriegsfieber oder dem Kult der deutschen Außergewöhnlichkeit, der die Zeit vor dem Krieg bestimmte. Als der Krieg ausbrach, ging Musil zurück nach Österreich, um einzurücken. Aufgrund seiner militärischen Ausbildung erhielt er das Kommando über ein Regiment in Linz und wurde anschließend an die italienische Grenze in Südtirol versetzt.

Wie Wittgenstein, der umgehend aus Cambridge nach Wien zurückkehrte, um einzurücken, und dann das militärische Leben an der Ostfront hasste, fühlte sich Musil von seinen Mitsoldaten völlig entfremdet. Hier eine Notizbuch-Eintragung aus dem August 1914:

„… in den Kasernen Unordnung, Entfesselung. Mit Ausnahme des Dienstes. Zentimeterhoher Schmutz, Notlager, Trinken. Es wird wie verrückt gestohlen. Koffer erbrochen. Liegen lassen darf man überhaupt nicht. … er braucht keine Bürste, aber er stiehlt zwei, sieht eine dritte und stürzt auf den Mann los: Du hast meine Bürste, nimmt sie mit Gewalt … Selbst die Offiziere sagen nur: wenigstens nicht in der eigenen Kameradschaft stehlen!"[20]

Ebenso wie Wittgenstein erlebte Musil bald aktive Kampfhandlungen, er erhielt eine Bronzene Verdienstmedaille und wurde 1915 zum Adjutanten im Landsturm-Infanteriebataillon befördert. Der aktive Dienst endete im März 1916, als er wegen eines Magengeschwürs ins Krankenhaus kam, das wahrscheinlich durch die schreckliche Ernährung bei der Armee verursacht war. Er schrieb jetzt Skizzen, dann ein satirisches Stück, „Panama", das er nie veröffentlicht hat.

Nach seiner Entlassung aus dem Krankenhaus wurde er Herausgeber der Armeezeitung für die Südwestfront, die „Tyroler Soldatenzeitung". In dieser Position konnte er die sozialen Privilegien und die Arroganz der Aristokratie kritisieren (möglicherweise auch eine Kritik an seinem Vater, der kurz vor dem Krieg geadelt worden war), ebenso den in seinen Augen destruktiven Nationalismus Deutschlands. Nach Kriegsende hatte er eine Stelle im Archiv der Presseabteilung im Kriegsministerium der jungen österreichischen Republik. Von hier aus konnte er mit zunehmender Frustration die Handlungen der Vereinten Nationen in Paris und die Bemühungen der österreichischen Republik beobachten, eine funktionierende

Regierung innerhalb der stark geschrumpften Grenzen auf die Beine zu stellen.

Musil hatte 1917 mit dem Gedanken gespielt, einen Kriegsroman zu schreiben. Seine Tagebücher sind voll von glänzenden, präzisen Beschreibungen des täglichen Lebens an der Front, mit Schilderungen verführerischer Bäuerinnen, vom Klang der Bombardements, von Angst und Todesahnung, und einem Bericht wie dem folgenden:

„Einwaggonierung. Während langen Wartens entfernen sich unbemerkt bald die, bald jene Leute, abends ist ein großer Teil der Mannschaft angeheitert, einige total trunken. Der Brigadier mit Stab am Bahnhof, hält eine Ansprache. In den Waggons lärmt eine Menagerie. Sonst brave Leute sind wie Tiere. Gütliches Zureden u. Drohen hilft nicht. Wir lassen die Schiebetüren schließen. Innen wird mit Fäusten dagegen getrommelt. An einigen Türen wird heimlicher Widerstand geleistet. Oblt. v. Hoffingott, der die Schließung durchführt, schreit Hände weg und im gleichen Augenblick schlägt er schon mit dem Hirschfänger gegen die heimlichen Hände .. Diese Bewegung des Hirschfängers war unbeschreiblich. Wie eine Spannung sich in einem Blitz entlädt; – aber ohne Blinken, Blitzen oder so – etwas Weißes, Entscheidendes ... "[21]

Doch enttäuscht durch den Vertrag von Versailles mit seiner extremen Bestrafung der Besiegten und der willkürlichen Schaffung so vieler unabhängiger Saaten aus den Provinzen des früheren Reiches, wandte sich Musil der Politik und den großen ethischen Fragen des Nachkriegslebens zu. „Für uns sind die Friedensverträge unentschuldbarer, als es die Kriegserklärungen waren. Denn der Krieg war die Katastrophe einer alten Welt, die Friedensverträge die Verhinderung der Geburt einer neuen."[22] „Alle Greuel des Kriegs sind entschuldbar gegen die Gleichgültigkeit mit der man die Mittelstaaten im Nachkriegselend beläßt."[23] Und mit einer Bitterkeit nach innen gegenüber Österreich selbst:

„Die Zeit: Alles, was sich im Krieg und nach dem Krieg gezeigt hat, war schon vorher da. Es war da:
1. Geschehenlassen
Absolute Grausamkeit:
2. Nur das Mittel erleben.
... Alles muß man submarin auch schon in dem Vorkriegsroman zeigen."[24]

Das ist die Erklärung für die Doppelperspektive des „Mannes ohne Eigenschaften", die Platzierung der Geschichte im Jahr 1913, obwohl Tonalität und Stimmung aus dem Nachkriegsjahrzehnt stammen. Die Ereignisse der Zeit – der Versuch, neue demokratische Regierungen aufzubauen, der Aufstieg von Faschismus und Kommunismus, die Wirtschaftskrise, die Ablehnung der alten Aristokratenkaste und ihrer Anhänger – all das brauchte indirekte Vermittlung durch den Autor, wenn er von einer Leserschaft der postimperialen Welt verstanden werden wollte. In seinem Tagebuch beobachtete Musil: „In diesem Sinn ist der N[ationalsozialismu]s wirklich die Forts[etzung] d[es] Kriegs und H[itler] besitzt Zeitinstinkt."[25] Doch in seinem Roman mussten derartige Verallgemeinerungen durch die Schilderung von Ereignissen, mit Dialogen und über Spekulationen des Erzählers vermittelt werden. Erst in seinen Notizen nach dem Anschluss Österreichs 1938, als Musil im Exil in Zürich lebte und den Abschluss des zweiten Bandes erwog, lesen wir einen bestürzenden Eintrag: *„Grundidee:* Krieg. Alle Linien münden in den Krieg."[26] Und wenige Jahre später:

„Umfassendes Problem: Krieg.

Seinesgleichen führt zum Krieg. Die Parallelaktion führt zum Krieg!

Krieg als: Wie ein großes Ereignis entsteht.

Alle Linien münden in den Krieg. Jeder begrüßt ihn auf seine Weise.

…

Jemand bemerkt: das war es, was die Parallelaktion immer gesucht hat. Es ist die gefundene große Idee."[27]

Das sind natürlich bittere Worte, geschrieben in einer Krisenzeit. Aber dahinter steht eine alles umfassende Ironie, die immer latent mitspielt: dass die große Idee, nach der Diotima und ihr innerster Kreis so ernsthaft und „kreativ" gesucht haben, jene Sache, die man am meisten mit dem Kaiser und der Doppelmonarchie verbinden würde, der Krieg selbst wäre.

Ein „durchgestrichenes" Wien

In einem frühen Entwurf für das Vorwort zu seinem Roman schrieb Musil:

„Dieser Roman spielt vor 1914, zu einer Zeit also, welche junge Menschen gar nicht mehr kennen. Und er beschreibt nicht diese Zeit, wie sie wirklich war, so daß man sie daraus kennen lernen könnte. Sondern er beschreibt sie, wie sie sich in einem unmaßgeblichen Menschen spiegelt. Was geht dieser Roman also

Menschen von heute an? Warum schreibe ich nicht gleich einen Roman von heute? Das muß begründet werden, so gut es geht.
Aber daß es sich um eine (fiktive) Historie handelt, sollte wohl auch in die Art des Erzählens kommen. Weg der Geschichte udgl. ist nicht nur im Roman, sondern auf ihn selbst anzuwenden."[28]

Im Nachlass versorgt uns Musil mit zusätzlichen oder alternativen Versionen dessen, was in seinem sehr langen Roman hätte geschehen können, und macht dabei klar, dass es keine „einzig richtige" Version der Geschichte gibt. Hätte der Autor lang genug gelebt, um die Geschichte zu erzählen, wäre manches anders ausgegangen. „Der Mann ohne Eigenschaften" wurde oft dafür kritisiert, dass er keine klare Richtung und keine zusammenhängende Handlung hat, doch gerechter wird die Formulierung „ein offenes Feld narrativer Möglichkeiten", die John Ashbery geprägt hat.[29] Als solches ist der Roman seiner Zeit seltsam weit voraus – und eigentlich weniger ein Roman als ein konzeptionelles Werk. Musils angeblicher Zeitrahmen ist das Jahr 1913: Im letzten vollendeten Kapitel des zweiten Teils (Kapitel 38) diskutieren die Hauptfiguren – Graf Leinsdorf, Diotima und ihr Mann Sektionschef Tuzzi, General Stumm von Bordwehr und natürlich Ulrich – immer noch darüber, wie sie die Parallelaktion organisieren sollen. Es hat sich in Wirklichkeit nichts verändert. Zugleich aber wird jeder einzelne Moment so geschildert, als sei er voller Möglichkeiten.

Man nehme zum Beispiel die „Geschichte" der Fischels, Bankdirektor Leo Fischel und seiner Frau Klementine sowie ihrer Tochter Gerda, die im Kapitel 35 eingeführt wird und dann – immer mit einem gewissen Abstand – noch in zumindest sechs weiteren Kapiteln. Im zweiten Teil, in dem die inzestuöse Beziehung zwischen Ulrich und Agathe im Vordergrund steht, verschwinden die Fischels, doch Musil hat sie nicht vergessen. In seinen nachgelassenen Papieren gibt es eine Passage namens „Zum Komplex Leo Fischel – Gerda – Hans Sepp",[30] die dem Schicksal von Gerdas Liebhaber eine neue Wendung gibt. Die Erzählung über die Fischels nimmt viel weniger Raum ein als etwa die Geschichte über Diotima/Tuzzi/Leinsdorf/Arnheim, den Mordprozess gegen Moosbrugger oder die Heirat von Clarisse und Walter. Und doch hat dieses burleske Zwischenspiel innerhalb der Erzählung von der Parallelaktion, das als eine Art Nebenlinie beginnt, haben seine Enthüllungen über die sozialen Beziehungen, über Heuchelei, komische Selbsttäuschungen und den im Frühstadium der Republik erneut aufflammenden Antisemitismus eine besondere Bedeutung.

Der Leser sieht Bankdirektor Leo Fischel zuerst durch die Augen von Ulrich, dem Mann ohne Eigenschaften, dessen eigene Gedankengänge durch eine starke Dialektik geprägt sind. „Aber wenn er sich soeben eine wuchtige Eindrucksform ausgedacht hatte, fiel ihm ein, daß man an ihre Stelle doch ebensogut eine technisch-schmalkräftige Zweckform setzen könnte".[31] Ulrich, der in Logik geübte Mathematiker mit vollem Respekt für „die Fakten", kann seine Arbeit nicht länger ernst nehmen. Vielleicht, so lernen wir in Kapitel 13, lebt er in einer Zeit, in der erfolgreich zu sein nichts mehr bedeutet. Zu diesem Schluss kommt er, als er auf einen Zeitungsartikel stößt, in dem ein bestimmtes Rennpferd als „genial" bezeichnet wird. Wenn ein Pferd genial sein kann, was bedeutet das dann? Ist Erfolg erstrebenswert? Angesichts seiner unsicheren Zukunft gibt Ulrich zumindest für den Augenblick sein Streben auf, ein ernsthafter Mathematiker oder Wissenschaftler zu werden. Er hat eine eher aussichtslose Affäre mit einer gutmütigen, aber sexuell gierigen verheirateten Frau (genannt „Bonadea", die gute Göttin des Erzählers), die ihn auf der Straße vor einem Unfall bewahrt, und durch bloße Untätigkeit und auf Empfehlung seines Vaters verliert er sich in den diplomatischen Manövern der Parallelaktion.

Kapitel 35: Ulrich auf einem Spaziergang durch die Stadt, tagträumend, bleibt stehen, um die Schönheit einer bestimmten Barockkirche zu bewundern, vage denkt er darüber nach, sein Leben zu „renovieren":

„In diesem Augenblick wurde Ulrich durch einen Bekannten unterbrochen, der ihn unversehens ansprach. Dieser Bekannte hatte am gleichen Tag in seiner Aktenmappe, als er sie morgens vor dem Verlassen der Wohnung öffnete, in einem abseitigen Fach, unangenehm überrascht, ein Rundschreiben des Grafen Leinsdorf entdeckt, das er schon des längeren zu beantworten vergessen hatte, weil sein gesunder Geschäftssinn vaterländischen Aktionen, die von hohen Kreisen ausgingen, abhold war. ‚Faule Sache' hatte er wohl seinerzeit zu sich gesagt; beileibe sollte es das nicht sein, was er darüber öffentlich gesagt haben wollte, aber da, wie Gedächtnisse schon einmal sind, hatte ihm das seine einen üblen Streich gespielt, indem es sich nach dem gefühlhaften ersten inoffiziellen Auftrag richtete und die Sache nachlässig fallen ließ, statt die überlegte Entscheidung abzuwarten. Und deshalb stand in der Zuschrift, als er sie wieder öffnete, etwas, das ihm äußerst peinlich war, obgleich er es früher gar nicht beachtet hatte; es war eigentlich nur

ein Ausdruck, zwei kleine Worte waren es, die sich in dem Sendschreiben an den verschiedensten Stellen wiederfanden, aber dieses Wortpaar hatte den stattlichen Mann, mit seiner Mappe in der Hand, vor dem Fortgehn mehrere Minuten Unentschlossenheit gekostet, und es hieß: der wahre." [32]

Wie so oft, wenn Musil eine neue Figur einführt, ist die Sichtweise des Erzählers unbestimmt. Zum Beispiel die Formulierung „weil sein gesunder Geschäftssinn vaterländischen Aktionen, die von hohen Kreisen ausgingen, abhold war": Ist das die Erklärung eines unpersönlichen Erzählers, der Fischels Motive kennt? Oder setzt Musil *oratio obliqua* ein, um ironisch zu beleuchten, dass Fischel sich selbst „gesunden Geschäftssinn" attestiert? Oder ist es Ulrich, der aus dem Gespräch mit Fischel auf dessen Selbstzufriedenheit mit dem eigenen Geschäftssinn schließt? Man kann für jede dieser Sichtweisen argumentieren, die Überlagerung der Perspektiven macht es jedenfalls unmöglich, den Herrn Direktor ganz ernst zu nehmen.

Die Bühne ist nun bereit für eine weitere Enthüllung:

„Direktor Fischel – denn so hieß er, Direktor Leo Fischel von der Lloyd-Bank, eigentlich nur Prokurist mit dem Titel Direktor, – Ulrich durfte sich seinen jüngeren Freund aus früheren Zeiten nennen und war bei seinem letzten Aufenthalt mit seiner Tochter Gerda recht befreundet gewesen, hatte sie aber seit seiner Rückkehr nur ein einzigesmal besucht – Direktor Fischel kannte Se. Erlaucht als einen Mann, der sein Geld arbeiten ließ und mit den Methoden der Zeit Schritt hielt …"[32]

Ein Bankdirektor, der eigentlich nur ein Manager ist, ein Manager der British Lloyd's Bank, der offenbar kein Brite ist, sondern, wie wir aufgrund des Namens vermuten können, ein Wiener Jude (was dem verbreiteten Vorurteil der Zeit entspricht, dass in Österreich wie Deutschland alle Banker Juden waren), ein Bankdirektor, dessen Tochter Gerda einmal „recht befreundet" gewesen war mit Ulrich – doch wie eng war das und warum nicht mehr? Ohne den Hintergrund auszufüllen, macht Musil deutlich, dass Fischel irgendwie unsicher ist, dass er sich nie ganz wohl gefühlt hat bei Graf Leinsdorf, und dass nur „besondere Umstände" – wir werden bald erfahren, dass Fischels Frau Klementine aus einer katholischen Familie der Oberschicht stammt und daher sozial akzeptabel ist – ihn auf die Gästeliste für die Parallelaktion gebracht haben.

Fischel bedrängt Ulrich, weil dieser vielleicht weiß, was Leinsdorf mit dem Adjektiv „wahr" eigentlich meint – wie in wahrer Patriotismus, wahrer Fortschritt und das „wahre Österreich" –, und er kann Ulrichs satirische Bezugnahme auf das „PDUG" nicht verstehen. Als Finanzmann mit Leib und Seele verbindet er solche Abkürzungen mit Namen von Kartellen und Konzernen: Ulrichs „Prinzip des unzureichenden Grundes" – zweifellos eine parodistische Anspielung auf die berühmte Abhandlung von Schopenhauer – entzieht sich ihm. „Sie wollen mich nicht verstehen", sagt er zu Ulrich. „Ich weiß, was Fortschritt ist, ich weiß was Österreich ist, und ich weiß wahrscheinlich auch, was Vaterlandsliebe ist. Aber vielleicht vermag ich mir, was wahre Vaterlandsliebe, wahres Österreich und wahrer Fortschritt ist, nicht ganz richtig vorzustellen."[33]

Fortschritt? Die Szene findet angeblich 1913 statt, als die Aktion in Gang kommt, doch Stimmung und Themen sind jene der Nachkriegszeit. Vor dem Krieg mussten Bankdirektoren ihre Vaterlandsliebe nicht unter Beweis stellen: Sie waren ganz offensichtlich glücklich, dass es ihnen im Herzen der Doppelmonarchie gut ging. Für Fischel bedeutet Fortschritt einfach die „fortschreitende Rentabilität seiner Bank". Wenn Ulrich antwortet, dass es in Wahrheit keinen „wahren Glauben", keine „wahre Sittlichkeit" gebe, „dennoch haben die Kriege, Gemeinheiten und Gehässigkeiten, die ihretwegen entfesselt worden sind, die Welt fruchtbar umgestaltet", dann klingt das Wort „Kriege" abstrakt genug, um auf namenlose Gräueltaten einer fernen Vergangenheit zu verweisen.

Für den Leser hat dieser Satz allerdings einen speziellen Bezug: Seit *dem* Krieg, also dem Ersten Weltkrieg, ist die Welt nicht mehr dieselbe und die Früchte des Fortschritts erscheinen in einem seltsamen neuen Licht. „‚Ich schwöre Ihnen', erwiderte Ulrich ernst, ‚dass weder ich noch irgend jemand weiß, was der, die, das Wahre ist; aber ich kann Ihnen versichern, daß es im Begriff steht, verwirklicht zu werden!'"[34] Worauf Fischel, der eben gesagt hat, dass er nicht weiß, was das wahre Österreich oder der wahre Fortschritt sei, erklärt: „Sie sind ein Zyniker!"

Ironischerweise hat Fischel recht, obwohl er töricht ist: Ulrichs Antwort auf seine Frage ist herablassend und hochnäsig, er weiß sehr gut, dass Herr Fischel keine Ahnung hat, was das „Prinzip des unzureichenden Grundes" ist. Am Ende des Kapitels meint Fischel zu Ulrich, er hätte „einen großartigen Diplomaten abgeben können", und er hat in gewisser Weise recht:

Diplomaten, das macht der Roman deutlich, sind durch ihren Beruf doppelzüngig und unaufrichtig, und Ulrich hat in ihrem gesellschaftlichen Umfeld mitgespielt. Zugleich weiß er nur zu gut, wie gefährlich solche hochfliegenden Vorstellungen vom „Wahren" sein können.

Wenn wir über hundert Seiten und viele Kapitel später zur Fischel-Geschichte zurückkehren, scheinen Monate vorüber, doch tatsächlich ist keine Zeit vergangen. Nur wird der Hintergrund der bestehenden Lage stärker beleuchtet. Wir erfahren jetzt, dass Klementine Fischel aus einer ministeriellen Familie kommt – mit einem guten sozialen Status, aber durchaus nicht reich:

„Sie hatte vor vierundzwanzig Jahren Leo aus zwei Gründen geheiratet; erstens weil hohe Beamtenfamilien manchmal mehr Kinder als Vermögen besitzen, zweitens aber auch aus Romantik, weil ihr im Gegensatz zu der peinlich sparsamen Begrenztheit ihres Elternhauses das Bankwesen als ein freigeistiger, zeitgemäßer Beruf erschienen war und ein gebildeter Mensch im neunzehnten Jahrhundert den Wert eines anderen Menschen nicht danach beurteilt, ob er Jude oder Katholik ist; ja, wie es damals war, empfand sie nahezu etwas besonders Gebildetes dabei, sich über das naive antisemitische Vorurteil des gewöhnlichen Volkes hinwegzusetzen."[35]

Der augenzwinkernde Bericht des Erzählers lässt einen vermuten, dass die beiden Gründe in Wirklichkeit ein und derselbe sind und dass die erhabenen Gefühle, sich über das Vorurteil des „gewöhnlichen Volkes" hinwegzusetzen, nur eine bequeme Rechtfertigung für diesen Ehebund sind, der sich als verheerend herausstellt. Das Schlüsselwort ist *nahezu:* mit anderen Worten, im Herzen ist sie antisemitisch:

„Die Arme musste später erleben, daß in ganz Europa ein Geist des Nationalismus emporkam und mit ihm auch eine Welle der Judenangriffe hochstieg, die ihren Mann sozusagen in ihren Armen aus einem geachteten Freigeist in den Ätzgeist eines bodenfremden Abstämmlings verwandelte. Anfangs hatte sie sich dagegen mit dem ganzen Ingrimm eines ‚groß denkenden Herzens' aufgelehnt, aber mit den Jahren wurde sie von der naiv grausamen, immer weiter um sich greifenden Feindseligkeit zermürbt und von dem allgemeinen Vorurteil eingeschüchtert. Ja, sie mußte es sogar erleben, daß sie vor sich selbst bei den Gegensätzen, die sich zwischen ihr und ihrem Mann allmählich immer heftiger auftaten, – als er aus Gründen, über die er niemals

richtig Auskunft geben wollte, über die Stufe eines Prokuristen nicht wegkam und alle Aussicht verlor, jemals wirklicher Bankdirektor zu werden – manches, was sie verletzte, achselzuckend damit erklärte, daß Leos Charakter eben doch dem ihren fremd sei, wenn sie auch gegen Außenstehende die Grundsätze ihrer Jugend niemals preisgab."[35]

Die Verschmelzung innerer und äußerer Perspektiven („groß denkendes Herz" ist offensichtlich Klementines eigene Sicht auf sich selbst) ergibt ein vernichtendes Bild des Antisemitismus, wie er sich seit dem Fin de Siècle bis zu den Hitler-Jahren entwickelt hat. Warum steigt Fischel nicht über die Stufe eines Prokuristen auf? Zweifellos hat er den Antisemitismus, mit dem er konfrontiert ist, verinnerlicht und gibt wie seine Frau dem Vorurteil die Schuld am Scheitern seiner Karriere; doch können wir nicht sicher sein, ob es nicht andere Gründe dafür gibt. Vielleicht ist Fischel auch nicht allzu aufgeweckt.

Musil spielt den verwirrten Erzähler und behandelt beide Fischels weniger als individuelle Charaktere denn als Chiffren der Zeit:

„Aber da es das Unglück gewollt hatte, daß sich im Verlauf dieser Ehe die Zeitstimmung von den alten, Leo Fischel günstigen Grundsätzen des Liberalismus, den großen Richtbildern der Freigeistigkeit, der Menschenwürde und des Freihandels abwandte, und Vernunft und Fortschritt in der abendländischen Welt durch Rassentheorien und Straßenschlagworte verdrängt wurden, so blieb auch er nicht unberührt davon."[36]

Der Niedergang des Liberalismus zugunsten „Rassentheorien und Straßenschlagworten" ist einfach erschreckend. Trotzdem zeigt die Dreizahl „Freigeistigkeit, Menschenwürde, Freihandel" auf komische Weise Fischels eigene Einstellung. Hängt die Menschenwürde wirklich am Freihandel? Hier wie auch später beklagt Musil den Antisemitismus, der das Leben Fischels vergiftet, gleichzeitig gibt er zu, dass man diesen Bankdirektor nicht ganz ernst nehmen kann. Der „Mann ohne Eigenschaften" ist ein durchaus unbarmherziger Roman: Seine Figuren sind niemals nur als Opfer zu bedauern.

Der Fall von Fischels Tochter ist besonders schmerzlich. Gerdas Charakter ist das unvermeidliche Ergebnis ihrer Erziehung: das einzige Kind eines jüdischen Vaters und einer immanent antisemitischen Aufsteigerin, die dazu erzogen wird, sich eindeutig als *nicht* jüdisch zu betrachten. Unbewusst überkompensierend, wählt sie ihre Freunde „in einem Schwarm christlich-antisemitischer Altersgenossen …, die nicht die geringste Aussicht auf Versorgung boten, dafür aber das Kapital verachteten und lehrten, daß noch nie ein Jude die Fähigkeit bewiesen habe, ein großes Menschheitssymbol aufzustellen. Leo Fischel nannte sie antisemitische Lümmel und wollten ihnen das Haus verbieten, aber Gerda sagte: ‚Das verstehst du nicht, Papa, das ist doch bloß symbolisch …‘"[37]

Beinahe lässt Musils Behutsamkeit sowohl den Leser als auch Gerda ungeschoren davonkommen. Ist dieser „christliche Nationalismus" möglicherweise eine harmlose neue Bewegung? Schließlich wendet er sich gegen den Kapitalismus, vielleicht geht es um eine vertretbare Form des Sozialismus? Man braucht einen Moment, um zu erkennen, dass die Verbindung von „Nationalismus" und Antikapitalismus eben gerade Nationalsozialismus oder einfach Nazismus ergibt. Aus der Sicht Klementines sind Gerdas neue Freunde einfach „dumme Jungen ohne Lebensart", auch wenn deren „geflissentlich zur Schau getragener mystischer Antisemitismus" sie so beunruhigt, dass sie Ulrich fragt, was zu tun sei.[38]

Ulrich besucht Gerda: Sie fühlt sich deutlich zu ihm hingezogen, aber er findet sie wenig anziehend. Im Kapitel 73 wird uns einer der verstörendsten Figuren des Romans vorgestellt, der „Student, der nichts war und noch keine Aussicht hatte, etwas zu werden",[39] Hans Sepp. „Blond, frei, deutsch und kraftvoll", ist Gerda – so deutet Musil in einem seiner großartigen essayistischen Abschweifungen an – ein leichtes Ziel für einen solchen jungen Mann aus dem Nichts:

„In ihrer häuslichen Umgebung wurde die Tatsache, daß es Nationalismus und Rassenideologie gebe, obgleich diese halb Europa in hysterische Gedanken verwickelten und sich gerade innerhalb der Fischelschen Mauern alles um sie drehte, als nicht vorhanden behandelt. Was Gerda davon wußte, war von außen, in den dunklen Formen des Gerüchts, als Andeutung und Übertreibung zu ihr gedrungen …
Eines Tages lernte sie den christgermanischen Kreis junger Leute kennen, dem Hans Sepp angehörte, und fühlte sich mit einemmal in ihrer wahren Heimat. Es wäre schwer zu sagen, woran diese jungen Menschen glaubten; sie bildeten eine jener unzähligen kleinen, unabgegrenzten freien Geistessekten, von denen die deutsche Jugend seit dem Zerfall des humanistischen Ideals wimmelt. Sie waren keine Rasseantisemiten,

sondern Gegner der ‚jüdischen Gesinnung', worunter sie Kapitalismus und Sozialismus, Wissenschaft, Vernunft, Elternmacht und -anmaßung, Rechnen, Psychologie und Skepsis verstanden. Ihr Hauptlehrstück war das ‚Symbol'; soweit Ulrich folgen konnte, und er hatte ja einiges Verständnis für derlei Dinge, nannten sie Symbol die großen Gebilde der Gnade, durch die das Verwirrte und Verzwergte des Lebens, wie Hans Sepp sagte, klar und groß wird, die den Lärm der Sinne verdrängen und die Stirn in den Strömen der Jenseitigkeit netzten. Den Isenheimer Altar, die ägyptischen Pyramiden und Novalis nannten sie so; Beethoven und Stefan George ließen sie als Andeutungen gelten, und was ein Symbol, in nüchternen Worten ausgedrückt, sei, das sagten sie nicht, erstens weil sich Symbole in nüchternen Worten nicht ausdrücken lassen ... "[40]

Keiner von Musils politischen Essays vermittelt so scharfsinnig wie diese Passage den besonderen Reiz, den der Faschismus auf eine behütete junge Frau wie Gerda ausübte, mit seinem Kult der Irrationalität und des Spektakels, seiner falschen Größe, seiner Transzendenz aus dem Leiden und seiner Selbstaufopferung. In diesem germanophilen Kreis – einer Nachkriegserscheinung, so ganz verschieden vom polyglotten, multiethnischen Reich – gibt es nur die feierliche Überspitzung, die Hans in „seinen von Küssen begleiteten großen Auseinandersetzungen die ‚Region der Unbedingtheit'" nennt. Da ist kein Platz für Humor oder Selbstironie, kein Platz für die Eigenschaften, die Italo Calvino in seinem Essay „Sechs Vorschläge für das nächste Jahrtausend" so schön beschrieben hat: Leichtigkeit, Schnelligkeit, Genauigkeit, Sichtbarkeit und Vielfalt – eben jene Charakterzüge, mit denen Musil seinen „Mann ohne Eigenschaften" ausgestattet hat.[41]

Der aufkommende Nationalsozialismus nahm sich selbst vollkommen ernst: Hitler, wir erinnern uns, verehrte Wagner, und die Nazis bewunderten die berauschende Mischung aus Nationalismus und Mystizismus, die charakteristisch war für Stefan Georges Dichtung. Für Musil und seinen Helden – und das wird in Kapitel 83 („Seinesgleichen geschieht, oder warum erfindet man nicht Geschichte?") witzig beschrieben – war das „Fortwursteln", das Regierungsprinzip des alten Kakanien, eine weniger gefährliche Lösung als die Nietzscheanische „Umwertung aller Werte" und der Kult des Individualismus, der ihn als jungen Mann so begeistert hatte. Die Regierung Kakaniens wird jetzt verglichen mit

> *„dem Weg der Wolken, … dem Weg eines durch die Gassen Streichenden, der hier von einem Schatten, dort von einer Menschengruppe oder einer seltsamen Verschneidung von Häuserfronten abgelenkt wird und schließlich an eine Stelle gerät, die er weder gekannt hat, noch erreichen wollte. Es liegt im Verlauf der Weltgeschichte ein gewisses Sich-Verlaufen. Die Gegenwart ist immer wie das letzte Haus einer Stadt, das irgendwie nicht mehr ganz zu den Stadthäusern gehört."*[42]

Dieses Gefühl der Zufälligkeit bestimmt die Perspektive der späteren – und dunkleren – Kapitel über das Haus Fischel. Im Kapitel 103 findet eine große Debatte über die Bedeutung des Fortschritts zwischen Leo Fischel, Ulrich und Hans Sepp statt. Wie zu erwarten, ist Fischel ganz für den Fortschritt und Sepp dagegen. Ulrich findet sich ebenso vorhersehbar irgendwo dazwischen: „‚Der Fehler ist, daß der Fortschritt immer mit dem alten Sinn aufräumen will."[43] Er geht davon aus, dass frühere Probleme „gelöst" worden sind und jetzt Platz machen für jüngere. Aber, so sagt Ulrich zu Gerda: „Es gibt viele Möglichkeiten, wie es sein könnte …" Gerda stellt sich auf Sepps Seite und meint ärgerlich: „‚Wie es sein *könnte*! So denken Sie immer; nie werden Sie die Frage zu beantworten suchen, wie es sein *müßte*!'"[44] Worauf Ulrich eine für den ganzen Roman zentrale Antwort gibt:

> *„‚Ihr seid so vorschnell. Immer muß ein Ziel, ein Ideal, ein Programm da sein, ein Absolutes. Und was am Ende herauskommt, ist ja doch ein Kompromiß, ein Durchschnitt! Wollen Sie nicht zugeben, daß es auf die Dauer ermüdend und lächerlich ist, immer das Äußerste zu tun und wollen, nur damit etwas Mittleres hervorkommt?'*
> *Im Grunde war es das gleiche Gespräch wie das mit Diotima; nur das Äußere war verschieden …"*[44]

Dieser Hintergedanke sagt alles. Intellektuell kann Ulrich für den gesunden Menschenverstand argumentieren, für eine sinnvolle Lösung, einen goldenen Mittelweg. Er ist zweifellos in der Lage, Hans Sepp zu durchschauen. Aber auf seine Art begehrt er Gerda (so wie er seine dumme, aber attraktive Kusine Diotima begehrt hat), und das Gespräch führt zur gescheiterten Verführung im Kapitel 119, in dem die jungfräuliche Gerda zu Ulrich geht, um sich ihm anzubieten, doch nichts geschieht, weil sie von Angst paralysiert ist.

In all diesen Szenen dient die Fischel-Geschichte als ironische Begleitung der Diotima-Arnheim-Leinsdorf-Intrigen der Parallelaktion. Schließlich wird (im zweiten Buch) Fischel tatsächlich eingeladen, daran teilzunehmen. Gerda hat als Tochter ihrer Mutter jede verfügbare soziale Verbindung genützt, um in den Tuzzi-Salon eingeladen zu werden. Was aber ist mit Hans Sepp? Ende der 1920er-Jahre schuf Musil eine viel reichere Identität für seinen Protonazi. In einem verworfenen Manuskript dieser Zeit produziert er eine Version eines weiteren von Ulrichs Besuchen im Hause Fischel und schweift ab, um Hans' Hintergrund zu schildern:

„*Eine auftretende Unreinheit seiner Haut konnte ihn tagelang verstimmen, u. das war keine Seltenheit, denn die Hautpflege stand in seinem kleinbürgerlichen Elternhaus auf keiner hohen Stufe. Wie in vielen österr. Familien war sie auch dort in dem Zustand stehen geblieben, den sie vor der Mitte des 19 Jhrdts. erreicht hatte, d.h. an Samstagen wurde Badewanne oder ein Waschtrog mit heißem Wasser gefüllt u. diente der an den anderen Tagen unterbleibenden Reinigung des Körpers. Ebensowenig waren in H's. Elternhaus andere Üppigkeiten zuhause. Sein Vater war Beamter mit kleinem Gehalt und der Aussicht auf noch knappere Ruhegenüsse … HS, wenn er Umschau hielt, was ihn auszeichnen könnte, besaß nichts als seinen deutschen Namen…*"[45]

In dieser Porträtskizze fehlt der Perspektivismus der abgeschlossenen Kapitel des ersten Teils, aber er gibt Einblick, wie Musil die dunkle politische Lage sah. Hans Sepp ist stolz darauf, dass sein Name kein typisch österreichischer Name ist wie Vybrial oder Bartolini, sondern ein echter deutscher – so wie Hitler. Die Darstellung des neidischen kleinbürgerlichen „Studenten" in der „neuen" germanischen Welt zeigt die Latenz des Faschismus, der dem Niedergang des einst mächtigen Reiches auf dem Fuße folgte.

Musil hätte Hans Sepp als erfolgreich im politischen Leben darstellen können, aber das geschieht nicht. Im Gegenteil, in diesem posthumen Kapitel lassen Hans und Gerda schließlich das Keuschheitsspiel fallen und werden zu Liebhabern, doch verliert sie bald das Interesse, während Hans und ein paar Studienkollegen an einer politischen Demonstration gegen Graf Leinsdorf teilnehmen und Hans bestraft wird, indem man ihn zur kakanischen Armee einberuft. Dort hat er niemanden, mit dem er seine endlosen Klagen über den Status quo besprechen kann, und wird schließlich zum Selbstmord getrieben.

Unterdessen macht Fischel, als Ulrich ihn zum letzten Mal sieht, einer jungen Tänzerin den Hof und plant die Scheidung von Klementine. Noch erstaunlicher ist, dass der ewige „Bankdirektor" die Bank verlassen und ein eigenes Geschäft gegründet hat, in dem er verschiedenste Transaktionen durchführt, die auf unsere heutigen Hedgefund- und Insidergeschäfte vorausweisen. Diese in den späten 1920ern geschriebene Episode bietet nur einen möglichen Ausgang der Fischel-Geschichte. Musil hätte diese Episode wahrscheinlich als allzu eindeutig, allzu offensichtlich satirisch verworfen.

Wenn wir den ersten Teil des „Mann ohne Eigenschaften" als Ganzen betrachten (er endet mit dem Tod von Ulrichs Vater und der darauf folgenden Abreise des jungen Mannes aus Wien), können wir erkennen, dass der Text eben dadurch gekennzeichnet ist, dass lose Enden nicht verbunden werden. Wir sind gewissermaßen in einem vollen Kreis zum Anfang zurückgekehrt:

„Es war das – in einer Angelegenheit, die ihm [Ulrich] im Ernst nicht besonders nahe ging – die bekannte Zusammenhanglosigkeit der Einfälle und ihre Ausbreitung ohne Mittelpunkt, die für die Gegenwart kennzeichnend ist und deren merkwürdige Arithmetik ausmacht, die vom Hundertsten ins Tausendste kommt, ohne eine Einheit zu haben."[46]

Musil beharrt im veröffentlichten Roman selbst darauf, dass man Hans Sepp durch seine eigenen Worte kennenlernt, und durch das Bewusstsein jener, mit denen er spricht, und zwar deshalb – wie Burton Pike es ausgedrückt hat, „weil Musil unsere Welt und wie wir versuchen, ihre Möglichkeiten zu verstehen, laufend absorbiert – unter der Annahme, dass wir eine Zivilisation kaum verstehen können, die gerade im Entstehen begriffen ist. ... Was Musil weiß, muss immer in relativen, funktionalen Begriffen verstanden werden, in einem Kontext, in einer Welt anderer möglicher Absichten und Werte."[47] Diese *anderen* möglichen Werte werden im Nachlass dramatisiert, sie stehen immer im Hintergrund und liefern einen Kontext für die eigentliche Erzählung.

Mit wachen Augen

In den „Bedenken eines Langsamen", die er 1933 für die Berliner „Neue Rundschau" schrieb (und die aus offensichtlichen Gründen weder dort noch anderswo im neuen Deutschland des Dritten Reiches publiziert werden konnten), gibt Musil seinem Erstaunen über die Machtergreifung der Nazis Ausdruck:

„Die Grundrechte der sittlich selbstverantwortlichen Person, die Freiheit des Meinungsäußerns und -hörens, das Gebäude der unveräußerlichen Überzeugungen ...: alles das zeigte sich Millionen, die daran aufs innigste zu glauben gewohnt waren, mit einem Schlag abgeschafft, – ohne daß sie auch nur einen Finger dafür rührten! Sie hatten geschworen, ihr Leben für ihre Grundsätze zu lassen, und sie rührten kaum einen Finger! Sie fühlten, daß man ihnen den Geist raube, erkannten aber plötzlich, daß ihnen ihr Körper wichtiger sei. ...

Man kann also wohl nur annehmen daß die Geistesmänner mit wachen Augen *nichts gesehen haben, als sie das Pech hatten, gerade das zu übersehen, was sich in Zukunft als das Wichtigste herausstellen sollte ..."*[48]

Was verursachte eine solche Blindheit aufseiten so vieler? Anders als die Weimarer Intellektuellen hatte Musil nie geglaubt, dass Sozialismus – oder irgendein anderes allumfassendes System – die Antwort wäre. „Ich bin als Einzelner revolutionär", schrieb er in seinem Notizbuch 19 von 1920. „Das kann gar nicht anders sein, denn der schöpferische Einzelne ist es immer. Ich bin aber in politics evolutionär. Nur muß für die Evolution etwas geschehen."[49] Im selben Notizbuch bezieht sich Musil auf die „... unzulässige Vereinfachung des Marxismus: Trennung zwischen Ausbeutern und Ausgebeuteten, während dazwischen doch noch die Riesenschicht der Bürokratie im allgemeinen Sinn liegt, deren Problem heute das heikelste Problem des Sozialismus bildet."[50]

Bald nach dem Beginn der Arbeit am „Mann ohne Eigenschaften" publizierte Musil einen Essay unter dem Titel „Das hilflose Europa oder Reise vom Hundertsten ins Tausendste". Der Krieg, so argumentierte er und widersprach damit Denkern wie Oswald Spengler, dessen „Untergang des Abendlandes" gerade erschienen war, hatte die Möglichkeit einer kohärenten Theorie der Geschichte infrage gestellt. „Wir sind nicht eigentlich geändert worden", schrieb er, „ein bißchen Überhebung vordem, ein bißchen Katzenjammer nachdem; wir waren früher betriebsame Bürger, sind dann Mörder, Totschläger, Diebe, Brandstifter und ähnliches geworden: und haben doch eigentlich nichts erlebt. ... Darauf gibt es, glaube ich, nur eine Antwort: Wir besaßen nicht die Begriffe, um das Erlebte in uns hineinzuziehn."[51] „Der

Mann ohne Eigenschaften" dramatisiert – und verkompliziert – diesen Widerspruch. Menschen, die keineswegs an sich „schlecht" sind, werden in Situationen hineingezogen, die weder sie noch ihre Antagonisten voraussehen konnten. Keine umfassende Hypothese trifft wirklich zu, meint Musil: Man denke an das Getue um das Wesen des archetypischen Griechen oder des griechischen Geistes, wo man doch wisse: „... orientalische Lebensverhältnisse wirken bekanntlich ins Hellenische hinein", und diese müssten daher in jede Diskussion über das griechische Ethos mit einbezogen werden.[52] Definitionen des „modernen Zivilisationsmenschen" übergehen die Tatsache, dass dieses Wesen ebenso leicht „fähig der Menschenfresserei wie der Kritik der reinen Vernunft" sei.

Wenn das übertrieben pessimistisch oder zynisch klingt, dann hat Musil dies nicht beabsichtigt. Er möchte nur, dass wir realistischer denken und dem tatsächlichen Wirken des Staates mehr Aufmerksamkeit schenken. „Ich glaube, daß der Krieg ausbrach wie eine Krankheit an diesem Gesellschaftskörper ..." Und weiter: „Der Krieg mag tausend verschiedene Ursachen gehabt haben, aber es ist gewiß nicht zu leugnen, daß jede von ihnen – Nationalismus, Patriotismus, wirtschaftlicher Imperialismus, Mentalität der Generale und Diplomaten wie auch alle andren – an bestimmte geistige Voraussetzungen geknüpft ist, die doch eine gemeinsame und dann eben mitentscheidende Situation kennzeichnen."[53] „Vor allem war ein sehr bezeichnendes Symptom der Katastrophe zugleich Ausdruck einer bestimmten ideologischen Lage: das völlige Gewährenlassen gegenüber den an der Staatsmaschine stehenden Gruppen von Spezialisten, so daß man wie im Schlafwagen fuhr und erst durch den Zusammenstoß erwachte."[54] Das ist eine wichtige Beobachtung, und sie wird selten gemacht. Man lese die Korrespondenz der Weimarer Intellektuellen – etwa Walter Benjamin und Theodor Adorno: Das Letzte, was dort diskutiert wird, ist die tatsächliche Führung der verschiedenen Regierungsressorts oder gar die Beiträge einzelner gewählter Funktionäre und Staatsdiener. Für Intellektuelle war – und das gilt vielfach heute noch – Politik im Gegensatz zur politischen Theorie ein schmutziges Geschäft. „Die Lösung", schreibt Musil, „liegt weder im Warten auf eine neue Ideologie, noch im Kampf der einander heute bestreitenden, sondern in der Schaffung gesellschaftlicher Bedingungen, unter denen ideologische Bemühungen überhaupt Stabilität und Tiefgang haben. Es fehlt uns an der Funktion, nicht an Inhalten!"[55]

„Der Mann ohne Eigenschaften" sollte genau jene Torheiten und Ungerechtigkeiten erforschen, die entstehen, wenn eine Gesellschaft zu sehr der Substanz – der Formulierung hochfliegender theoretischer Formulierungen – vertraut als der Funktion. Die Abstraktion, so stellt Musil in einer Passage fest, die an Wittgensteins Unterscheidung zwischen ethischen Konzepten (unmöglich) und ethischen Handlungen (notwendig) erinnert, ist das Schreckgespenst. „Was man in unsrer heutigen Literatur Ethik nennt, ist gewöhnlich ein schmales Fundament von Ethik und ein hohes Haus von Moral darüber."[56] Es ist dieses „hohe Haus von Moral", das Musil in seinem unvollendeten – und nicht zu vollendenden – Roman so geistreich und brillant zerlegt.

Wenn wir Diotima (Ermelinda Tuzzi) zum ersten Mal treffen, werden ihre hochherzigen Ideen über die Parallelaktion als „vollkommen arglos wie ein feuchtes Schwämmchen" beschrieben, „welches das wieder von sich gibt, was es ohne besondere Verwendung in sich aufgespeichert hat …"[57] Bald wird sie die großartigen Pläne ihres preußischen Besuchers Paul Arnheim aufsaugen – ein Gigant, der in seinen Büchern „nichts Geringeres als gerade die Vereinigung von Seele und Wirtschaft oder von Idee und Macht" verkündet.[58] Die große Idee ist nichts weiter als Flüssigkeit aus einem feuchten Schwamm, ob es nun um die Parallelaktion geht oder die erhabenen Vorstellungen von Richtern, Anwälten, Psychiatern und Zeugen zur „Schuld" von Moosbrugger oder um die Ideen von Clarisse und Walter zur Rolle des Künstlers in der Gesellschaft oder gar Ulrichs Ansichten zu seiner eigenen Rolle als „Mann ohne Eigenschaften".

Musil benützt eine Metapher, um eine gegebene Figur von ihren Ideen zu trennen und Komödie auf hohem Niveau zu bieten. Als beispielsweise Diotima erfährt, dass es *ihr* Salon ist, den der große Arnheim besuchen möchte, fühlt sie sich „ausgezeichnet wie ein Schriftsteller, der zum erstenmal in die Sprache eines fremden Landes übersetzt wird …"[59] Dieser Vergleich stammt eindeutig nicht von Diotima, denn sie, die nie etwas geschrieben hat, kann nicht wissen, wie es sich anfühlt, „übersetzt" zu werden. Musils ironische Metaphern zielen regelmäßig auf die Spaltung zwischen Selbstwahrnehmung und Verhalten. Die *Idee* wird scheinbar übernommen und verkündet, tatsächlich aber von jenem kunstvollen Ritual verschluckt, das das tägliche Leben der regierenden Klasse in diesen Jahren des Interregnums bestimmt.

Ein weiteres Lieblingsmittel von Musil ist der Katalog, meist heruntergespult von einem ungenannten „hohen" Amtsträger. Bei der ersten Sitzung von Diotimas Komitee für die Parallelaktion zum Beispiel erwähnt ein namenloser Professor peinlicherweise den Konflikt auf dem Balkan (der, wie man weiß, bald explodieren wird) und dann folgt die Rede eines „Vertreters der kaiserlichen Privatkanzlei":

„Es wirkte auf alle gleich einer Rettung, als sich nach diesem Zwischenfall der Vertreter der kaiserlichen Zivilkanzlei rasch zu Wort meldete und der Versammlung eine Übersicht der Stiftungen und Widmungen gab, die im Jubiläumsjahr aus Allerhöchster Privatschatulle zu gewärtigen sein würden. Es begann mit der Zuwendung für den Bau einer Wallfahrtskirche und einer Stiftung zur Unterstützung unbemittelter Kooperatoren, dann marschierten die Veteranenvereine Erzherzog Karl und Radetzky, die Kriegerwitwen und -waisen aus den Feldzügen 66 und 78 auf, es kamen ein Fonds zur Unterstützung ausgedienter Unteroffiziere und die Akademie der Wissenschaften, und so ging es weiter ... Als sie herabgelassen waren, stand denn auch gleich eine Frau Fabrikant Weghuber auf, die eine um das Wohltätigkeitswesen sehr verdiente Dame war, völlig unzugänglich der Vorstellung, daß es etwas Wichtigeres geben könne als die Gegenstände ihrer Sorgen, und sie trat mit dem Vorschlag einer ‚Groß-Österreichischen-Franz-Josefs-Suppenanstalt' an die Versammlung heran, die mit Zustimmung zuhörte. Nur bemerkte der Vertreter des Ministeriums für Kultus und Unterricht, daß auch bei seiner Behörde eine gewissermaßen ähnliche Anregung eingelaufen sei, nämlich ein Monumentalwerk ‚Kaiser Franz Josef I. und seine Zeit' herauszugeben."[60]

Die Perspektive ist hier höchstwahrscheinlich die von Ulrich – wir haben eben, im vorangegangenen Absatz, erfahren, dass Ulrich den glücklosen Professor „nicht kannte" –, doch Musil mischt hier, was Ulrich sieht und hört, mit der Stimme des unbeteiligten Chronisten: Dies wurde gesagt und dann jenes, bis uns die Absurdität des letzten Hinweises trifft – ein weiteres Buch über Franz Josef wird wohl kaum die hungrigen Massen ernähren, die Frau Weghuber vorschweben. Andererseits aber ist die Einrichtung einer „Groß-Österreichischen-Franz-Josefs-Suppenanstalt" eine viel zu bodenständige Idee, um die hochfliegenden Parallelaktionisten zu befriedigen.

Im folgenden Kapitel wird der ganze Gedanke an Wohltätigkeit von Diotimas eigener Erklärung hinweggefegt, „das wahre Österreich sei die ganze Welt. Die Welt, erläuterte sie, werde nicht eher Beruhigung finden, als die Nationen in ihr so in höherer Einheit leben, wie die österreichischen Stämme in ihrem Vaterland." Graf Leinsdorf „bewunderte wieder einmal den flammenden Idealismus und die Weite des Blicks dieser Frau ..."⁶¹ So geht es weiter, Sitzung für Sitzung. Nichts ändert sich je, allerdings setzen in den letzten Kapiteln des zweiten Teils Hickhack und Langeweile ein und die Stimmung hat sich unmerklich in Richtung Gereiztheit verschoben, niemand weiß, warum. Stumpfsinnige Wohnzimmerdialoge, das will Musil seinen Lesern zeigen, bereiten den Weg für den tödlichsten aller Kriege. In Wirklichkeit ist die große Idee, nach der Diotima, Leinsdorf und Arnheim so ernsthaft suchen, nichts anderes als der Krieg selbst. Anders ausgedrückt, wird der Ausbruch des Krieges die Suche beenden und dem nächsten Krieg den Weg bereiten, nur zwanzig Jahre später.

Man denke an den Aufstieg des Antisemitismus, von dem die späteren Seiten des Romans berichten. Im Kapitel 20 des zweiten Buches bringt Graf Leinsdorf im Gespräch mit Ulrich die „jüdische Frage" auf. „Ich habe gar nichts gegen die Juden", versichert er Ulrich. „Sie sind intelligent, fleißig und charaktertreu. Man hat aber einen großen Fehler begangen, indem man ihnen unpassende Namen gegeben hat. Rosenberg und Rosenthal zum Beispiel sind adelige Namen; Löw, Bär und ähnliche Viecher sind von Haus aus Wappentiere; Meier kommt vom Grundbesitz; Gelb, Blau, Rot, Gold sind Schildfarben: diese ganzen jüdischen Namen' eröffnete Se. Erlaucht überraschend ‚sind nichts als eine Insolenz unserer Bürokratie gegen den Adel gewesen.'"⁶²

Es hat den Anschein, als richte sich Leinsdorfs Zorn nicht gegen jüdische Bankiers oder Geschäftsleute wie Leo Fischel (der schließlich wusste, wo sein Platz war), sondern gegen hochrangige Bürokraten, die ihre eigenen guten deutschen Namen dafür benutzten, die herrschende Klasse zu infiltrieren:

„*Die ganze sogenannte Judenfrage wäre aus der Welt geschafft, wenn die Juden sich entschließen wollten, hebräisch zu sprechen, ihre alten eigenen Namen wieder anzunehmen und orientalische Kleidung zu tragen*', erklärte er. ‚*Ich gebe zu, daß ein soeben erst bei uns reich gewordener Galizianer im Steireranzug mit Gamsbart auf der Esplanade von Ischl nicht gut aussieht. Aber stecken Sie ihn in ein lang herabwallendes Gewand, das kostbar sein darf und die Beine verdeckt, so werden Sie sehen, wie ausgezeichnet sein*

Gesicht und seine großen, lebhaften Bewegungen zu dieser Kleidung passen! ... Ich bin ein Gegner der Assimilation, wie sie der englische Adel praktiziert; das ist ein langwieriger und unsicherer Prozeß: Aber geben Sie den Juden ihr wahres Wesen zurück, und Sie sollen sehen, wie diese ein Edelstein, ja geradezu ein Adel besonderer Art unter den Völkern sein werden, die sich um den Thron Seiner Majestät dankbar scharen oder, wenn Sie sich das lieber alltäglich und ganz deutlich vorstellen wollen, auf unserer Ringstraße spazieren gehen, die dadurch so einzigartig in der Welt dasteht, daß man auf ihr inmitten der höchsten westeuropäischen Eleganz, wenn man mag, auch einen Mohammedaner mit seinem roten Kappl, einen Slowaken im Schafpelz oder einen Tiroler mit nackten Beinen sehen kann!""[63]

Mit einem Schlag wird hier alles verneint, wofür die Deutsch sprechenden Juden seit der Emanzipation 1867 gekämpft hatten, jede Möglichkeit wahrer Zugehörigkeit, echter Staatsbürgerschaft. Bei keinem seiner früheren Auftritte hatte Graf Leinsdorf je solche Bemerkungen gemacht, solche Verbindungen zwischen Juden, Mohammedanern, Slowaken und armen Tirolern hergestellt (die zum Teil Italiener waren) – alle von ihnen ethnische *Außenseiter*, die wissen sollten, wo ihr Platz ist. Gerda Fischel wäre schockiert gewesen, hätte sie Leinsdorf so reden hören.

Aber warum jetzt? Warum die plötzliche und ausschweifende antisemitische Tirade? Während des Ersten Weltkriegs und gleich danach strömten Ostjuden – aus Galizien, der Bukowina, aus Rumänien und Bulgarien und Russland – nach Wien, viele von ihnen trugen Bärte und „lang herabwallende Gewänder", und sie sprachen nicht Hebräisch, wie Leinsdorf törichterweise glaubt, sondern Jiddisch. Diese jüngsten Ankömmlinge hatten keine Ähnlichkeit mit Paul Arnheim, von dem man seit Langem munkelte, dass er Jude sei, obwohl er stolz war auf seine preußische Identität und seinen deutschen Patriotismus. Die Ablehnung dieser neuen „aggressiven" jüdischen Zuwanderung von außen in der nunmehr verarmten Republik fachte die Flammen des Nationalsozialismus an, der in Österreich wie in Deutschland sehr bald triumphieren würde.

Musils Ton ist so leicht und ironisch, dass wir den „Mann ohne Eigenschaften" weitgehend als Komödie lesen. Kaum hat Graf Leinsdorf seine kleine Hetzrede gegen dreiste Juden beendet, die Namen wie Rosenthal führen, wendet er sich einem neuen Thema zu, über das er kaum mehr weiß:

Rheinwein. Es ist ein komischer Moment, aber wir sollten uns von der kleinen Ironie nicht täuschen lassen. Ulrich, der Antiheld und das weitgehend zentrale Bewusstsein des Romans, hat keinerlei Einwand gegen Leinsdorfs Einschätzung der Juden: im Gegenteil, er „konnte nicht anders, als seiner Bewunderung für den Scharfblick Sr. Erlaucht Ausdruck zu geben".[63] Höflichkeit, Etikette, Passivität: Das angelernte Benehmen gerät regelmäßig in Konflikt mit dem andauernden Idealismus, der Hoffnung auf rationalere Lösungen, die Ulrichs bessere Seite ausmachen.

Doch Ulrich und Musil sind nicht identisch, auch wenn der Protagonist des Romans häufig Gedanken seines Schöpfers artikuliert. Musils Vision ist komplex, ein Nietzscheanischer Perspektivismus mit besonderer Beachtung des genauen Zusammenhangs einer dargestellten Handlung, einer Wahl oder eines Motivs. Er studiert die Situationsbedingtheit – sozial, kulturell, familiär – menschlicher Interaktionen mit demselben Eifer wie Wittgenstein den Kontext von gewöhnlichen Wörtern wie *blau* oder *Schmerz* innerhalb eines gegebenen Satzes. Daher unterliegen Ulrichs eigene Handlungen manchmal derselben ironischen Vivisektion wie die der anderen Figuren.

Da ist gleich einmal jene Frage, die im Roman so viel in Bewegung setzt: Warum lässt sich Ulrich überhaupt auf die absurd regressive Parallelaktion ein – ein Mann von so hoher Bildung, mit so viel Talent und Geschmack? Oder, um es anders zu sagen, wie und warum wird er zum Mann ohne Eigenschaften? Das typisch kakanische Pendeln zwischen Utopismus und Apathie unterscheidet sich nach Musil sehr von der ideologischen Auseinandersetzung zwischen Links und Rechts – zwischen Kommunismus und dem aufkommenden Faschismus –, die die Intellektuellen der benachbarten Weimarer Republik beschäftigte. Am Ende jedoch sind beide Spannungen bezeichnend für ein Interregnum, das die Lektionen von 1914–1918 nicht gelernt hatte und daher die Bühne bereitete für den kommenden Krieg. In Musils Notizbuch 19 (1919–1921) lesen wir: „Man darf auch der Frage nicht aus dem Weg gehn, was dieser Krieg eigentlich war. Man kann nicht weggehn, wie wenn man von einem Rausch eben aufgestanden wäre, wo Millionen Menschen ihre Nächsten verloren haben oder ihre Existenz. Das *muß* einen Riß ins Volk machen, eines jener unterdrückten Erlebnisse, die sich als Hysterie rächen."[64]

Im „Mann ohne Eigenschaften" liegt die Hysterie meistens unter der Oberfläche. Die Ausnahme sind Ulrichs leidende Freunde Walter und Clarisse. Die komödiantischen Formen – Satire, scheinbarer Ernst, Burleske, Parodie und vor allem frei fließende Ironie – überwiegen, doch nur knapp.

„*Das war nun freilich in der ganzen Welt so, aber als Gott Kakanien den Kredit entzog, tat er das Besondere, daß er die Schwierigkeiten der Kultur ganzen Völkern zu verstehen gab. Wie Bakterien waren sie dort in ihrem Boden gesessen, ohne sich wegen der ordentlichen Rundung des Himmels oder Ähnlichem Sorgen zu machen, aber auf einmal wurde es ihnen eng.*"[65]

4. Aufwachsen in Kakanien
*Muttersprache und Identitätsverlust
in Elias Canettis Autobiografie*

*„Meine früheste Erinnerung ist in Rot getaucht. Auf dem Arm eines
Mädchens komme ich zu einer Tür heraus, der Boden vor mir ist rot, und zur
Linken geht eine Treppe hinunter, die ebenso rot ist. Gegenüber von uns, in
selber Höhe, öffnet sich eine Türe, und ein lächelnder Mann tritt heraus, der
freundlich auf mich zugeht. Er tritt ganz nahe an mich heran, bleibt stehen
und sagt zu mir: ‚Zeig die Zunge!' Ich strecke die Zunge heraus, er greift in
seine Tasche, zieht ein Taschenmesser hervor, öffnet es und führt die Klinge
ganz nahe an meine Zunge heran. Er sagt: ‚Jetzt schneiden wir ihm die
Zunge ab.' Ich wage es nicht, die Zunge zurückzuziehen, er kommt immer
näher, gleich wird er sie mit der Klinge berühren. Im letzten Augenblick
zieht er das Messer zurück, sagt: ‚Heute noch nicht, morgen.' Er klappt das
Messer wieder zu und steckt es in seine Tasche.
Jeden Morgen treten wir aus der Tür heraus auf den roten Flur, die Türe
öffnet sich, und der lächelnde Mann erscheint. Ich weiß, was er sagen wird,
und warte auf seinen Befehl, die Zunge zu zeigen. Ich weiß, daß er sie mir
abschneiden wird, und fürchte mich jedesmal mehr. Der Tag beginnt damit,
und es geschieht viele Male." Elias Canetti, Die gerettete Zunge*

Der erste Band von Elias Canettis Autobiografie „Die gerettete Zunge" beginnt mit dieser traumatischen Erinnerung. Canetti behielt diese Geschichte offenbar jahrelang für sich. Erst viel später erfuhr er, was geschehen war. Im Jahr 1907, als er zwei Jahre alt war, urlaubte seine Familie im böhmischen Karlsbad. Die Pension hatte rote Wände und rote Teppiche. Sein vierzehnjähriges Kindermädchen geht früh jeden Morgen mit ihm aus. Sie ist in der Stadt mit ihrem Freund verabredet, der den Kleinen mit diesem Messerspiel quält. Als Canettis Eltern schließlich herausfinden, was vor sich geht, schicken sie das Mädchen nach Bulgarien zurück.

Die Angst davor, dass man ihm die Zunge herausschneidet, gibt Canetti den Titel. Die furchteinflößende Erinnerung verweist direkt auf die schwierige Beziehung zwischen dem Autor und dem, was buchstäblich seine

Muttersprache war, dem Deutschen. Als Kind in der Donauhafenstadt Rustschuk (Ruse oder Russe) an der Grenze zwischen Rumänien und Bulgarien sprach Canetti die Sprache seiner sephardisch-jüdischen Gemeinde, einen spanischen Dialekt namens Ladino. Mit Dienern, Bauern und Städtern sprach er bulgarisch. Doch seine Eltern waren in Wien erzogen und Anhänger der österreichischen Hochkultur, vor allem der Stücke, die am Burgtheater gespielt wurden, wo sie gern Schauspieler gewesen wären, sie sprachen Deutsch miteinander. Es war ihre Geheimsprache, die Sprache der Liebe.

Wie der junge Elias diese verbotene Sprache lernt und zu seiner eigenen macht, bildet die Geschichte der „geretteten Zunge". Die beiden folgenden Bände von Canettis Erinnerungen, „Die Fackel im Ohr" und „Das Augenspiel", bereichern die Geschichte, indem sie dramatisieren, wie die angenommene Muttersprache durch Echos vergessener Sprachen erschüttert wird, wie Multilingualität die Identität verkompliziert – ja oft untergräbt. Canetti hat seine Erinnerungen erst spät im Leben verfasst. Sie führen uns von der Geburt 1905 bis ins Jahr 1937, dem Jahr vor dem Anschluss an Nazideutschland, eine fesselnde Erzählung des Aufwachsens im Schatten des sich auflösenden mitteleuropäischen Reiches und der beiden Weltkriege.

Die schreckliche „rote" Erinnerung, mit der „Die gerettete Zunge" beginnt, ist ein ebenso psychologisches wie kulturelles Zeichen. Canettis Kindheitswelt zeigt sich von Anfang an als einzigartige Mischung aus Brutalität und Kultiviertheit. Einerseits scheint physische Gewalt zum Alltag zu gehören. Andererseits ist die Gemeinde in Rustschuk sowohl kultiviert wie auch sprachlich bewandert: „… an einem Tag konnte man sieben oder acht Sprachen hören. Außer den Bulgaren, die oft vom Lande kamen, gab es noch viele Türken, die ein eigenes Viertel bewohnten, und an dieses angrenzend lag das Viertel der Spaniolen, das unsere. Es gab Griechen, Albanesen, Armenier, Zigeuner. Vom gegenüberliegenden Ufer der Donau kamen Rumänen, meine Amme, an die ich mich aber nicht erinnere, war eine Rumänin. Es gab, vereinzelt, auch Russen."[2]

Eine solche sprachliche und ethnische Diversität gehört in den letzten Jahren der Habsburgermonarchie zum Kern der österreichisch-ungarischen Identität, stellt der Kritiker Claudio Magris fest: „… eine Pluralität heterogener Komponenten und unvereinbarer Widersprüche. … Die habsburgische Identität ist paradigmatisch für die verlorene oder zerbrochene Identität des modernen Individuums …: Im kaiserlichen Österreich-Ungarn, dessen

Hymne in so vielen Sprachen gesungen wurde, konnte man sich durch Subtraktion oder Negation definieren." Der Österreicher definierte sich nicht „mit den einzelnen Identitäten, die unter der Doppelmonarchie versammelt waren, er war das Band, das das Bündel zusammenhielt, das unsichtbare Element, das ihnen allen gemeinsam war und mit keinem identisch. Der Österreicher existierte in der abstrakten Identität der Einheit, in einer nicht materiellen oder *hinternationalen* Dimension."³

Es ist diese „Hinternationalität", die Robert Musil im „Mann ohne Eigenschaften" im Bezug auf die österreichisch-ungarische Monarchie beschreibt. Der Beiname „Kakanien" geht zwar auf die „kaiserlich-königliche" Monarchie zurück, die k. k. abgekürzt wurde, doch darin klingt auch das griechische Wort „kakos" für „schlecht" und dessen deutsche Ableitung „Kacke". Canettis Wien, schreibt Magris, „fast immer ungenannt oder grotesk symbolisiert, das so oft die Kulisse für [Musils] großartige und verzerrte Darstellung der Wirklichkeit bildet, ist vor allem jener Ort, an dem sich das Wahre und das Falsche vermischen."⁴

Die Unfähigkeit, die eigene, „wahre" Identität zu bestimmen, steht im Zentrum von Canettis Autobiografie. Beim ersten Lesen scheinen die Erinnerungen unkompliziert, verständlich, vielleicht etwas zu anekdotisch, der zweite und dritte Band voller Charakterskizzen führender Autoren, Künstler und Persönlichkeiten des öffentlichen Lebens der Zeit. Doch die zwanglose Anordnung darf nicht darüber hinwegtäuschen, dass Canetti weniger seine eigene psychologische Entwicklung – er meidet jede Art von Introspektion – als vielmehr durchgehend die entscheidende Rolle der Geografie in seinem Leben untersucht. Das gilt vor allem für „Die gerettete Zunge".

Canettis Rustschuk hat eine lange und exotische Geschichte: ein römischer Außenposten, der 1388 von den Türken erobert wurde und sich um 1500 zu einem Handelszentrum auf Augenhöhe mit Venedig und Genua entwickelte. Canettis Vorfahren waren nach der Vertreibung der sephardischen Juden aus Spanien 1492 nach Hadrianopolis (heute Edirne) ausgewandert und gründeten ein erfolgreiches Unternehmen. Auch als Rustschuk nach dem Balkankrieg 1877/1878 in russische Hände kam und Teil des neu begründeten Bulgarien wurde, blieb es ein multiethnischer Ort. Zur Zeit von Canettis Geburt 1905 gab es vier christlich-orthodoxe Kirchen, fünf Moscheen und drei Synagogen. Die bulgarischen Könige kamen damals aus dem deutschen Adel, ein Großonkel Canettis war Konsul von Österreich-Ungarn, und die

Stadt mit ihren Kaffeehäusern und eleganten Gebäuden, gestaltet von Architekten aus Wien, war als Klein-Wien bekannt.

Vor dem Zweiten Weltkrieg war Bulgarien Heimat für 48.000 Juden. Der Krieg – in dem sich dieser Satellitenstaat des Habsburgerreiches auf die Seite der Nazis schlug – änderte alles. Um 1965 lebten nur noch 5.100 Juden in Bulgarien: Die Welt Canettis war so gut wie verschwunden. Doch für ihn, so erfahren wir bald, war sie bereits viel früher zusammengebrochen.

„Eine unstillbare Sehnsucht nach Buchstaben"
„Rustschuk, an der unteren Donau, wo ich zur Welt kam, war eine wunderbare Stadt für ein Kind, und wenn ich sage, daß sie in Bulgarien liegt, gebe ich eine unzulängliche Vorstellung von ihr, denn es lebten dort Menschen der verschiedensten Herkunft ...", teilt uns der Erzähler im ersten Kapitel mit. So, wie Canetti sie beschreibt, hatte die Stadt eine märchenhafte Qualität. „Die übrige Welt hieß dort Europa", erinnert er sich, „und wenn jemand die Donau hinauf nach Wien fuhr, sagte man, er fährt nach Europa, Europa begann dort, wo das türkische Reich einmal geendet hatte."[5]

Direkt gegenüber von Rustschuk, auf der anderen Seite der Donau lag Rumänien: Wenn der Fluss zufror, erzählte ihm die Mutter, wurden wohlhabende Bulgaren in Schlitten übers Eis nach Rumänien gefahren. „Wenn es sehr kalt wurde, kamen Wölfe von den Bergen herunter und fielen ausgehungert über die Pferde vor den Schlitten her. Der Kutscher suchte sie mit Peitschenhieben zu vertreiben, aber das nützte nichts, und man mußte auf sie schießen." Zwei Männer schossen auf sie, aber die „Mutter hatte große Angst ausgestanden, sie schilderte die roten Zungen der Wölfe, die so nahe gekommen waren, daß sie noch in späteren Jahren von ihnen träumte."[6]

Rote Zungen – eine weitere in Rot getauchte Erinnerung. Eines Nachts während des Purim-Festes

> *„... weckte mich ein riesiger Wolf, der sich über mein Kinderbett neigte. Eine lange, rote Zunge hing ihm aus dem Mund, und er fauchte fürchterlich. Ich schrie aus Leibeskräften: ‚Ein Wolf! Ein Wolf!' Niemand hörte mich, niemand kam, ich schrie immer gellender und weinte. Da kam eine Hand hervor, griff an die Ohren des Wolfs und zog seinen Kopf herunter. Dahinter stand der Vater und lachte. Ich schrie weiter: ‚Ein Wolf! Ein Wolf!' Ich wollte, daß der Vater ihn verjage. Er zeigte mir die Maske des Wolfes in der Hand, ich glaubte ihm nicht, er konnte lange sagen: ‚Siehst du nicht, das war ich, das war kein*

wirklicher Wolf', ich war nicht zu beruhigen und schluchzte und weinte immer weiter."[7]

Im Zeitalter Freuds (die „Traumdeutung" war 1900 erschienen), sollte man meinen, hätte Vater Canetti es besser wissen sollen, als seinen jungen Sohn derart zu erschrecken, doch was die Kinderpsychologie betrifft, so war die Empfindsamkeit in Rustschuk noch nicht besonders ausgeprägt. Die Ironie war, dass die väterliche Aktion gerade durch die Sehnsucht nach Wien motiviert war. „Als er in Wien auf der Schule war, hatte er nur einen Wunsch, den, Schauspieler zu werden. Aber er wurde in Rustschuk erbarmungslos ins väterliche Geschäft gesteckt. Da gab es zwar ein Amateurtheater, wo er zusammen mit der Mutter auftrat, doch was war das gemessen an seinen früheren Wiener Träumen. Wahrhaft entfesselt, sagte die Mutter, sei er während des Purim-Festes gewesen."[8] Der junge Canetti litt jedenfalls monatelang unter dem, was der Autor der „geretteten Zunge" als „Wolfspanik" in Erinnerung behielt.

Die Kindheit wird als brutaler Wechsel zwischen Barbarei und Zivilisation erlebt: Die Angst in Verbindung mit *roten Zungen*, sowohl vor dem Verlust der eigenen wie vor denen der Wölfe, und dann vor dem zungenähnliche Kometen, von dem die örtlichen Bauern meinten, er kündige das Ende der Welt an, sucht Canettis frühen Jahre heim. Rot ist auch die Farbe der Lumpen, die die Zigeuner tragen, die nach lokalem Brauch jeden Freitagabend durch die Häuser der wohlhabenden sephardischen Gemeindemitglieder defilieren, um ihr Essensgeschenk von der Sabbattafel einzutreiben. Auch hier erinnert sich der Erzähler, wie entsetzt er war: „An den Schultern vieler von ihnen baumelten Säcke, und ich betrachtete sie nicht, ohne mir vorzustellen, daß sie gestohlene Kinder enthielten."[9] Nur die Kinder der Zigeuner durften gleich an den Süßigkeiten knabbern: „Ich wunderte mich immer, wie freundlich sie zu ihren Kindern waren, gar nicht wie böse Kinderräuber. Aber an meinem Schrecken vor ihnen änderte das nichts."[10]

Furcht und Gewalt: Als die große Spielgefährtin des kleinen Elias, seine Kusine Laurica, in die Schule kommt und Lesen und Schreiben lernt, ist der Fünfjährige verrückt vor Eifersucht. Laurica neckt ihn mit den Seiten ihres Schreibhefts, „es enthielt Buchstaben in blauer Tinte, die mich mehr faszinierten als alles, was ich je gesehen hatte."[11] Sie zieht ihn weiter auf, schwenkt die Schreibhefte durch die Luft, verweigert sie ihm, bis er es nicht mehr aushält. Er packt ein Beil, das er im Küchenhof findet, und singt „Agora vo matar a Laurica!" („Jetzt werde ich Laurica töten!"). Er will tatsächlich zuschlagen, doch die Verwandten hören ihre Schreie, sie halten ihn auf und er wird streng bestraft.

Die Geschichte wird weiter verkompliziert durch die Bemerkung, die Axt gehöre „dem Armenier".[12] Ein früheres Kapitel trägt den Titel „Das Beil des Armeniers". Der fragliche Mann hat die Aufgabe, für die Familie Holz zu hacken. Der junge Elias hört seinen „traurigen Liedern" zu – traurig, so meinte die Mutter des Erzählers, weil der Armenier aus Istanbul hatte fliehen müssen, wo die Türken ihn töten wollten und er seine ganze Familie verloren hatte. „Von einem Versteck aus habe er mit angesehen, wie seine Schwester umgebracht worden sei. Er sei dann nach Bulgarien geflohen, und mein Vater habe ihn aus Mitleid ins Haus genommen."[13] Obwohl Canetti mit ihm nur wenige Worte wechselte, fasst er „eine tiefe Liebe" zu ihm. Und der vermeintliche Angriff auf Laurica verstärkt dieses Gefühl: „Den Zusammenhang meiner Mordabsicht mit dem Schicksal des Armeniers erkannte niemand. Ich liebte ihn, seine traurigen Lieder und Worte. Ich liebte das Beil, mit dem er Holz hackte."[14]

Warum? Vielleicht nimmt die Gegenwart des namenlosen Armeniers Canettis eigenes Exil vorweg, die Notwendigkeit, seinen Weg unter Fremden zu finden, denen er wie der Armenier distanziert gegenübersteht. Laurica jedenfalls nimmt bald Rache, auch wenn sie nachher behauptet, es sei nur ein Unfall gewesen. Im Haus der Canettis wird Wasser aus der Donau in Kesseln auf die Terrasse gestellt und dort zur Reinigung zum Kochen gebracht. Elias und Laurica spielen dazwischen Fangen, als sie ihm einen Stoß gibt und er in das siedende Wasser fällt. Der junge wird am ganzen Körper verbrüht und stirbt beinahe: „Tante Sophie, die das schreckliche Geschrei hörte, holte mich heraus und zog mir die Kleider herunter, die ganze Haut ging mit, man fürchtete für mein Leben, und ich lag unter argen Schmerzen viele Wochen lang zu Bett."[15]

Die Kindheitserinnerungen bestehen weitgehend aus Gewalt und physischem Schmerz. Warum also nennt der Erzähler Rustschuk „eine wunderbare Stadt für ein Kind"? Vielleicht wegen der eng geknüpften Familienbande des Autors, mit ihren farbigen Ritualen und exotischen Sitten – Großmutter Canetti tat nie etwas anderes als auf dem türkischen Sofa zu sitzen, zu rauchen und schwarzen Kaffee zu trinken. Die Familie legte großen Wert auf

Lernen und Kultur, beginnend mit dem Erwerb einer Sprache. Und eben weil der erwachsene Canetti sich an die Ereignisse der Vergangenheit nur in einer anderen Sprache erinnert, gewinnt Sprache eine ganz besondere Bedeutung:

„Die Ereignisse jener Jahre sind mir in aller Kraft und Frische gegenwärtig – mehr als sechzig Jahre habe ich mich von ihnen genährt –, aber sie sind zum allergrößten Teil an Worte gebunden, die ich damals nicht kannte. Es scheint mir natürlich, sie jetzt niederzuschreiben, ich habe nicht das Gefühl, daß ich dabei etwas verändere oder entstelle. Es ist nicht wie die literarische Übersetzung eines Buches von einer Sprache in die andere, es ist eine Übersetzung, die sich von selbst im Unbewußten vollzogen hat, und da ich dieses durch übermäßigen Gebrauch nichtssagend gewordene Wort sonst wie die Pest meide, mag man mir seinen Gebrauch in diesem einen und einzigen Fall nachsehen."[16]

Dies ist eine sehr eigenartige Passage. Dass Canetti Freud nicht mochte, ist bekannt. Obwohl er in seiner Rolle als Memoirenautor gern den psychosozialen Hintergrund anderer analysierte, scheint er eine Abneigung gegen Selbstanalyse und Introspektion zu haben. Freuds Betonung der individuellen Entwicklung – im Gegensatz zu der von Massen – erscheint ihm fehl am Platz.[17] Man könnte aber auch argumentieren – und zwar genau aus freudianischer Perspektive –, er habe Angst vor den eigenen Dämonen. Wie Claudio Magris festgestellt hat, „versteckt [seine] Autobiografie, die scheinbar alles sagt, eine Abwesenheit, eine Art schwarzes Loch, dass anscheinend die wesentliche Wahrheit seines Lebens verschluckt. ... Hinter dem freundlichen Herrn, der seine äußerst höfliche Form entwickelt, um seine eigene Zurückhaltung zu schützen, gibt es einen weiteren, abnormalen und unmöglichen Anderen".[18] Dieser andere wird nicht zur Kenntnis genommen; wenn die Sprache der Kindheit schließlich verloren ist, dann vielleicht auch der Affekt, der damit einherging.

Hier kommt die Frage der „Muttersprache" ins Spiel. Deutsch – Wiener Deutsch – wird zunächst als die „glückliche" private Sprache der Eltern Canettis eingeführt:

„Sie liebten sich sehr in dieser Zeit und hatten eine eigene Sprache unter sich, die ich nicht verstand, sie sprachen Deutsch, die Sprache ihrer glücklichen Schulzeit in Wien. Am liebsten sprachen sie vom Burgtheater, da hatten sie,

noch bevor sie sich kannten, dieselben Stücke und dieselben Schauspieler gesehen und kamen mit ihren Erinnerungen darüber nie zu Ende. Später erfuhr ich, dass sie sich unter solchen Gesprächen ineinander verliebt hatten, und während sie einzeln nicht imstande gewesen waren, den Traum vom Theater wahrzumachen – beide wären für ihr Leben gern Schauspieler geworden –, gelang es ihnen zusammen, die Heirat durchzusetzen, gegen die es viele Widerstände gab."[19]

Canetti bezieht sich hier auf das Überlegenheitsgefühl der Familie auf der mütterlichen Seite. Die Ardittis waren eine der ältesten und reichsten sephardischen Familien Bulgariens und hielten den Großvater Canetti für einen „Emporkömmling aus Adrianopel". Mithilfe der deutschen Sprache entkamen die Eltern der sephardischen Rivalität. Für den jungen Canetti klang das Deutsche rasch nach Fantasie und Vergnügen.

„Ich glaube, dass es sich um wunderbare Dinge handeln müsse, die man nur in dieser Sprache sagen könne. Wenn ich lange vergeblich gebettelt hatte, lief ich zornig davon, in ein anderes Zimmer, das selten benutzt wurde, und sagte mir die Sätze, die ich von ihnen gehört hatte, her, im genauen Tonfall, wie Zauberformeln ..."[20]

Den Jungen verzaubert nicht nur der Name Wiens, sondern auch die „Neue Freie Presse", die jeden Tag ins Haus kam:

„Der Vater las täglich die ‚Neue Freie Presse', es war ein großer Augenblick, wenn er sie langsam auseinanderfaltete. Sobald er sie zu lesen begonnen hatte, hatte er kein Auge mehr für mich, ich wußte, dass er dann auf keinen Fall antwortete, auch die Mutter fragte ihn dann nichts, nicht einmal auf deutsch. Ich versuchte herauszubekommen, was es war, das ihn an der Zeitung so fesselte, anfangs dachte ich, es sei der Geruch, und wenn ich allein war und mich niemand sah, kletterte ich auf den Stuhl und roch begierig an der Zeitung. Aber dann beobachtete ich, wie er den Kopf am Blatt entlang bewegte, und tat es ihm nach, hinter seinem Rücken, ohne das Blatt vor Augen zu haben, das er auf dem Tisch zwischen beiden Händen hielt, während ich hinter ihm auf dem Boden spielte. Einmal rief ihn ein Besucher, der eingetreten war, an, er drehte sich um und ertappte mich bei meinen imaginären Lesebewegungen. Da sprach er zu mir, noch bevor er sich um den Besucher kümmerte, und erklärte mir, daß es auf die Buchstaben ankomme, viele kleine Buchstaben, auf die er mit

dem Finger klopfte. Bald würde ich sie selber lernen, sagte er, und weckte in mir eine unstillbare Sehnsucht nach Buchstaben."[21]

Auf diese Weise verbanden sich die Buchstaben des deutschen Alphabets mit der wunderbaren Traumstadt Wien. „Ich wußte, dass die Zeitung von Wien kam, das war weit weg, vier Tage fuhr man hin auf der Donau. Man sprach oft von Verwandten, die nach Wien fuhren, um berühmte Ärzte zu konsultieren. Die Namen der großen Spezialisten jener Tage waren die allerersten Berühmtheiten, von denen ich als Kind hörte. Als ich später nach Wien kam, war ich verwundert, daß es all diese Namen: Lorenz, Schlesinger, Schnitzler, Neumann, Hajek, Halban als Leute wirklich gab."[22] Die Magie Wiens verstärkt sich weiter. Die Stadt wird in paradiesischen Bildern gesehen, ein Ort, wo die Menschen eine besondere Sprache voller Staunen und Schönheit sprechen. Um so verwirrender ist es dann, als die Eltern des Jungen beschließen, von Rustschuk wegzuziehen, um eine geschäftliche Gelegenheit zu nützen und der Tyrannei des Großvaters Canetti zu entfliehen, der den Entschluss seines Sohnes wortreich verflucht hat. Sie gehen nicht in das glorreiche Wien, sondern nach Manchester, dessen Sprache zwar kaum geheim, aber völlig fremd ist.

Der Schmerz der Geburt
Der sechsjährige Canetti und seine beiden jüngeren Brüder werden nun mit großer Eile in Englisch unterrichtet. Die Sprache verbindet sich in seinem Bewusstsein mit *Ordnung*. Die Lehrer in seiner neuen Volksschule, die Gouvernante, Miss Bray, die tägliche Routine: All das ist ganz anders als das Leben in Rustschuk, das „heftig und laut" gewesen war, „reich an schmerzlichen Unglücksfällen."[23] Der junge Canetti neigt zu wildem Benehmen und passt nicht ganz in die englische Szenerie. Er verliebt sich in ein kleines Mädchen namens Mary Handsome, eigentlich in ihre Backen, die aussehen wie runde, rote Äpfel, er verfolgt sie, sehnt sich danach, diese roten Wangen zu küssen. Als sich Marys Mutter beschwert, sagt die Lehrerin, Miss Lancashire, zu seinen Eltern, sie habe noch nie eine „so heftige Passion … in ihrer Schule erlebt, sie war ein wenig verwirrt und fragte sich, ob es damit zusammenhängen könne, daß ‚orientalische' Kinder viel früher reif werden als englische."[24] Orientalisch ist hier zweifellos ein Codewort für jüdisch, es spielt auf alles Östliche, Ausländische, Dunkle und Fremdartige gegen-

über dem Englischen in der Herkunft der Canettis an. Zugleich aber liebt Canetti „Robinson Crusoe" und „Gullivers Reisen", er weint um die „Titanic", die mitten in der Nacht auf einen Eisberg fährt, und begeistert sich für die Geschichten um Kapitän Scotts Südpolexpedition.

Die Spannung zwischen Kulturen, zwischen Vergangenheit und Gegenwart, wird deutlich, wenn der Junge auf Geheiß des Vaters die neue Adresse der Familie aufsagt, „234 Burton Road, West Didsbury, Manchester, England". Canetti besteht darauf, als letzten Ortsnamen noch „Europe" zu ergänzen. „Geografie", erinnert er sich, „war mir nämlich sehr wichtig geworden und die Kenntnisse wurden auf zwei Wegen gefördert. Ich bekam ein ‚puzzle' zum Geschenk: Die farbige Karte Europas, auf Holz aufgeklebt, war in die einzelnen Länder zersägt worden. Man warf die Stücke alle auf einen Haufen und setzte blitzrasch Europa wieder zusammen. So hatte jedes Land seine eigene Form, mit der meine Finger sich vertraut machten, und eines Tages überraschte ich den Vater mit der Behauptung: ‚Ich kann es blind!'"[25]

Diese Gespräche werden auf Englisch geführt, und Canetti wäre schließlich als englischer Schüler durchgegangen, wäre sein Vater nicht eines Morgens im Alter von 31 Jahren mit einem Herzanfall tot umgefallen. Seine 27-jährige Mutter war gerade von einem Kuraufenthalt in Bad Reichenhall zurückgekehrt. Sie hatte ihrem Mann am Abend, bevor er starb, gebeichtet, dass sie eine keusche Romanze mit einem Arzt gehabt hatte. Der Tod des über alles geliebten Vaters entpuppt sich als Wendepunkt in Canettis Leben: Nach der Trauerzeit beschließt seine Mutter, mit der Familie nach Wien zu gehen, und nun wird die heimliche Sprache – Deutsch – zu seiner eigenen, allerdings nicht als freie Entscheidung, sondern unter Zwang.

Dies geschieht ironischerweise in der französischen Schweiz, wohin die trauernde Witwe ihre Kinder auf dem Weg in ihr neues Leben in Wien für den Sommer mitgenommen hat. Miss Bray, die englische Gouvernante, ist noch bei ihnen. Unvermittelt beschließt die Mutter, dass ihr ältester Sohn, der acht Jahre alt ist, Deutsch lernen muss, um sich auf die Schule in Wien vorzubereiten. Die unerträglich quälenden Deutschstunden mit ihr sind paradigmatisch für die Rolle, die Canetti bald zu spielen gezwungen sein wird:

„Wir saßen im Speisezimmer am großen Tisch, ich saß an der schmäleren Seite, mit der Aussicht auf See und Segel. Sie saß um die Ecke links von mir und hielt das Lehrbuch so, daß ich nicht hineinsehen konnte. Sie hielt es immer fern

von mir. ‚Du brauchst es doch nicht', sagte sie, ‚du kannst sowieso noch nichts verstehen.' Aber dieser Begründung zum Trotz empfand ich, daß sie mir das Buch vorenthielt wie ein Geheimnis. Sie las mir einen Satz Deutsch vor und ließ mich ihn wiederholen. Da ihr meine Aussprache mißfiel, wiederholte ich ihn ein paarmal, bis er ihr erträglich schien. Das geschah aber nicht oft, denn sie verhöhnte mich für meine Aussprache, und da ich um nichts in der Welt ihren Hohn ertrug, gab ich mir Mühe und sprach es bald richtig. Dann erst sagte sie mir, was der Satz auf englisch bedeute. Das aber wiederholte sie nie, das mußte ich mir sofort ein für allemal merken. Dann ging sie rasch zum nächsten Satz über, es kam zur selben Prozedur …"[26]

Der Lernprozess ist schrecklich quälend! Sätze auswendig zu lernen und ihren Inhalt zu übersetzen, ohne sie je geschrieben zu *sehen*, stellt sich als nahezu unmöglich heraus. Täglich muss er außerdem den Spott seiner Mutter ertragen, die ihn einen Idioten nennt – schließlich rettet ihn Miss Bray, die keinerlei Kenntnisse anderer Sprachen hat und der es genügt, dass es überall auf der Welt Englisch sprechende Menschen gibt. Miss Bray setzt sich gegen Mathilde Canetti durch, ihr Sohn darf ins Buch schauen, und plötzlich wird alles anders. Die ungewohnte Fraktur öffnet sich, und wenn der Sohn die Worte *geschrieben* sieht, kann er dem Unterricht folgen. Bald spricht er fast fließend Deutsch.

Es ist ein wichtiger Wendepunkt, weniger als Vorbereitung für die Schule in Wien, sondern weil Deutsch die Sprache seiner Mutter ist, die Sprache ihrer verlorenen Liebe. „Sie selbst hatte ein tiefes Bedürfnis danach, mit mir deutsch zu sprechen, es war die Sprache ihres Vertrauens. … In dieser Sprache hatte sich ihre eigentliche Ehe abgespielt."[27] Für Canetti selbst war es eine „spät und unter wahrhaftigen Schmerzen eingepflanzte Muttersprache":

„Bei diesen Schmerzen war es nicht geblieben, gleich danach erfolgte eine Periode des Glücks, und das hat mich unlösbar an diese Sprache gebunden. Es muß auch den Hang zum Schreiben früh in mir genährt haben, denn um des Erlernens des Schreibens willen hatte ich ihr das Buch abgewonnen, und die plötzliche Wendung zum Besseren begann eben damit, daß ich deutsche Buchstaben schreiben lernte.
Sie duldete keineswegs, daß ich die anderen Sprachen aufgab, Bildung bestand für sie in den Literaturen aller Sprachen, die sie kannte, aber die Sprache unserer Liebe – und was war es für eine Liebe! – wurde Deutsch."[27]

Und noch direkter ein paar Seiten weiter:

„Immerhin, in Lausanne, wo ich überall um mich französisch sprechen hörte, das ich nebenher und ohne dramatische Verwicklungen auffaßte, wurde ich unter Einwirkung der Mutter zur deutschen Sprache wiedergeboren, und unter dem Krampf dieser Geburt entstand die Leidenschaft, die mich mit beidem verband, mit dieser Sprache und mit der Mutter. Ohne diese beiden, die im Grunde ein und dasselbe waren, wäre der weitere Verlauf meines Lebens sinnlos und unbegreiflich."[28]

Eine solche „Wiedergeburt" hat ihren Preis. Die erdrückende Beziehung des Autors zu seiner Mutter wird sich verschlechtern, bis sie einander ganz entfremdet sind. Was die deutsche Sprache betrifft, muss man festhalten, was seine „Muttersprache" ist und was nicht. Indem er mit acht „Deutsch" von seiner Ladino-sprechenden Mutter lernt, die selbst die Sprache als Schulmädchen in Wien gelernt hat, isoliert sich Canetti selbst von seiner bulgarischen sephardischen Kindheit einerseits und andererseits von der geordneten englischen Zukunft, die sein Vater für ihn vorgesehen hatte. So wird er von seinem „Vaterland" doppelt verbannt und bleibt ein Außenseiter, der nie ganz dazugehört.

Das wird besonders deutlich, als Canetti in den späten 1920ern einige Wochen in Berlin verbringt. In der „Fackel im Ohr" berichtet er von seinen Treffen mit George Grosz und Bertolt Brecht, die er beide wegen ihrer marxistischen Voreingenommenheit für materielle Bedingtheiten nicht mag. Die „Dreigroschenoper", deren Premiere er im Jahr 1928 erlebt, findet er „kalt berechnet":

„Es war der genaueste Ausdruck dieses Berlin. Die Leute jubelten sich zu, das waren sie selbst, und sie gefielen sich. Erst kam ihr Fressen, dann kam ihre Moral, besser hätte es keiner von ihnen sagen können, das nahmen sie wörtlich. ... Für Abschaffung von Strafe war gesorgt: der reitende Bote mit echtem Pferd. Die schrille und nackte Selbstzufriedenheit, die sich von dieser Aufführung ausbreitete, mag nur glauben, wer sie erlebt hat.
Wenn es die Aufgabe der Satire ist, die Menschen zu peitschen, für das Unrecht, das sie vorstellen und begehen, für ihre Schlechtigkeiten, die zu Raubtieren heranwachsen und sich fortpflanzen, so fand sich im Gegenteil hier alles verherrlicht, was man sonst schamvoll versteckt: Am treffendsten und wirksamsten verhöhnt war das Mitleid."[29]

Es ist ein eigenartiges Missverständnis der großen Oper von Brecht und Weil, die nicht die Bürger selbst, sondern ein grausames Wirtschaftssystem für die Verlogenheit und den Betrug verantwortlich macht, mit denen Menschen überleben. Die Peachums und ihre Freunde werden nicht glorifiziert. Doch aus der Sicht Canettis fehlt dem Weimarer Berlin, wie es in der komischen, aber grausamen „Dreigroschenoper" gezeigt wird, das Herz, es ordnet alle Ideale der politischen Notwendigkeit unter. Der einzige Schriftsteller, bei dem er sich zu Hause fühlt, ist Isaac Babel, den er für einen *Lernenden* hält wie sich selbst. „Aber wenn alle anderen Vorwände zerbröckelten, blieb mir der eine der *Erwartung*, es lag mir daran, daß die Menschen, auch ich selber *besser* würden, und dazu mußte ich über jeden einzelnen von ihnen auf das genaueste Bescheid wissen."[30]

Ich möchte, dass die Menschen, auch ich selber besser werden: Hier erinnert Canetti an Wittgenstein, der in seinem Tagebuch nicht selten erklärt, es sei sein Ziel, ein anderer – und damit meinte er besserer – Mensch zu werden. Canettis „Deutsch" ist nicht das des Berlin der Weimarer Republik. Der doktrinäre Marxismus eines Brecht kann in seinen Augen neben der hoch individuellen und lebhaften Vision eines Karl Kraus nicht bestehen. Geschlossene Systeme sind der Feind; schließlich zeigt die Sprache, ob nun gesprochen oder geschrieben, immer wieder überraschende Öffnungen.

Canetti, behauptet Daniel Heller-Roazen in seinem Buch „Echolalias", ist beispielhaft für jene Schriftsteller, „die nicht nur eine einzige Muttersprache haben, die, noch bevor sie eine Fremdsprache erlernen, bereits begonnen haben, jene zu verlieren, die sie einst ‚völlig regellos' gelernt haben."[31] Heller-Roazen verweist uns auf das Kapitel „Hudba" in Canettis „Augenspiel". Kurz vor dem Tod seiner Mutter im Juni 1937 besucht Canetti zum ersten Mal Prag. Trotz der großen Anzahl von Tschechen in Wien kann er kein Wort Tschechisch. Er schlendert durch die Straßen, hört Gespräche. Das Tschechische „schien mir eine streitbare Sprache, denn alle Worte waren stark auf der ersten Silbe betont ..."[32] Eines dieser Wörter, das dem Kapitel seinen Namen gibt, ist *Hudba*, was „Musik" bedeutet:

„In den europäischen Sprachen, soweit ich sie kannte, gab es immer dasselbe Wort dafür: Musik, ein schönes, klingendes Wort – wenn man es deutsch sagte, war einem zumute, als ob man mit ihm in die Höhe springe. Wo es mehr auf der ersten Silbe betont war, kam es einem nicht ganz so aktiv vor, es blieb ein wenig schweben, bevor es sich ausbreitete. Ich hing an diesem Wort beinahe

so wie an der Sache, aber es war mir allmählich nicht ganz geheuer, daß es für jede Art von Musik gebraucht wurde. Je mehr neue Musik ich hörte, um so unsicherer wurde meine Beziehung zu dieser universalen Benennung."[32]

Er befindet, *Hudba* sei das perfekte Wort für Strawinskys „Bauernhochzeit" oder für ähnliche Werke von Bartók und Janáček. Vertieft in sein Vergnügen an diesen und anderen tschechischen Wortformen, erkennt er:

„*Vielleicht war die Wucht, mit der tschechische Worte in mich eingingen, auf Erinnerungen an das Bulgarische der frühen Kindheit zurückzuführen. Aber ich dachte nie daran, denn ich hatte das Bulgarische ganz vergessen, und wieviel von vergessenen Sprachen trotzdem in einem zurückbleibt, vermag ich nicht zu bestimmen. … Ich nahm slawische Laute auf als Teile einer Sprache, die mir auf unerklärliche Weise naheging.*"[33]

„Was", fragt Heller Roazen, „hat Canetti im tschechischen *Hudba* gehört?"
„*Offensichtlich war es nicht – oder nicht nur – das Idiom der Einwohner von Prag, denn er macht klar, dass er fast überhaupt nichts von dieser Sprache verstehen konnte. Doch wäre es auch nicht angemessen daraus zu schließen, dass der Schriftsteller es einfach auf Bulgarisch wahrnahm. Selbst wenn Canetti seine Kenntnis der Balkansprache behalten hätte – und er hat mehrfach das Gegenteil festgestellt –, hätte er es kaum im Tschechischen wiederentdeckt. Die typologischen Ähnlichkeiten zwischen den südslawischen und den westslawischen Sprachen reichen nicht aus, um geltend zu machen, dass die eine in der anderen wiederzufinden sei. Genauer wäre es zu behaupten, dass Canetti in Prag keine Sprache hörte, sondern ein Echo: den Klang einer anderen, vergessenen Sprache in dieser. … Die Musik des Tschechischen, wie Canetti sie wahrnahm, rief die eine Sprache seiner Kindheit wach, die nicht an seine Mutter gebunden war, die nicht nur dem Deutschen vorangegangen war, das er von ihr in Lausanne lernte, sondern auch vom Ladino unabhängig war, das er mit seinem Vater vor dessen Tod sprach.*"[34]

Mit anderen Worten, keine Sprache ist eine wirkliche „Muttersprache". Die Wirkung dieser unverstandenen Worte, schreibt Canetti, ist „nicht mit der von Musik zu vergleichen …, denn von unverstandenen Worten fühlt man sich *bedroht,* man wendet sie hin und her in sich und sucht sie zu entschärfen, aber sie wiederholen sich und werden in der Wiederholung bedrohlicher."³⁵

Es ist sicher kein Zufall, dass das Infragestellen der Muttersprache neben dem Bericht von Mathilde Canettis grausamem Krebstod 1937 steht. Das „Augenspiel" endet mit diesem Tod, der den Tod Österreichs im kommenden Jahr andeutet (den Anschluss am 12. März 1938). Canetti muss aus Wien fliehen. Er und seine Frau Veza lassen sich in London nieder, wo er ironischerweise jenes Englisch sprechen wird, das er als Kind in Manchester gelernt hat und auf das er zugunsten des Deutschen hatte verzichten müssen.

Wörter im Krieg

Von den Ladino- und slawischen Klängen seiner Kindheit zum Englisch der Schulzeit, vom Französisch der Schweizer Hotels zum Erwerb der deutschen „Muttersprache": Das Aufeinanderprallen von Sprachen machte Canetti misstrauisch gegenüber Prinzipien, gegenüber Zugehörigkeit und Mitgliedschaft, ob in einer politischen Partei, einer religiösen Gruppe oder einer Nation. Er sah sich ganz einfach als Europäer. Aber was bedeutete das wirklich? Die Weltkriege waren schmerzhaft genug für jene, die sich als Franzosen, Engländer oder Deutsche verstanden, für einen Schriftsteller wie Canetti waren sie besonders traumatisch, der in so vielen Sprachen zu Hause und im wirklichen Leben heimatlos war.

Gehen wir zurück zum dritten Teil der „geretteten Zunge" mit dem Titel „Wien 1913–1916". In diesem Zeitraum (Mathilde Canetti zieht mit ihren Söhnen 1916 nach Zürich), der sonderbar quer zur üblichen Chronologie der Kriegszeit (1914–1918) steht, scheint der Erste Weltkrieg fast eine Ablenkung, weitgehend an der Peripherie des Bewusstseins des jungen Canetti. Den Sommer 1914 verbrachten sie in Baden bei Wien:

„Einen guten Teil des Tages verbrachten wir im Kurpark, wohin uns die Mutter mitnahm. In einem runden Kiosk, in der Mitte des Parks, spielte die Kurkapelle. Der Kapellmeister, ein dünner Mensch, hieß Konrath, wir Buben nannten ihn auf englisch unter uns ‚carrot', Karotte. Mit den kleinen Brüdern sprach ich noch ungeniert englisch, sie waren drei und fünf Jahre alt, ihr Deutsch war etwas unsicher, Miss Bray war erst vor wenigen Monaten nach England zurückgefahren. Es wäre ein unnatürlicher Zwang für uns gewesen, untereinander anders als englisch zu sprechen, und man kannte uns im Kurpark als die kleinen englischen Buben."³⁶

Am Tag, als Deutschland Russland den Krieg erklärte (1. August), begann die Kapelle nicht mit ihrem üblichen Repertoire wie dem Radetzkymarsch von Johann Strauß, sondern mit der österreichischen Kaiserhymne. Eine Menge sammelt sich und singt „Gott erhalte, Gott beschütze unsern Kaiser, unser Land", gefolgt von der deutschen Hymne „Heil dir im Siegerkranz". In Letzterer erkennt der neunjährige Canetti dieselbe Melodie wie „God Save the King" und beginnt trotzig, diesen Text „so laut ich konnte" zu singen. Seine kleinen Brüder folgen ihm.

„Plötzlich sah ich wutverzerrte Gesichter um mich, und Arme und Hände, die auf mich losschlugen. Selbst meine Brüder, auch der Kleinste, Georg, bekamen etwas von den Schlägen ab, die mir, dem Neunjährigen, galten. Bevor die Mutter, die ein wenig von uns weggedrängt worden war, es gewahr wurde, schlugen alle durcheinander auf uns los. … Ich begriff nicht ganz, was ich getan hatte, um so unauslöschlicher war dieses erste Erlebnis einer feindlichen Masse. Es hatte die Wirkung, daß ich während des ganzen Krieges, bis 1916 in Wien und dann in Zürich, englisch gesinnt blieb. Aber ich hatte von den Schlägen gelernt: Ich hütete mich wohl, solange ich noch in Wien war, etwas von meiner Gesinnung merken zu lassen. Englische Worte außer Haus waren uns nun strengstens verboten. Ich hielt mich daran und blieb um so eifriger bei meinen englischen Lektüren."[37]

Mich erinnert dies an eine Szene aus den „letzten Tagen der Menschheit" von Karl Kraus, in der das Café Westminster patriotisch in Westmünster umbenannt wird und alle Beschriftungen entsprechend geändert werden. Bald muss der Schuljunge die Hassparolen lernen, die Karl Kraus in der ersten Szene des ersten Aktes mit Bezug auf eine Postkarte von der Front wiedergibt: „Jeder Stoß ein Franzos!" „Jeder Tritt ein Britt!" „Jeder Schuß ein Russ!"[38] Fanny, das tschechische Dienstmädchen, ärgert sich über die Verunglimpfung der Russen ebenso wie Canettis Mutter, die ihren Sohn daran erinnert, dass seine beste Freundin in Rustschuk, Olga, Russin gewesen war. Die widersprüchlichen Signale bewirken schließlich, dass Canetti sich zunehmend von seiner Umgebung entfernt. Als die Familie 1915 zum ersten Mal seit dem Umzug nach Manchester Rustschuk besucht, sieht er seine Heimatstadt als exotischen Ort des Ostens, anheimelnd romantisch, aber auch irritierend in seinem Provinzialismus. In dieser Phase gibt es keine Nostalgie.

Zurück in Wien, „wurden die Wirkungen des Krieges schon im täglichen Leben spürbar." Canetti vermeidet jeden größeren politischen Kommentar, aber es gibt einen vielsagenden Zwischenfall, der auf unheimliche Weise vorwegnimmt, was Juden wie ihm geschehen wird.

Auf dem Weg von der Schule nach Hause nähert sich Canetti mit seinem Freund Max Schiebl, dem Sohn eines österreichischen Generals, einer Eisenbahnbrücke über den Donaukanal:

„Ein Zug hielt drauf, der mit Menschen vollgestopft war. Güterwagen waren mit Personenwagen zusammengekoppelt, in allen standen dicht gedrängt Menschen, die stumm, aber fragend zu uns heruntersahen. ‚Das sind galizische –', sagte Schiebl, unterdrückte das Wort ‚Juden' und ergänzte ‚Flüchtlinge'. Die Leopoldstadt war voll von galizischen Juden, die vor den Russen geflohen waren. In schwarzen Kaftans, mit ihren Schläfenlocken und besonderen Hüten, hoben sie sich auffallend von anderen Leuten ab. Da waren sie nun in Wien, wo sollten sie hin, essen mußten sie auch, und mit der Nahrung der Wiener stand es schon nicht mehr zum besten.

Ich hatte noch nie so viele von ihnen in Waggons zusammengepfercht gesehen. Es war ein schrecklicher Anblick, weil der Zug stand. Solange wir auch hinstarrten, er bewegte sich nicht von der Stelle. ‚Wie Vieh', sagte ich, ‚so quetscht man sie zusammen, und Viehwaggons sind auch dabei.' ‚Es sind eben so viele', sagte Schiebl, sein Abscheu vor ihnen war mit Rücksicht auf mich temperiert, er hätte nichts über die Lippen gebracht, was mich kränken konnte. Aber ich blieb wie festgewurzelt stehen, und während er mit mir stand, fühlte er mein Entsetzen. Niemand winkte uns zu, niemand rief ein Wort, sie wußten, wie ungern man sie empfing und erwarteten kein Wort der Begrüßung. Es waren alles Männer und viele bärtige Alte darunter. ‚Weißt du', sagte Schiebl, ‚unsere Soldaten werden in solchen Waggons an die Front geschickt. Krieg ist Krieg, sagt mein Vater.' Es war der einzige Satz seines Vaters, den er je vor mir zitierte, und ich wußte, daß er es tat, um mich aus meinem Schrecken zu reißen. Aber es half nichts, ich starrte und starrte und nichts geschah. Ich wollte, daß der Zug sich in Bewegung setzte, das Entsetzlichste war, daß der Zug auf der Brücke noch immer stand. ‚Kommst du nicht?' sagte Schiebl ..."[39]

Diese scheinbar unwichtige Anekdote ist paradigmatisch für Canettis indirekte Kommentare zum Ersten Weltkrieg – ein Krieg, der nicht nur die geografischen und kulturellen Parameter seiner Kindheit in die Luft sprengte, sondern auch die Grundlage für den kommenden Krieg bildete. In den späteren Jahren des Ersten Weltkriegs flohen Juden von der Ostfront vor den Russen nach Wien. Die zunehmende Präsenz dieser „Fremden" war einer der Faktoren, die nach dem Krieg den virulenten Antisemitismus beschleunigten, der die Nazis an die Macht brachte. Es ist typisch, dass der Generalssohn Schiebl diese Fremden mit ihren Schläfenlocken und Kaftans verachtet – Fremde, die eine unbekannte Sprache sprachen.

Die Vision des jungen Canetti ist eher surreal, er sieht die Menschen wie Vieh zusammengepfercht. Niemand spricht: Die Galizier scheinen dem jüdischen Canetti ebenso fremd wie seinem Freund, aber irgendwie fühlt er eine (unwillkommene) Neigung zu ihnen. Für Schiebl sind die Viehwaggons nur Frachtwaggons, die im Krieg zur Verteilung der Soldaten eingesetzt werden; sie sind für ihn nicht ungewöhnlich. Aber für den jungen Canetti ist das Bild unerträglich. Der Junge kann natürlich nicht wissen, dass solche Viehwaggons 25 Jahre später Juden wie ihn transportieren werden, und zwar nicht nach Wien, sondern von Wien weg. Trotzdem erkennt er intuitiv den Terror. Und der Canetti, der dies schreibt, weiß genau, was später geschah.

Die „gerettete Zunge" enthält keine Truppentransporte, keine Berichte von Grabenkämpfen und nur wenig politische Erörterungen zu den Kriegsursachen, das Versagen der Regierung usw. Doch dieser eine Vorfall, der in seinem ganzen Schrecken erzählt wird, ist eine glühende Anklage gegen den Krieg, der Bürger eines bislang friedlichen Reiches vertrieb und eine wachsende Zahl von Ostjuden, die in Galizien zu Hause waren, zwang, Asyl und Nahrung in einer Stadt zu suchen, die sie hasste. Die Migration aus dem gefürchteten Osten bereitet die Bühne für die Konflikte der 1920er-Jahre, die im Triumph des führenden Sohns der Heimat gipfelten, Adolf Hitler. Hier und anderswo in der dreibändigen Autobiografie, die am Vorabend des Zweiten Weltkriegs endet, präsentiert Canetti Ereignisse konkret und plastisch, aber er skizziert keine Moral. Stattdessen folgt im nächsten Kapitel eine scheinbar in keinem Zusammenhang stehende Beschreibung einer Freundin seiner Mutter, Alice Asriel.

Ein verlangsamtes Krähen
Fürchtet euch vor Abstraktionen! Ezra Pounds Kampfruf seiner frühen imagistischen Manifeste könnte als Epigraf für Canettis Erinnerungen dienen. Die Darstellung der Ereignisse auf diesen Seiten ist konkret und oft scho-

nungslos, aber sie ergeben nicht immer einen Sinn. Mit wenigen Ausnahmen erfährt der Leser nicht, was er denken soll, und die Hinweise können recht widersprüchlich sein. Dazu gehört etwa die Ambivalenz Canettis für seinen eigenen Platz als Jude aus einer entfernten Provinz des Reiches im sozialen Gefüge von Wien.

Wie oben beschrieben, waren die reichen sephardischen Juden in der Welt von Rustschuk in der Gesellschaft gut verankert und erfuhren kaum Antisemitismus. Auch in England erlebte der junge Canetti bis auf die verschleierten Anspielungen seiner Lehrerin auf Orientalen wenig Diskriminierung. Doch der in den letzten Jahrzehnten des 19. Jahrhunderts gewissermaßen abklingende Antisemitismus gewann mit dem Ausbruch des Krieges gegen Serbien im August 1914 neues Leben, obwohl es wohl kaum ein Jude war, der Erzherzog Franz Ferdinand ermordete.

Regelmäßig geht der junge Canetti von der Schule mit einem schlaksigen und ungelenken Jungen namens Paul Kornfeld nach Hause. „‚Mit wem gehst du?' sagte der Herr Lehrer Tegel zu mir, als er uns zusammen vor der Schule sah. ‚Du kränkst deinen Lehrer.'"[40] Kornfeld erklärt Canetti, dass ihre Schulkameraden sie beide deshalb schikanieren, weil sie Juden sind, aber als Canetti seiner Mutter davon berichtet, wischt sie das weg mit den Worten „‚Das galt dem Kornfeld. Dir gilt das nicht.'" Von unserem heutigen Standpunkt aus ist diese Bemerkung schockierend in ihrer Kaltschnäuzigkeit und ihrem Mangel an Solidarität. Doch Canetti findet es anscheinend nicht besonders seltsam. „Wir waren für sie etwas Besseres, nämlich Spaniolen", erklärt er. Canetti wird noch Jahre brauchen um verstehen, dass die Rangfolge unter Juden in den Augen der Nazis keine Bedeutung hatte.

Das Thema wird fallen gelassen, aber als Canetti 1919 in Zürich zur Schule geht, kann er den täglichen Attacken gegen ihn und den anderen jüdischen Jungen in seiner Klasse, Färber, nicht mehr aus dem Wege gehen. „Ich war so erstaunt, daß ich es erst gar nicht glauben konnte. Niemand hatte mich bisher beschimpft oder bekämpft ..."[41] Canetti nimmt sich der Sache an, gemeinsam mit den 17 Juden der Schule organisiert er eine Petition an die Verwaltung, die sich über die Behandlung beschwert und verlangt, dass sie aufhört. Zunächst geschieht nichts, aber allmählich hören die Beleidigungen und Spötteleien auf, offensichtlich auf Anordnung des Rektors, und die anderen Jungen werden wieder freundlicher. Doch es ist nur ein kurzer Aufschub.

In seinem Bericht über die Rückkehr nach Wien 1924 zum Studium der Chemie an der Universität wird die jüdische Frage seltsamerweise ausgelassen. Canettis neues Idol Karl Kraus, dessen geniale Vorlesungen Stadtgespräch sind, ist wie so viele Wiener Juden weitgehend assimiliert. Kraus wurde in eine große, reiche jüdische Familie in Mähren geboren, 1911 katholisch getauft, aber er trat zehn Jahre später aus der Kirche aus, weil er sich darüber ärgerte, dass sie sich nicht gegen den Krieg gewehrt hatte. Aufgrund seiner eigenen unbarmherzigen Angriffe auf verschiedene jüdische Verleger, Schriftsteller und Politiker warf – und wirft – man ihm jüdischen Selbsthass vor.

Canetti vermeidet das Thema. Er möchte uns lieber zeigen, dass der berühmte Autor der „Fackel" in der Glanzzeit des Roten Wien eine ruhmreiche Erscheinung war. Man erzählt ihm viel:

„Er hasse den Krieg, und während des Weltkriegs sei es ihm gelungen, trotz der Zensur vieles in der ‚Fackel' zu drucken, das gegen den Krieg war. Er habe Übelstände aufgedeckt, Korruptionen bekämpft, über die alle anderen den Mund gehalten hätten. Daß er nicht im Gefängnis gelandet sei, sei ein Wunder. Es gebe ein 800 Seiten langes Drama von ihm, ‚Die letzten Tage der Menschheit', worin alles vorkomme, was im Krieg passiert sei. Wenn er daraus vorlese, sei man wie erschlagen. Da rühre sich nichts im Saal, man getraue sich kaum zu atmen. Alle Rollen lese er selbst, Schieber und Generale, die Schalek [Schurken] wie die armen Teufel, die die Opfer des Krieges seien, alle höre man von ihm so echt, als stünden die Leute vor einem. Wer ihn gehört habe, der wolle nie mehr ins Theater gehen, das Theater sei langweilig verglichen mit ihm, er allein sei ein ganzes Theater, aber besser, und dieses Weltwunder, dieses Ungeheuer, dieses Genie trug den höchst gewöhnlichen Namen Karl Kraus."[42]

Der Kult des Genies, des Intellekts, des großen Mannes übertönt jede Frage nach religiöser Zugehörigkeit oder Solidarität. Als er schließlich eine Kraus-Vorlesung hört, ist Canetti vor allem von seiner Stimme bezaubert, „die etwas unnatürlich Vibrierendes hatte, wie ein verlangsamtes Krähen."[43]

Zur Rhetorik selbst bemerkt Canetti an anderer Stelle: „Ich will heute nur seine zwei Hauptmittel nennen: Wörtlichkeit und Entsetzen" – die Wörtlichkeit des Zitierens in den „letzten Tagen der Menschheit", die das Entsetzen des großen Krieges ermisst.[44] Kraus' Beredsamkeit wird nun neben die ebenso inbrünstige Beredsamkeit gestellt, der Canetti auf seiner „letzten Donaufahrt" im Sommer 1924 zurück nach Bulgarien begegnet. Dort, in einer inzwischen entfernten Welt, die aus den verbliebenen Verwandten besteht, von denen die meisten von Rustschuk in die Hauptstadt Sofia gezogen sind, trifft Canetti seinen Cousin Bernhard Arditti, der ein eifriger Zionist geworden ist und die Familie drängt, nach Palästina auszuwandern. „Es ging ihnen nicht schlecht in Bulgarien", bemerkt der Autobiograf, „sie standen unter keinerlei Verfolgung, es gab keine Ghettos, auch keine drückende Armut ..."[45] Aber der Ruf des gelobten Landes ist stark, und Arditti geißelt seine sephardischen Juden für ihren Standesdünkel, ihren Widerwillen, sich mit jenen anderen Juden (Aschkenasim) zu verbünden, die sie für minderwertig hielten.

> „... *er sprach Spanisch zu ihnen und geißelte sie für ihren Hochmut, der sich auf diese Sprache gründete. Es war das* alte *Spanisch, dessen er sich bediente, und ich erfuhr mit Staunen, daß es möglich war,* in diesem, wie ich dachte, verkümmerten Kinder- und Küchenidiom *von allgemeinen Dingen zu handeln, Menschen mit solcher Leidenschaft zu erfüllen, daß sie ernsthaft erwogen, alles stehenzulassen, einem Land den Rücken zu kehren, in dem sie seit Generationen ansässig waren, wo man sie voll nahm und achtete, wo es ihnen zweifellos gutging, um in ein unbekanntes Land auszuwandern, das ihnen vor Jahrtausenden verheißen worden war, aber zur Zeit gar nicht gehörte.* "[46]

Ardittis Entwurf einer zionistischen Zukunft und Kraus' apokalyptische Vision von Wiener Dekadenz und Zusammenbruch sind durchaus verwandt, auch wenn der junge Canetti damals keine Verbindung sieht. Kraus war 1924 auf der Höhe seines Ruhms. Er wurde zweifellos „ernst genommen und respektiert". Aber Korruption und Verlogenheit, die er anprangerte, kulminierten weniger als zehn Jahre danach in der Vertreibung der Juden aus Wien in ein „unbekanntes Land" oder ein anderes. Vielleicht hatte Vetter Bernhard am Ende recht.

Canetti selbst entschied sich für das Land seiner „Muttersprache": „... nur als ich [dem Cousin] sagte, daß ich deutsch schreiben wolle, in keiner anderen Sprache, schüttelte er unmutig den Kopf und meinte: ‚Wozu? Lern Hebräisch! Das ist unsere Sprache. Glaubst du, daß es eine schönere Sprache gibt?'"

Canetti hat diese Alternative nie auch nur erwogen. Schließlich ist er ein Bürger Europas, ein Kind des Habsburgerreiches, ein deutschösterreichischer Intellektueller und Künstler. Es war, schreibt er, „keine günstige Zeit für Alt-Österreich. Die Monarchie, eben auseinandergefallen, war diskreditiert … Der Verstümmelung Österreichs, des erstaunlichen Weiterbestands Wiens – der nunmehr viel zu großen Hauptstadt – als ‚Wasserkopf‘, war man sich wohl bewußt. Aber man gab den geistigen Anspruch, der zu einer Weltstadt gehört, keineswegs auf." Die Verehrung Mahlers zum Beispiel war auf dem Höhepunkt, doch was politische und religiöse Themen betraf, stand unter den jungen Menschen nichts fest, „mit Ausnahme von allem, was von Karl Kraus verfügt worden war."[47]

Diese intellektuell anregenden Tage waren nicht von Dauer. Der Wendepunkt kommt in der „Fackel im Ohr" am 15. Juli 1927, als eine gut organisierte Menge von Arbeitern den Justizpalast in Brand setzte. „Die Polizei erhielt Schießbefehl, es gab neunzig Tote." Canettis Sympathie gilt den Arbeitern, trotzdem politisiert ihn dieses Ereignis nicht: „Es ist das Nächste zu einer Revolution, was ich am eigenen Leib erlebt habe."[48] Doch es vermittelt ihm zum ersten Mal ein echtes Gefühl dafür, was es bedeutet, Teil einer Masse zu sein – einer „Masse, die sich *ohne Führer* gebildet hatte."[49] Hier liegt der Keim für „Masse und Macht" (1960), Canettis Opus magnum, das von den Regentänzen der Pueblo-Indianer bis zu den Nazispektakeln der 1930er-Jahre reicht. Besonders interessiert ihn der erste Weltkrieg, als in seinen Augen das ganze deutsche Volk zu einer offenen Masse wurde:

„Aber jene ersten Augusttage des Jahres 1914 sind auch der Zeugungs-Moment des Nationalsozialismus. Eine unverdächtige Aussage darüber ist vorhanden, die Hitlers: Er berichtet, wie er nach dem Ausbruch des Krieges auf die Knie sank und Gott dankte. Es ist sein entscheidendes Erlebnis, der einzige Augenblick, in dem er selber redlich Masse war. …

Aber nie hätte Hitler sein Ziel erreicht, wenn der Versailler Vertrag die Armee der Deutschen nicht aufgelöst hätte. Das Verbot der allgemeinen Wehrpflicht brachte die Deutschen um ihre wesentlichste geschlossene Masse. … Das Verbot der allgemeinen Wehrpflicht ist die Geburt des Nationalsozialismus. Jede geschlossene Masse, die gewaltsam aufgelöst wird, setzt sich um in eine offene, der sie alle ihre Kennzeichen mitteilt. Die Partei springt ein für das Heer, und ihr sind innerhalb der Nation keine Grenzen gesetzt. Jeder Deutsche – Mann, Frau, Kind, Soldat oder Zivilist – kann Nationalsozialist werden …"[50]

Diese umstrittene Aussage ist natürlich rückblickend: Zu jener Zeit, so erinnert sich Canetti in der „Fackel im Ohr", konnte er die Ereignisse in Deutschland ignorieren und genoss seine wachsende Bedeutung in den Wiener Literatur- und Künstlerkreisen.

Im „Augenspiel" kommt er nur kurz auf Hitlers Machtergreifung 1933 zu sprechen: „Von diesem Augenblick an schien jedes Ereignis, das diesem ersten folgte, unheimlich und von dunkler Bedeutung."[51] Den größten Teil des Bandes nehmen Erörterungen seiner eigenen Schreibtätigkeit ein (vor allem sein Stück „Hochzeit") sowie seine Beziehungen zu Musil, Broch, Anna Mahler, Alban Berg, die Liebesgeschichte mit seiner zukünftigen Frau Veza usw. Der Aufstieg des Antisemitismus ist kaum ein Thema. Am Ende dieses dritten Bandes von Canettis Memoiren liegen Anschluss und Zweiter Weltkrieg noch in der Zukunft.

Wie Claudio Magris angemerkt hat, perfektioniert der Canetti der Memoiren – wie Kien, der Antiheld seines großen Romans „Die Blendung" – „seine eigene Blindheit, damit er nicht die Myriaden Aggressionen der Dinge wahrnehmen muss".[52] Mit anderen Worten: Wir haben eine Autobiografie vor uns, die alles in ihrer Macht Stehende unternimmt, um zu vermeiden, eine Autobiografie zu sein.

Canetti war immer stolz darauf zu wissen, wie man zuhört, den Worten anderer, ihrer Mimik und ihren Redemustern folgt: „Dass man mit den Worten anderer alles machen kann, erfuhr ich von Karl Kraus." „Diese Art des Hörens war nicht möglich *ohne Verzicht auf eigene Regungen*. ... Wichtig daran war die unverfälschte, reine Gestalt, daß sich keine dieser akustischen Masken (wie ich sie später nannte) mit der anderen vermischte."[53] Nicht, dass er keine Gefühle hätte (Canettis eigene waren besonders kompliziert, angesichts der ödipalen Beziehung zu seiner Mutter und stürmischer Liebesaffären mit einer Reihe von Frauen), aber am Ende sind sie, so sah es Canetti, viel weniger wichtig als die Worte, die das Wesen der Gefühle nie ganz einfangen können – Worte, die ihre eigene Welt erschaffen.

Wortattacken
In einer Rede 1969 in der Bayerischen Akademie der Schönen Künste beginnt Canetti mit einem Haftungsausschluss: „Ich bin nur ein Gast in der deutschen Sprache, die ich erst mit acht Jahren erlernt habe, und daß Sie mich heute darin willkommen heißen, bedeutet für mich mehr, als wenn ich

in ihrem Bereich geboren wäre. Ich kann es nicht einmal als Verdienst in Anspruch nehmen, daß ich an ihr festgehalten habe, als ich vor über dreißig Jahren nach England kam und dort zu bleiben beschloß. Denn daß ich in England weiter Deutsch geschrieben habe, war so selbstverständlich wie Atmen und Gehen. Ich hätte nicht anders können, eine andere Möglichkeit wurde nie auch nur erwogen."[54]

Doch die Beziehung des Autors zu dieser Sprache – in diesem Fall Deutsch – wird wesentlich selbstbewusster. „Man verglich mehr, besonders an den alltäglichen Wendungen, wo die Unterschiede auffallend und greifbar waren." Auf diese Weise wird die Hauptsprache „privater und intimer ... Unter all diesen Menschen, die ihre alltäglichen Dinge englisch sagen, hat man eine geheime Sprache für sich, die keinem äußeren Zwecke mehr dient, der man sich beinah allein bedient, an der man mit steigender Hartnäckigkeit hängt, wie Menschen einem Glauben anhängen mögen, der in ihrer weiteren Umgebung von allen verpönt ist." Es sind, darauf besteht Canetti, „die Worte selber ..., die einen nicht loslassen, die einzelnen Worte an sich, jenseits aller größeren geistigen Zusammenhänge. Die eigentümliche Kraft und Energie von Worten spürt man dort am stärksten, wo man oft gezwungen ist, andere an ihre Stelle zu setzen." In den frühen Jahren seines Exils in England während des Zweiten Weltkriegs, erinnert sich Canetti, füllte er „Seiten um Seiten mit deutschen Worten ... Es waren isolierte Worte, sie ergaben keinen Sinn. ... Sehr häufig waren es Substantive, doch nicht ausschließlich, auch Verben und Adjektive fanden sich ein."[55]

Umso merkwürdiger ist, dass Canettis syntaktische Strukturen und Sprachbilder so leicht übersetzbar sind. Tatsächlich war Canetti kein Poet, er war nicht einmal ein besonderer Stilist – außer vielleicht in der „Blendung". Was bedeuten also die Wortattacken, die Canetti in seiner Rede in der Akademie beschreibt? Die Antwort ist vielleicht, dass Canettis Sprache eine Sprache des immer schon Übersetzten ist. Er war vertraut mit so vielen verschiedenen Sprachen und in keiner ganz zu Hause, nicht einmal in seiner „Muttersprache", dass er intuitiv nach Worten und syntaktischen Konstruktionen suchte, die auch in den anderen Sprachen „funktionieren" würden. Lebenslang sowohl mental wie physisch im Exil, war dies sein Schicksal – ein Exil, das, wenn auch unbewusst, die Möglichkeit echter Intimität mit Gleichgesinnten untergrub, ob Österreicher, Deutsche, Engländer, Franzosen, Bulgaren, Rumänen oder Juden. Canetti schrieb gewissermaßen immer in Übersetzung. Von der Herkunft aus der Provinzstadt an der unteren Donau bis zum Leben in europäischen Hauptstädten verwischt sein staunenswert energischer und gelehrter Kosmopolitismus seine Spuren.

Doch da ist auch eine seltsame Abwesenheit. Trotz der eindrucksvollen Ereignisse, die geschildert werden, der dramatischen Geschehnisse, von denen er erzählt, der sorgfältig zitierten Dialoge mit anderen lernen wir den Autor nie wirklich kennen. Die Marotten der anderen werden genau registriert, aber nie seine eigenen. Es ist, als ob die Fähigkeit, sich in so viele Sprachen ein- und auszuklinken, verbunden mit dem Verlust aller Orte, die „Heimat" genannt werden könnten (Canetti verbrachte seine allerletzten Jahre in seiner letzten „internationalen" Zuflucht, der Schweiz), zu einem Verlust der Identität geführt hätte, die keine noch so kluge Charakterskizze oder Ortsbeschreibung zurückbringen konnte.

„Die gerettete Zunge" wird daher zum Symbol weniger eines bestimmten Individuums als eines kulturellen Zustands. Ein solcher „Identitätsdiebstahl", das sollte festgehalten werden, ist die genaue Antithese zu Rimbauds „Je est un autre" [„Ich ist ein anderer"]. Während Rimbaud (und vor ihm Baudelaire) den Anderen („le Voyant") so stark wie möglich kultivierte, um das normale, alltägliche Selbst zu überschreiten, das in den Worten von W. B. Yeats „so direkt spricht wie zu jemandem am Frühstückstisch", wollte Canetti ganz einfach aufzeichnen, *wie es gewesen war.*[56]

Aber wie war es wirklich? Weder das Visionäre noch das Realistische sind Canettis Art. Er ist ein Hohepriester der Ironie, der Stück für Stück eine Welt zeichnet, in der der glühende Humanismus, zu der sich der Chronist bekennt – seine Leidenschaft für Kunst, für das intellektuelle Leben und für große Persönlichkeiten – keinen Sinn mehr ergibt. Am Ende des „Augenspiels", bekennt dieser so „kosmopolitische" und weltliche Sprachexperte: „…von unverstandenen Worten fühlt man sich *bedroht* …"[57]

5. Der letzte habsburgische Dichter
Paul Celans Liebesdichtung und die Grenzen der Sprache

„Wie haben Sie Heimat übersetzt?
Heimat ist ein unübersetzbares Wort.
Gibt es die Vorstellung überhaupt?
Sie ist Menschenwerk: eine Illusion."[1]
Jean Daive im Gespräch mit Paul Celan

Die Veröffentlichung des Briefwechsels zwischen Ingeborg Bachmann und Paul Celan wurde von der literarischen Öffentlichkeit als Großereignis gefeiert – eine Geschichte mit der Aura eines Hollywoodfilms.[2] Im Nachkriegswien verliebt sich ein hübscher jüdischer Überlebender des Holocaust aus Czernowitz an der weit entfernten Ostgrenze des österreichisch-ungarischen Reiches (nach dem Ersten Weltkrieg offiziell Rumänien) in ein schönes, blondes, österreichisches, katholisches Mädchen, Tochter eines SS-Offiziers aus einem Kärntner Dorf im sogenannten Dreiländereck zwischen Italien, Slowenien und Österreich.

Celan ist damals 28 Jahre alt und bereits ein vielversprechender Dichter. Bachmann ist 23 und stellt an der Wiener Universität ihre Dissertation über Heidegger fertig. Auch sie hat begonnen, sich als Dichterin einen Namen zu machen. Beide haben eine klassische deutsche Erziehung nach dem Wiener Modell, wie dies in den Zwischenkriegsjahren sowohl in Czernowitz wie in Klagenfurt üblich war. Für beide war in der Jugend Wien die Stadt der Träume gewesen, das magische Ziel. „Das Erreichbare, fern genug, das zu Erreichende hieß Wien …", erinnert sich Celan in seiner Dankesrede für den Bremer Literaturpreis 1958.[3] Ähnlich schreibt Bachmann:

„Als der Krieg zu Ende war, ging ich fort und kam voll Ungeduld und
Erwartung nach Wien, das unerreichbar in meiner Vorstellung gewesen
war. Es wurde wieder eine Heimat an der Grenze: zwischen Ost und West,
zwischen einer großen Vergangenheit und einer dunklen Zukunft. Und
wenn ich später auch nach Paris und London, nach Deutschland und Italien
gekommen bin, so besagt das wenig, denn in meiner Erinnerung wird der Weg
aus dem Tal nach Wien immer der längste bleiben."[4]

Doch einmal in der Hauptstadt, waren beide Dichterinnen tief enttäuscht: das Wien von 1948, die geteilte und besetzte Stadt, die Orson Welles im „Dritten Mann" berühmt gemacht hat, ist wohl kaum *kaiserlich und königlich*. Arm, deprimierend und demoralisiert, findet man noch zu viele Erinnerungen an die Nazi-Vergangenheit. Schon nach acht Monaten zieht Celan nach Paris, dort wird er eine französische Aristokratin heiraten, Gisèle de Lestrange, Vater eines Sohnes werden, Eric, und sich für sein restliches Leben niederlassen. Im Jahr von Celans Hochzeit 1953 verlässt Bachmann Wien und lebt rastlos in der Schweiz, in Deutschland und in Italien. Beide Dichterinnen haben bald Erfolg, ihre Werke finden große Verbreitung und gewinnen die höchsten literarischen Auszeichnungen. Beide erleiden Nervenzusammenbrüche, unternehmen Selbstmordversuche und verbringen in den 1960ern ausgedehnte Aufenthalte in psychiatrischen Krankenhäusern. Erst 50 Jahre alt, ertränkt sich Celan in der Seine; 1973 verbrennt die 46-jährige Bachmann in ihrem Hotel in Rom – das Feuer entstand durch eine Zigarette, möglicherweise auch ein Selbstmord.

Das Ende also ist nicht Hollywood. Die Liebesbeziehung zwischen den beiden Dichterinnen war von Anfang an ebenso leidenschaftlich wie traumatisch. Nach anfänglicher Seligkeit in Wien beginnen Missverständnisse und gegenseitige Schuldzuweisungen, sodass jeder Brief neue psychologische Straßensperren errichtet. Doch im Oktober 1957 treffen sich die beiden bei einer Konferenz über Literaturkritik in Wuppertal und die Affäre beginnt erneut, diesmal besonders leidenschaftlich von Celans Seite: Er widmet Bachmann den Großteil der Gedichte von „Sprachgitter" (1959). Anfangs sehr verliebt, hat sie bald Bedenken, vermutlich wegen Celans Frau und Kind, und im Mai 1958 ist die Beziehung beendet. Im November zieht Bachmann zum Schweizer Schriftsteller Max Frisch. Die Liebe weicht jetzt einer unruhigen Freundschaft, die sich um die schmerzlichen Plagiatsvorwürfe der Witwe des französischen Dichters Ivan Goll gegen Celan dreht.

Doch es gibt noch eine weitere Komplikation, von der Celan-Forscher bis vor Kurzem noch gar nichts wussten, als überraschend neue Erinnerungen in Deutschland erschienen. Zwischen 1952 und 1962, der Dekade seines leidenschaftlichen Briefwechsels mit Bachmann, hatte der scheinbar glücklich verheiratete Celan eine geheime und ernsthafte Beziehung zu einer anderen jungen österreichischen Frau – Brigitta Eisenreich. In ihrem Buch „Celans Kreidestern" beschreibt Eisenreich, eine anerkannte Anthropologin in Paris, ihre Kindheit in Linz, die Nazigegnerschaft ihrer monarchistischen Familie, ihre Abscheu gegenüber der Hitlerzeit und ihre Entscheidung nach dem Krieg, aus einem wenig vielversprechenden Österreich nach Frankreich zu emigrieren. Als sie Celan durch ihren Romane schreibenden Bruder begegnete, war sie eine 24-jährige Studentin der Sorbonne, die sich als Au-pair durchbrachte.

Ein Jahrzehnt lang trafen sie sich mehrmals pro Woche: Er erschien unter ihrem Fenster im siebenten Stock, pfiff das Hauptthema von Schuberts unvollendeter Symphonie und sie ließ ihn ein. Nach einem Jahr wurde sie schwanger, und Celan bezahlte dafür, dass sie nach Berlin reiste und abtreiben ließ. Als sie nach einer Woche ängstlich und deprimiert zurückkehrte, wartete am Bahnhof niemand auf sie. Doch ähnlich wie Bachmann war sie bald wieder bezaubert. Einmal mehr spielte Lyrik eine große Rolle in der Beziehung, Celan zeigte Eisenreich oft dieselben Gedichte, die er an Ingeborg schickte oder seiner Frau widmete. „… er war ein Dichter, aber auch, das steht außer Zweifel, zu jeder Zeit ein Verführer, mit einem feststehenden Repertorium an Zauberkünsten."

Celan, Bachmann, Eisenreich: Alle drei waren zweifellos seelisch beschädigt, jeder auf seine Weise Opfer der Kriegsereignisse, die ihre Leben für immer veränderten. Ein kurzer Abriss von Celans schmerzvoller Geschichte erinnert an das berühmte Adorno-Zitat: „Nach Auschwitz ein Gedicht zu schreiben, ist barbarisch" aus seinem Aufsatz „Kulturkritik und Gesellschaft", ein Zitat, das Celan kannte und scharf kritisierte. Fairerweise muss gesagt werden, dass Adorno seinen Ausspruch später in seiner „Negativen Dialektik" relativierte.

Nicht das Schreiben von Gedichten war für Celan oder Bachmann unmöglich – im Gegenteil, beide waren bemerkenswert produktive und bewunderte, preisgekrönte Autoren –, sondern das Leben selbst. Denn die Umstände ihres Exils – und das betrifft auch Brigitta Eisenreich – waren begleitet von einer merkwürdigen Staatenlosigkeit, die lange vor dem Zweiten Weltkrieg aus dem Untergang der österreichisch-ungarischen Monarchie entstanden war. Dieses Reich verschwand 1918 plötzlich und mit ihm die polyglotte, multiethnische Identität. Wie Bachmann es in einem Interview 1955 formulierte:

„… die politische und kulturelle Eigenart Österreichs – an das man übrigens nicht in geographischen Kategorien denken sollte, weil seine Grenzen nicht die geographischen sind – scheint mir viel zu wenig beachtet zu werden.

Dichter wie Grillparzer und Hofmannsthal, Rilke und Robert Musil hätten nie Deutsche sein können. Die Österreicher haben an so vielen Kulturen partizipiert und ein anderes Weltgefühl entwickelt als die Deutschen."[6]

Wittgenstein, dessen erste deutsche Ausgabe seiner „Philosophischen Untersuchungen" 1960 weitgehend auf Initiative von Bachmann erschien, liefert hier ein klares Argument. Seine berühmte Formulierung „Die Grenzen meiner Sprache bedeuten die Grenzen meiner Welt" aus dem Tractatus (5.6) kam von einem Philosophen im Exil aus seiner eigenen Sprache, der in seiner angenommenen Sprache nie ganz zu Hause und sich daher jeder syntaktischen Nuance und jedes missverständlichen Wortes bewusst war. Der Gegensatz zum deutschen Heidegger, der die Sprache als Ort betrachtete, in dem das Denken zum *Sein* kommt, ist vielsagend.

„Die Grenzen meiner Sprache bedeuten die Grenzen meiner Welt." Wenn das der Fall ist, was geschieht dann, wenn eine besondere linguistische Formation mit ihren Dialekten, Idiomen, Redensarten und Bezugssystemen verloren geht? Sowohl im Falle von Celan als auch von Bachmann ist diese Frage weitgehend übergangen worden. Die kritischen Untersuchungen richten sich seit Jahrzehnten auf Celans Zurückweisung der deutschen Sprache selbst, die im Bewusstsein des Dichters unauslöschlich mit der Sprache der Täter des Holocaust verbunden war. In einer oft zitierten Passage Celans lesen wir:

„Düsterstes im Gedächtnis, Fragwürdigstes um sich her, kann [die deutsche Lyrik] bei aller Vergegenwärtigung der Tradition, in der sie steht, nicht mehr die Sprache sprechen, die manches geneigte Ohr immer noch von ihr zu erwarten scheint. Ihre Sprache ist nüchterner, faktischer geworden, sie misstraut dem ‚Schönen', sie versucht, wahr zu sein. Es ist also, wenn ich, das Polychrome des scheinbar Aktuellen im Auge behaltend, im Bereich des Visuellen nach einem Wort suchen darf, eine ‚grauere' Sprache, eine Sprache, die unter anderem auch ihre ‚Musikalität' an einem Ort angesiedelt wissen will, wo sie nichts mehr mit jenem ‚Wohlklang' gemein hat, der noch mit und neben dem Furchtbarsten mehr oder minder unbekümmert einhertönte."[7]

Mit dieser Einstellung zum Deutschen hätte Celan dem Beispiel vieler Schriftsteller folgen können – dabei fällt einem sofort sein Zeitgenosse Beckett ein –, die emigriert sind und sich für die Sprache ihrer neuen Hei-

matländer entschieden haben. Wie Beckett sprach auch Celan im Pariser
Alltag französisch. Doch obwohl er brillante Übersetzungen aus dem Französischen anfertigte (eigentümlicherweise haben sowohl er wie auch Beckett
Rimbauds „Bateau ivre" übersetzt), aus dem Russischen und Englischen,
bestand er darauf, dass für die eigene Dichtung nur die Muttersprache geeignet sei. „Nur in der Muttersprache", sagte er seiner ersten Liebe Ruth Lackner in den frühen 1940er-Jahren, „kann man die eigene Wahrheit aussagen,
in der Fremdsprache lügt der Dichter."[8]

„An Zweisprachigkeit in der Dichtung glaube ich nicht. Doppelzüngigkeit
– ja, das gibt es, auch in diversen zeitgenössischen Wortkünsten bzw.
-kunststücken, zumal in solchen, die sich, in freudiger Übereinstimmung
mit dem jeweiligen Kulturkonsum, genauso polyglott wie polychrom zu
etablieren wissen.
Dichtung – das ist das schicksalhaft Einmalige der Sprache. Also nicht –
erlauben Sie mir diese Binsenwahrheit: Dichtung sieht sich ja heutzutage, wie
die Wahrheit, nur allzuoft in die Binsen gehen – also nicht das Zweimalige."[9]

Um derartige „Zweimaligkeit" zu vermeiden, muss der Dichter die Sprache selbst rekonstruieren. In einer oft zitierten Passage seiner Dankesrede in
Bremen 1958 erklärt Celan:

„Erreichbar, nah und unverloren blieb inmitten der Verluste dies eine: die
Sprache.
Sie, die Sprache, blieb unverloren, ja, trotz allem. Aber sie mußte nun
hindurchgehen durch ihre eigenen Antwortlosigkeiten, hindurchgehen durch
furchtbares Verstummen, hindurchgehen durch die tausend Finsternisse
todbringender Rede. Sie ging hindurch und gab keine Worte her für das, was
geschah; aber sie ging durch dieses Geschehen. Ging hindurch und durfte
wieder zutage treten, ‚angereichert' von all dem."[10]

Celan folgend, haben die Kritiker Celans Sprache als eine Sprache betrachtet,
die im Widerspruch mit sich selbst zu stehen scheint.Celan, schreibt Anne
Carson, sei ein Dichter, der *die Sprache gebraucht, als würde er immer übersetzen.*[11] Pierre Joris, der führende Übersetzer Celans, ein Dichter, der über
viele Jahre mit den eigenartigen Neologismen und vertrackten Zusammensetzungen Celans gerungen hat, ist überzeugt, dass das Deutsch Celans ein
erfundenes sei:

„Celans Sprache ist an der Oberfläche deutsch und dennoch eine Fremdsprache,
auch für jene, die Deutsch als Muttersprache sprechen. Obwohl Deutsch seine
Muttersprache und die Kultursprache seiner Heimat Bukowina war, war sie
in einem wesentlichen Sinn auch seine andere Sprache. Celans Deutsch ist eine
unheimliche, fast gespenstische Sprache; sie ist Muttersprache und als solche fest
im Reich der Toten verankert, und eine Sprache, die der Dichter erfinden, neu
schaffen, neu einführen, zum Leben erwecken muss."[12]

Adorno, der Celan in seiner „Ästhetischen Theorie" (2002) als den „bedeutendsten Repräsentanten hermetischer Dichtung der zeitgenössischen deutschen Lyrik" preist, schreibt in Bezug auf seine späte Dichtung: „Celans Gedichte wollen das äußerste Entsetzen durch Verschweigen sagen. Ihr Wahrheitsgehalt selbst wird ein Negatives. Sie ahmen eine Sprache unterhalb der hilflosen der Menschen, ja aller organischen nach, die des Toten von Stein und Stern."[13]

Eine Sprache jenseits aller organischen Sprache, eine Sprache, die uns aufgebaut aus „beschnittenen" Worten begegnet, wie es Derrida in seinem berühmten Essay „Schibboleth: Für Paul Celan" ausgedrückt hat.[14] Das Nonplusultra für Celans „Erfindung" des Deutschen findet sich in einer Lobrede des jungen russischen emigrierten Dichters Ilya Kaminsky im „Poetry"-Magazin, der selbst beschlossen hat, seine Lyrik auf Englisch zu schreiben. In seinem „Of Strangeness That Wakes Us" behauptet Kaminsky, Celan habe sich „mit der Unzulänglichkeit der deutschen Sprache begnügen müssen, um die Erfahrung eines jüdischen Dichters nach dem Holocaust auszudrücken. Seine Lyrik ist eine private", seine Beziehung zur deutschen Sprache „beinahe kryptogrammisch".[15]

Die Schwierigkeit mit solchen Formulierungen ist, dass sie davon ausgehen, die „Muttersprache" des Dichters sei natürlich das Deutsche. Hier zum Beispiel Philippe Lacoue-Labarthe:

„Celan fand sich nicht nur an den äußersten Rändern Mitteleuropas; er war
von deutscher Geburt, mit dieser Sprache geboren. Auf eine wahre und
verständlicherweise vergessene Art war seine Nationalität deutsch. Das
schloss in keiner Weise aus, dass er eine völlig andere Herkunft hatte, oder,
um genauer zu sein, eine völlig anderes kulturelles Erbe. Seine Sprache blieb
deshalb immer die des Anderen, eine Sprache des Anderen ohne eine zuvor
oder nebenher erworbene ‚andere Sprache', mit der sie sich messen konnte."[16]

Tatsache ist aber, dass Celan *kein* Deutscher war. Er kam aus einer Stadt an der östlichen Grenze des Habsburgerreiches, die über 1.000 Kilometer von Berlin und 1.500 Kilometer von Frankfurt entfernt liegt. Seine osteuropäischen Vorfahren haben ihren deutschen Idiolekt sicher nicht in Deutschland erworben. In den multiethnischen Provinzen von Celans – wie im Übrigen auch Bachmanns – Jugend war „Deutsch" in ein Netz anderer Sprachen eingebunden: Rumänisch, Russisch, Polnisch, Slowenisch, Kroatisch, Jüdisch, Italienisch.

Niemand konnte nur eine Sprache. Kafka und Musil wuchsen im heutigen Tschechien auf, Canetti in Bulgarien. Bachmann sprach Slowenisch, Italienisch und Französisch. In „Malina" bemerkt die Heldin, Malina komme nicht aus Belgrad, „sondern nur von der jugoslawischen Grenze, wie ich selber, und manchmal sagen wir noch etwas auf slowenisch oder windisch zueinander, wie in den ersten Tagen: Jaz in ti. In ti in jaz."[17] Und Ivan, der Liebhaber der Erzählerin, ist in Pécs in Ungarn geboren und spricht von seinen Kindern als „gyerekek".[18]

Was Celan betrifft, so konnte er bei Eintritt ins Gymnasium Deutsch, Rumänisch, Französisch, Hebräisch und etwas Russisch. Deutsch war vielleicht die „Muttersprache", aber es war österreichisches Deutsch, mit seinem eigenen, viel weicheren Ton, seinen Dialekt-Variationen, Idiomen, Neologismen und Zusammensetzungen. Und es sind exotische Zusammensetzungen, die Celan als Titel benutzt. Das beginnt schon 1959 mit dem Band „Sprachgitter" – „Die Niemandsrose", „Atemwende", „Fadensonnen", „Lichtzwang" sind viel wahrscheinlicher in einer Sprache, die bei der Aufnahme „reinerer" Formen einer dominierenden Sprache unvermeidlich zu Verbindungen greift. Für ein österreichisches Ohr wie meines klingen Celans Neologismen und Phrasierungen jedenfalls nicht nach Übersetzungen oder Kryptogrammen und sehen auch nicht so aus, etwa diese Zeilen aus „Atemwende":

„*WEGGEBEIZT vom*
Strahlenwind deiner Sprache"[19]

Eine erfundene Sprache? Ja, aber trotzdem und jedenfalls deutsch. Brigitta Eisenreich erinnert sich, dass Celan sie regelmäßig darum bat, Gedichte zu rezitieren, weil ihr Akzent ihn an seine Mutter Fritzi erinnerte, die „Prager Deutsch" sprach, die eigentliche *„lingua austriaca*, wie sie auch mir geläufig war ... Auch wußte ich", fügt Eisenreich hinzu, „wie sehr ihn die Reisen nach Deutschland belasteten, obwohl ihm, wie er selbst eingestand, das alltägliche Sprachbad im gesprochenen Wort fehlte. Zu mir kam er wohl auch, und vielleicht sogar in erster Linie, um für dieses Fehlende einen Ersatz zu finden."[20]

Ersatz für eine fehlende Sprache: In ähnlicher Weise bat Celan oft Ingeborg Bachmann um Hilfe als verwandte Seele, die ihm zeigen sollte, wie er sich im deutschen „Dschungel", wie er es nannte, zurechtfinden konnte – einer Umgebung, in der ein Kollege der Gruppe 47 bei Celans erstem Nachkriegsbesuch in Deutschland 1952 boshaft bemerkte, dieser Poet aus den österreichischen Provinzen rezitiere seine Gedichte „in einem Singsang direkt aus der Synagoge".[21]

Wie bei Brigitta wandte sich Celan an Ingeborg in einem Gefühl der Vertrautheit, die er weder in seinem Pariser Familienleben noch in Deutschland finden konnte, wo er Vorlesungen hielt, publizierte und rezitierte. Sogar Celan selbst witzelte, er sei ein „posthum geborener Kakanier".[22] Ein Kakanier, dessen richtiger Name Paul Antschel war.

Aus Czernowitz heraus
Im Nachwort zur Edition ihrer Korrespondenz mit Paul Celan beschreibt Ilana Shmueli, eine Freundin aus Kindertagen, deren Familie gleich nach dem Krieg nach Israel ausgewandert war, die Stadt ihrer Jugend:

*„Das alte Czernowitz, mit dem oft als ‚Klein-Wien' geprahlt wurde, ‚das kleine Bollwerk westlicher Kultur' (Karl Emil Franzos) an der galizischen Grenze, dessen Bevölkerung mehr als zur Hälfte jüdisch war. Fromme und emanzipierte, reiche und arme Juden, die von überall herkamen und nach überallhin Ausschau hielten; Rumänen, Rutenen, Schwaben, Polen, Huzulen und Zigeuner. Czernowitz mit seinen bunten Kirchen, dem großen Tempel, der prunkvollen bischöflichen Residenz, mit dem chassidischen Hof des Rabbis von Sadagora im Vorort. Die ehemalige kaiserlich-königliche Provinzmetropole am Rande der Buchenwälder, mit ihren Gärten und Brunnen – mit der ansehnlichen Innenstadt, dem Ringplatz und der Herrengasse, den eleganten Fassaden und dem Villenviertel. Weiter unten die krummen jüdischen Gassen, die dunklen Höfe und die kleinen Betstuben, die Stiblach.
Rege und lebhaft war diese Stadt mit ihrer gut etablierten Bourgeoisie, mit ihren Kommunisten, Bundisten und Zionisten, mit den Studenten, den*

Dichtern, den Gelehrten und Pseudogelehrten, mit der Liebe zu Büchern, mit dem Blick nach Westen und dem Fernweh.
Die Regierung setzte all ihre Autorität ein, um die Stadt zu rumänisieren – vergeblich. Der Großteil des jüdischen Bürgertums pflegte und hütete getreulich sein österreichisch-deutsches ‚Kulturgut'. In jeder ‚besseren Familie' fand man die deutschen Klassiker und Romantiker."[23]

Österreichisch-deutsche kulturelle Werte: Dieser Aspekt muss bei Paul Celan besonders betont werden, denn er wird vor allem als der vielleicht größte Holocaust-Dichter (besonders wegen seiner „Todesfuge") und oft als Rumäne oder vage als „Osteuropäer" gesehen. Doch zur Zeit seiner Geburt war Czernowitz nur nominell rumänisch und wohl kaum ein Stetl. Nachdem Kaiser Franz Josef 1867 den Juden die Freiheit gewährt hatte, wurde Deutsch zur Muttersprache der gebildeten Bevölkerung und die Juden stiegen rasch in wichtige Positionen auf: Im folgenden selbsterklärten goldenen Zeitalter stellten Juden ein Drittel der Studenten an der Franz-Josefs-Universität, die 1875 gegründet worden war.

Zu Kriegsbeginn 1914 gab es drei unabhängige deutschsprachige Tageszeitungen, mehrere von jüdischen Journalisten herausgegebene Zeitschriften und einen aktiven Kreis jüdischer Intellektueller und Schriftsteller. Juden waren bedeutende Landbesitzer, Holzhändler, Fabrikanten und Bankiers; ihr Anteil unter Ärzten und Rechtsanwälten war hoch. Auch nach dem Krieg, als die Bukowina zu Rumänien kam, blieb Czernowitz im Wesentlichen eine deutsch sprechende jüdische Stadt, mit guten Beziehungen zwischen Juden und Christen. „Man konnte das mit österreichischer Lässigkeit und slawischer Breite gesprochene, von jiddischen Redewendungen durchflochtene Bukowiner Deutsch überall in der Stadt hören."[24] In den Worten Shmuelis: „Das Czernowitzer Deutsch aber war wegen seiner verdrehten Sprachstrukturen, wegen seines ausgefallenen Wortschatzes und seiner Redewendungen verrufen."[25]

Pauls Vater Leo Antschel war Holzmakler und keineswegs reich, aber er und seine Frau Fritzi (Schrager) konnten ihr einziges Kind in den exklusivsten und teuersten Kindergarten der Stadt schicken, wo Deutsch Unterrichtssprache war. „Sie scheuten kein Opfer, um das teure Schulgeld für den Sohn aufzubringen. Paul sollte in die besten Kreise der Stadt gelangen, die deutsche Muttersprache möglichst rein bewahren, einen intellektuellen

Beruf ergreifen und in Ehre und Wohlstand leben. An die jüdische Erziehung dachten sie auch, vor allem der Vater, aber nach Meinung der Mutter hatte das noch Zeit. Ihr war die deutsche Sprache wichtiger, und sie achtete ihr Leben lang darauf, daß im Haus ein korrektes Schriftdeutsch gesprochen wurde – die Bukowiner Umgangssprache duldete sie nicht."²⁶ Fritzis Sprache war die „lingua austriaca", die Brigitta Eisenreich in ihren Erinnerungen erwähnt.

Der frühreife Paul las bald Goethes Faust, und später, nach einer Zeit in einem konservativen und zunehmend antisemitischen Gymnasium, ging er in das sehr liberale, Habsburg-orientierte Liceul [Lycée] Marele Voievod Mihai und las Goethe, Kleist, Hölderlin, Rilke und Kafka, dazu die französischen Dichter Rimbaud und Verlaine, die immer zu seinen Lieblingen gehörten. Nach seiner Bar-Mitzwa wollte er offenbar nichts mehr mit dem institutionalisierten Judentum zu tun haben, das er mit seinem schwierigen Vater verband, einem frühen Sympathisanten des Zionismus. Er ging den entgegengesetzten Weg: Zu seinem zwölften Geburtstag schenkten ihm seine Wiener Verwandten eine Tiroler Lodenjacke, die er liebte. „Die Tiroler Tracht mit den grünen Aufschlägen – eine Seltenheit in der Bukowina – wurde bis in die oberen Gymnasialklassen das individuelle Kennzeichen Pauls", berichtet Chalfen. „Für seinen Mädchenkreis, der sich wenige Jahre später bilden sollte, war die ungewöhnliche Kleidung von ganz besonderem Reiz. Der Trachtenanzug verband Paul mit Wien, der Stadt seiner Sehnsucht."²⁷

Der Anschluss Österreichs im März 1938 beendete diese Fantasie abrupt. Doch in der fernen Bukowina war die Bedeutung der Nazi-Übernahme noch nicht klar. Im Herbst brach der 18-jährige Paul nach Frankreich auf: Er hatte sich zum Medizinstudium in Tours eingeschrieben und konnte so einige Zeit in Paris verbringen, bevor er im Sommer 1939 zurückkehrte. Am 1. September brach der Krieg aus, aber wegen des Hitler-Stalin-Pakts stand Rumänien unter einer recht lockeren russischen Besatzung. Da er offensichtlich nicht nach Frankreich zurückkonnte, wechselte er von Medizin zum Studium romanischer Sprachen an der Universität von Czernowitz, begann seine erste ernsthafte Liebesaffäre (mit Ruth Lackner) und traf sich regelmäßig mit seiner literarischen Clique, um Gedichte zu lesen, zu übersetzen und zu schreiben.

Für ihn waren es ironischerweise produktive und aufregende Jahre. Doch mit dem Bruch des Hitler-Stalin-Pakts im Juni 1941 brach Pauls ganze Welt zusammen. Deutsche Truppen marschierten sofort ein, das erste Getto wurde in Cernowitz errichtet, und bald begannen die Deportationen von Juden in nahe gelegene Lager. An einem schicksalhaften Samstag im Juni 1942 stritt er mit seiner Mutter, die sich offenbar weigerte, sich Ruth und ihm in ihrem Versteck in einer Fabrik anzuschließen. Tags darauf kehrte er zur Wohnung seiner Familie zurück und fand diese vernagelt, seine Eltern waren verhaftet und deportiert worden. Er würde sie nie wiedersehen.

Die Verbindung kindlicher Schuldgefühle, Angst um das eigene Leben und Erschöpfung von der schweren körperlichen Arbeit in den Zwangslagern war erdrückend. Als 1944 die zweite sowjetische Besatzung begann – diesmal genauso brutal wie die der Nazis –, musste der Dichter eine weitere Phase von Zwangsarbeit und täglicher Demütigung durchmachen. Erst zu Kriegsende konnte er Czernowitz endlich verlassen und ging nach Bukarest. Nach zwei weiteren Jahren überquerte er die rumänisch-ungarische Grenze und erreicht unter Schwierigkeiten Wien, das in Ruinen lag. Paul Antschel war 28 Jahre alt.

Wie konnte jemand, der zuvor von seiner liebenden Mutter verhätschelt und verwöhnt und von seiner Umgebung als charmanter und begabter junger Mann bewundert worden war, ein solches Schicksal überleben? In Pauls Fall war die Reaktion verzögert. An seinen engsten Freund in Bukarest schreibt er bedauernd über ihre allzu kurze gemeinsame Zeit, *„cette belle saison des calembours"*, und nimmt Bezug auf das surrealistische Spiel „Cadavre Exquis".[28]

Das war nicht bloß Freundlichkeit. In seinen ersten Monaten in Bukarest hatte Paul seine neue Freiheit genossen, örtliche Dichter und Künstler getroffen und sich in der damals aktiven surrealistischen Gesellschaft engagiert. Gedichte auf Rumänisch zu schreiben, hatte sein Deutsch erheblich destabilisiert, wie seine Übersetzer anmerken. Zwar hatte er natürlich seit seiner Kindheit Rumänisch gesprochen, aber in dieser, wie man ihn gelehrt hatte, minderwertigen Sprache zu schreiben, war ihm nie in den Sinn gekommen. Doch in der ersten Phase seines Exils hatte das Schreiben auf Rumänisch ein neues Feld eröffnet.

Celans Bukarester Gedichte – meist in freien Versen, aber auch acht Prosagedichte – sind Übungen in Surrealismus, der damals die vorherrschende Mode aus Frankreich war. Halluzinatorisch, fragmentarisch, voller Arroganz und Katachrese, unterschieden sie sich deutlich von den nur wenige

Jahre zuvor auf Deutsch verfassten Gedichten. Hier zum Beispiel die dritte Strophe eines Liebesgedichts aus dem Jahr 1944, „Der Pfeil der Artemis", geschrieben in Czernowitz:

Wie soll, der über himmelblauen Kies
sich mit den Nymphen drehte, leicht
nicht denken, daß ein Pfeil der Artemis
im Wald noch irrt und ihn zuletzt erreicht?[29]

Man vergleiche diese in jambischen Pentametern gereimte Strophe mit ihren eher konventionellen Naturbildern und Bezügen zur griechischen Mythologie mit dem „Liebeslied", das etwa ein Jahr später auf Rumänisch entstand:

„*Wenn die Nächte für dich am Morgen beginnen,*
werden unsere phosphoreszierenden Augen von den Wänden herabsteigen,
klingende Walnüsse,
du wirst mit ihnen spielen und eine Welle wird durch das Fenster fließen,
unser einziger Schiffbruch, der durchsichtige Boden, durch den wir den
leeren Raum unter unserem Raum betrachten werden,
du wirst ihn mit deinen Walnüssen ausstatten und ich deinen Haarvorhang ans
Fenster hängen,
jemand wird kommen und es wird endlich vermietet,
wir werden wieder nach oben gehen, um zu ertrinken."[30]

In einer charakteristisch surrealistischen Umkehrung fallen die Liebenden nicht abwärts, sondern aufwärts: Der „Schiffbruch" ihrer sexuellen Vereinigung wird als plötzlicher Aufstieg beschrieben, ein Strahl der Leidenschaft, der sie nach oben wirft, „um zu ertrinken". Der leichtfüßige Ton, die spielerische Erotik und die extravaganten Metaphern (wie phosphoreszierende Augen als klingende Walnüsse) schlagen ganz neue Töne an im Werk des jungen Dichters – Töne, die sich in dieser entscheidenden Phase seines Lebens auch in der Verwandlung von Paul Antschel in Paul Celan widerspiegeln.

Und das geschah so: Paul war ohne einen Pfennig nach Bukarest gekommen und fand Arbeit als Russisch-Übersetzer für die nunmehr von Russland gestützte rumänische Regierung. Chalfen erzählt:

„*Paul wurde fest angestellt und anfänglich mit kleinen Übersetzungen*
unbedeutender Autoren beschäftigt. Bald aber erkannte man seine Fähigkeiten

und betraute ihn mit der Übersetzung der Prosaskizzen ‚Die Bauern' von Tschechow und des Schauspiels ‚Die russische Frage' von Konstantin Simonow. Dieses Stück sollte im rumänischen Nationaltheater aufgeführt werden, und die gelungene Übersetzung wurde später im Programmheft sogar ausdrücklich gewürdigt. Da aber in Rumänien immer noch der Antisemitismus wirksam war und der Nachname Pauls zu jüdisch klang, mußte er in beiden Fällen ein Pseudonym wählen. So nennt der Tschechow-Band als Übersetzer „Paul Aurel", in Simonows Schauspiel erscheint als Übersetzername „A. Pavel" – im letzteren Fall war aus Pauls Vornamen ein rumänischer Familienname, aus dem jüdischen Familiennamen eine Initiale geworden."[31]

Die Verwandlung war irreversibel. Als Paul Lermonows „Ein Held unserer Zeit" übersetzte, durfte er dies unter seinem Namen tun – doch in der rumänischen Schreibweise wurde aus Antschel Ancel. Und als 1947 vier seiner eigenen Gedichte für eine Anthologie englischer, französischer und deutscher Dichtung unter dem Titel „Agora, Nummer 1" angenommen wurden, unterschrieb er mit Paul Celan – einem Anagramm von Ancel.

Ein Jahr später schrieb Ingeborg Bachmann am 20. Mai 1948 an ihre Eltern: „… heute hat sich noch etwas ereignet. Der surrealistische Lyriker Paul Celan, den ich bei dem Maler Jené am vorletzten Abend mit Weigel noch kennenlernte, und der sehr faszinierend ist, hat sich herrlicherweise in mich verliebt, und das gibt mir bei meiner öden Arbeiterei doch etwas Würze. Leider muß er in einem Monat nach Paris. Mein Zimmer ist momentan ein Mohnfeld, da er mich mit dieser Blumensorte zu überschütten beliebt."[32]

Das klingt durchaus idyllisch: der neue, „sehr faszinierende" Liebhaber, der für die langweilige tägliche Arbeit entschädigt, das tägliche Geschenk schöner Blumen. An einer späteren Stelle spricht Ingeborg von dem „festlichen Abendessen" mit Paul anlässlich ihres Geburtstags. Aber über Paul weiß sie wenig. In einem ihrer ersten Briefe nach Paris schreibt sie: „Immer geht's mir um Dich, ich grüble viel darüber und sprech zu Dir und nehm Deinen fremden, dunklen Kopf zwischen meine Hände und möchte Dir die Steine von der Brust schieben, Deine Hand mit den Nelken freimachen und Dich singen hören."[33] Und später: „Für mich bist Du aus Indien oder einem noch ferneren, dunklen, braunen Land, für mich bist Du Wüste und Meer und alles was Geheimnis ist. Ich weiss noch immer nichts von Dir und hab darum oft Angst um Dich …"[34]

Zumindest anfangs war Paul mit seiner Rolle als dunkler Fremdling ganz zufrieden. Sein allererster Brief an Ingeborg, begleitet von einem Buch mit Matisse-Bildern, enthält das Gedicht „In Ägypten" mit der Widmung „für Ingeborg":

„*Du sollst zum Aug der Fremden sagen: Sei das Wasser!*
Du sollst, die Du im Wasser weißt, im Aug der Fremden suchen.
Du sollst sie rufen aus dem Wasser: Ruth! Noemi! Mirjam!
Du sollst sie schmücken, wenn du bei der Fremden liegst.
Du sollst sie schmücken mit dem Wolkenhaar der Fremden.
Du sollst zu Ruth, zu Mirjam und Noemi sagen:
Seht, ich schlaf bei ihr!
Du sollst die Fremde neben dir am schönsten schmücken.
Du sollst sie schmücken mit dem Schmerz um Ruth, um Mirjam und Noemi.
Du sollst zur Fremden sagen:
Sieh, ich schlief bei diesen!"[35]

Anders als die fragmentierten, verdichteten und elliptischen späteren Gedichte mit ihren eigenartigen Neologismen und Wortkreuzungen vermeidet „In Ägypten" syntaktische und verbale Mehrdeutigkeiten. Das einzige etwas unklare Wort ist „Wolkenhaar", das sich in diesem Kontext wohl auf die Schamhaare der Geliebten bezieht. Trotzdem ist auch dieses frühe Gedicht schwierig und beunruhigend. Als Litanei mit neun Geboten, die in orakelhaftem Ton an den Dichter selbst gerichtet sind, erscheint „In Ägypten" eine fast blasphemische Version des Dekalogs zu sein: Sie verkündet den früheren Liebhaberinnen des Dichters, jenen Frauen von Israel mit den biblischen Namen – Ruth, Noemi, Mirjam –, dass er sich einer Fremden zuwenden wird, bereits zugewendet hat, und dass das Taufwasser, in dem er badet, von nun an ihres ist.

Doch umgekehrt wird der Fremden zu verstehen gegeben, dass sie in direkter Linie zu den anderen steht – den früheren Geliebten, deren Gedenken nicht ausgelöscht werden kann. Die Ruth des alten Testaments ist natürlich selbst im Exil von ihrer Heimat, Noemi ist ihre jüdische Schwiegermutter, Mirjam ist die Prophetenschwester von Moses. Aber Noemi Ruth war auch der Name von Celans erster wirklicher Liebe – Ruth Lackner, mit der er jene Nacht in Cernowitz verbrachte, in der seine Eltern von den Nazis deportiert wurden. Auch wenn die Fremde den Ehrenplatz erhält und schöner geschmückt wird als ihre Vorgängerinnen, so besteht ihr höherer Glanz eben aus dem Schmerz, den der Dichter beim Verlust der anderen erlitten hat. Und das Gedicht schließt mit der Erinnerung an seine neue Liebhaberin – fast schon eine Drohung, wenn das Rufzeichen am Ende bedacht – „Sieh, ich schlief bei diesen!"

Man kann „In Ägypten" als leidenschaftliche Huldigung an die neue Liebe des Dichters lesen – die verführerische Fremde, die es ihm endlich ermöglicht, seine Vergangenheit hinter sich zu lassen. In einem Brief an Bachmann zehn Jahre später, als die alte Liebe wieder aufflammte, hat es Celan selbst so interpretiert: „Denk an ‚In Ägypten'. Sooft ichs lese, seh ich Dich in dieses Gedicht treten: Du bist der Lebensgrund, auch deshalb, weil Du die Rechtfertigung meines Sprechens bist und bleibst." Doch das Gedicht selbst ist kaum derart verehrend. Ingeborg als „Rechtfertigung meines Sprechens"? Vielleicht, aber die neu auserkorene Fremde ist auch eine Verbindung zwischen der Gegenwart des Dichters und der Vergangenheit von Ruth, Noemi und Mirjam. Im Gedicht werden Gegenwart und Vergangenheit, „Ägypten" und „Israel" zugleich scharf differenziert und sind in einem anderen Sinn seltsam ununterscheidbar. Eine Lösung gibt es nicht.

Bezeichnenderweise ist „In Ägypten" der „peinlich Genauen" von ihrem „peinlich Ungenauen" Bewunderer gewidmet. Celan, der Genauigkeit in der Dichtung ebenso eifrig vertrat wie Bachmann, hatte eine Abneigung gegen eindeutige Hinweise auf eine Vergangenheit, die getilgt werden musste, wie die Geografie seiner Kindheit und Jugend in der Bukowina. In den Liebesgedichten für Ingeborg (oder eigentlich in seinen Liebesgedichten allgemein) muss die *Gegenwart* im Mittelpunkt stehen, auch wenn sie von indirekten Echos überschattet wird. Erotische Vereinigung kann in Celans Praxis nur als *jetzt* geschehend verstanden werden – oder zumindest in einer Reihe von Jetzts – und die Szenerie der Begegnung bleibt eher abstrakt. Was *wird* eigentlich aus uns? Solche Fragen sind irrelevant. Nur der Moment zählt. In „Corona" formulierte er es so: „Es ist Zeit, daß es Zeit wird."

Föhniges Du

„Mein Zimmer", schreibt Bachmann an ihre Eltern, kurz nachdem sie Paul begegnet ist, „ist momentan ein Mohnfeld".[36] Eine eigenartige Wahl. Der Mohn ist schließlich die Blume von Schlaf und Tod. Die oxymoronische

Wendung „Mohn und Gedächtnis", Titel von Celans zweiter Sammlung (1952), taucht zuerst in einem der Schlüsselgedichte der Wiener Zeit auf, „Corona", das Ingeborg in einem Brief an Paul vom 24. Juni 1949 als „Dein schönstes Gedicht" bezeichnet.[37] Hier ist die Strophe, um die es geht:

„Mein Aug steigt hinab zum Geschlecht der Geliebten:
wir sehen uns an,
wir sagen uns Dunkles,
wir lieben einander wie Mohn und Gedächtnis,
wir schlafen wie Wein in den Muscheln,
wie das Meer im Blutstrahl des Mondes."[38]

Mohn und Gedächtnis, Vergessen und Erinnern: Für Celan wie für die englischen metaphysischen Dichter, die er sehr bewunderte, ist Sex immer nah am Tod. Zu „schlafen wie Wein" in der Enge einer Muschel ist zugleich vergnüglich und unheilschwanger in der Selbstvergessenheit des Meeres außerhalb – der See, die selbst schläft, ohne die blutigen Strahlen des Mondes wahrzunehmen, die sich auf seiner Oberfläche spiegeln.

„Corona" beginnt als eine Abwandlung von Rainer Maria Rilkes berühmtem „Herbsttag" („Herr, es ist Zeit ..."), einer schwermütigen Ode an den Herbst. Doch in der ersten Strophe von „Corona" wird der Herbst als Verbündeter des Dichters empfunden, der die fallenden Blätter aus der Hand frisst:

„Aus der Hand frißt der Herbst mir sein Blatt: wir sind Freunde.
Wir schälen die Zeit aus den Nüssen und lehren sie gehn:
die Zeit kehrt zurück in die Schale."

Die zweite Zeile spielt, so glaube ich, auf Andrew Marvells „To His Coy Mistress" an („Thus, though we cannot make our sun / Stand still, yet we will make him run") – ein Gedicht, das Celan in einem späteren Brief an Bachmann lobt.[39] Wie bei Marvell ist der Ton der eines bitteren Carpe Diem: Der Dichter weiß nur zu gut, dass man die Zeit nicht anhalten kann, dass sie bereits „in die Schale" zurückkehrt. Doch für den Augenblick „ist Sonntag" (nächste Strophe):

„Im Spiegel ist Sonntag,
im Traum wird geschlafen,
der Mund redet wahr."

Die Umkehrung der Normen hier ist vielsagend: Nur im Traum, so deutet der Dichter an, schlafen Liebende wirklich; nur für einen sonntäglichen Augenblick kann der Mund die Wahrheit sagen. In der dritten Strophe setzten der scheinbar nüchterne Blick auf das „Geschlecht der Geliebten" sowie das Sagen des „Dunklen" den Zauber fort. Doch der Mohn wird vom Gedächtnis begleitet, und in der vierten Strophe dringt die Wirklichkeit ein:

„*Wir stehen umschlungen im Fenster, sie sehen uns zu von der Straße:*
es ist Zeit, daß man weiß!
Es ist Zeit, daß der Stein sich zu blühen bequemt,
daß der Unrast ein Herz schlägt,
Es ist Zeit, daß es Zeit wird.

Es ist Zeit."

Wie Adam und Eva nach dem Sündenfall sind sich die einander umarmenden Liebenden nun bewusst, dass sie von Außenstehenden wahrgenommen werden. Der Dichter trotzt ihnen: „Es ist Zeit, daß man weiß!", Zeit, dass der Stein bereit ist zu blühen, Zeit, dass sich die Liebe erklärt. Doch am Ende des Gedichts wird der Ton düster. Das letzte „Es ist Zeit." kommt nach einem Moment der Stille und klingt wie eine Warnung – „Beeil dich bitte, *es ist Zeit!*" Der Augenblick steht still. Und wir denken daran, dass die „Krone" im Titel nicht nur einfach an eine Krone oder einen Kranz oder einen Heiligenschein erinnert, sondern auch an eine Dornenkrone.

Die Perfektion des letzten, stillstehenden Augenblicks kann man jedenfalls als beunruhigend empfinden. Und das scheint auch, wie Bachmann selbst „Corona" gelesen hat: „Ich habe oft nachgedacht, ‚Corona' ist Dein schönstes Gedicht, es ist die vollkommene Vorwegnahme eines Augenblicks, wo alles Marmor wird und für immer ist. Aber mir hier wird es nicht ‚Zeit'. Ich hungre nach etwas, das ich nicht bekommen werde, alles ist flach und schal, müde und verbraucht, ehe es gebraucht wurde."[40] Bachmann liest „Corona" nicht als leidenschaftliches Liebesgedicht, das der Zeit und der Missbilligung der Außenstehenden trotzt, sie empfindet „Es ist Zeit" als einen unglücklichen Schlussmoment, in dem alles versteinert.

„Corona" lässt derart gegensätzliche Interpretationen nicht deshalb zu, weil die Wörter oder die Syntax besonders geheimnisvoll sind – Bachmann hat offenbar keine Schwierigkeiten mit der Sprache des Gedichts –, sondern weil die Äußerungen des Gedichts seltsam ohne Kontext stehen. „Es ist Zeit, daß man weiß!" Wer ist „man"? Die Leute im Allgemeinen? Frühere Liebhaber? Verwandte? Was für ein Sprachspiel spielt Celan hier?

Anders als das frühere rumänische „Liebeslied" mit seinen exotischen Elementen wie den „phosphoreszierenden Augen", die „von den Wänden herabsteigen", enthält „Corona" einfache, konkrete Aussagen im Präsens – „Mein Aug steigt hinab zum Geschlecht der Geliebten" oder „Wir stehen umschlungen im Fenster, sie sehen uns zu von der Straße" – in einer breiteren Reihe von Ausrufen, die außerhalb des Gedichts keine und innerhalb eine unklare Bedeutung haben. Eine Dichtung mit einem Mangel an Kontext, die dennoch in ihrer formellen Schematisierung seltsam genau und vielsagend wirkt. Das gilt beispielsweise für die Wiederkehr von Ovalen – von der Form der Hand des Dichters in der ersten Zeile über die Nussschale der Zeilen 2–3 zu den weingefüllten Muscheln der Zeile 11.

Die österreichische Literatur der Zwischenkriegszeit kennzeichnet eine tiefe Ironie, die an Zynismus grenzt und äußerste Desillusionierung begleitet, die mit einer Sehnsucht nach der geliebten verlorenen Kultur einhergeht. In den Texten von Joseph Roth und Elias Canetti, Karl Kraus und Robert Musil – und natürlich bei Kafka – gibt es viel Lustiges, Komisches und Groteskes. Diese Ironie kulminiert in ihrer extremsten Form in den Nachkriegsromanen von Thomas Bernhard, in denen nichts mehr heilig ist außer der Kraft der Sprache, die die Verlogenheit von Nachbarn und Landsleuten wiedergibt. Doch bei Celan – eigentlich im Celan'schen Moment – wird die Ironie zu ihrem logischen Abschluss gebracht, und das bedeutet die Weigerung zu definieren, zu versichern, Stellung zu nehmen. Unter diesen Umständen werden Sprachgebilde immer mehrdeutiger und der Leser wird mehr gefordert – wie Wittgenstein sich in seinen späteren Schriften so sehr zu zeigen bemühte.

Celans neue Liebeslyrik, zugleich erotisch und abstrakt, leidenschaftlich und körperlos, verbirgt ironischerweise die besonderen Umstände ihrer Entstehung. Celans zweiter Band „Von Schwelle zu Schwelle" ist zum Beispiel seiner Frau Gisèle gewidmet, doch die Widmung hinderte ihn nicht daran, dieselben Gedichte ohne die geringsten Skrupel an Ingeborg oder Brigitta zu senden. „Weiß und Leicht" – aus einer Folge von Gedichten der Sammlung „Sprachgitter" von 1959, die Ingeborg gewidmet und ihr geschickt wurden – ging an sie am 17. Oktober 1957 mit der dringenden

Bitte: „Lies, Ingeborg, lies: Für Dich, Ingeborg, für Dich –".[41] Der Titel „Weiß und Leicht" weist voraus auf die Wendung „ohne Gewicht" in der vierten Strophe:

„Weiß,
was sich uns regt,
ohne Gewicht,
was wir tauschen.

Weiß und Leicht:
laß es wandern."

Wo sind wir? Sätze wie „laß es wandern" sind zwanglos und umgangssprachlich genug, aber was ist „es"? Die Bindeworte fehlen: Das „ich" und das „du" am Anfang finden sich in einer seltsamen Traumlandschaft, wo es keine anderen Menschen zu geben scheint – „Sicheldünen, ungezählt". Im geschützten „Windschatten" dieser Sicheldünen scheint der Arm des nackten Sprechers Teil des Körpers der Geliebten geworden zu sein, hier als „Verlorne" angesprochen:

„Die Strahlen. Sie wehn uns zuhauf.
Wir tragen den Schein, den Schmerz und den Namen."

Die hier vorgebrachte Liebe ist stark, aber wohl kaum eine Quelle der Freude. Das „du" ist zwar zentral – es gibt niemanden außer den Liebenden –, aber die leere Landschaft ist unbarmherzig, was ist mit diesen Lichtstrahlen (Suchscheinwerfer?), die die Liebenden aufscheuchen wie einen Haufen toter Blätter? Und „wir" sind es, die den „Schein" ertragen müssen, eine möglicherweise täuschende Erscheinung. Zusammen mit dem „Schmerz" und dem ungenannten „Namen" müssen die Liebenden offensichtlich eine ganze Menge aushalten.

Wir können dies in biografische Details hineinlesen und sagen, dass der „Schein" der Ekstase sich gemeinsam mit „Schmerz" und „Namen" mit der Schuld verbindet, die das ehebrechende Paar empfindet: Die Briefe dieser Zeit sind voll von Erwähnungen der „braven" Gisèle (Paul) und der „armen" Gisèle (Ingeborg), und die Anrede „du" als „Verlorne" stützt diesen Hinweis. Aber wir müssen uns nicht mit einer solchen literarischen Deutung begnügen. In einem weiteren Sinn steht „Weiß und Leicht" für die gegensätzlichen Kräfte der Erotik: Die Liebenden sind scheinbar geschützt vor den apokalyptischen Winden, die über die Dünen wehen, aber sie können den Lichtstrahlen nicht entkommen, deren „Schein" an die Außenwelt gemahnt. „Ohne Gewicht" – in einer Art unerträglicher Leichtigkeit des Seins – sehen die Liebenden, wie sich die neu entstandene Kante aus Sand nähert und vom Meer Schaum aufsteigt.

In der fünften und sechsten Strophe wird der Plural „Stirnen" vier Mal wiederholt:

„Die Stirnen
winkt es heran,
die Stirnen, die man uns lieh,
um der Spiegelung willen.

Die Stirnen.
Wir rollen mit ihnen dorthin.
Stirnengestade."

Stirnen, anscheinend aber keine Augen für diese Liebenden, und keine Münder zum Reden oder Küssen: Die Erwähnung der Stirnen, die einander spiegeln, gezeichnet von Stirnknochen, lässt eher an Schädel denken denn an Gesichter, geliehene Stirnknochen über Augenhöhlen, die auf eine Art Hügel zurollen („Stirnengestade") – ein Hügel, der sich nur auf Leichen beziehen kann.

Doch der Klang des Todes ist gedämpft. „Schläfst du?", fragt der Liebhaber und erhält keine Antwort. „Schlaf", drängt er sie, während sich die „Meermühle" dreht, „eishell und ungehört in unsern Augen". In den letzten Zeilen des Gedichts hat die Helligkeit der Lichtstrahlen den „eishellen" Gewässern des Meeres Platz gemacht, und in der zarten Katachrese am Ende hören die Augen der Liebenden – nichts.

Worin also besteht der gewichtslose Tausch – „Weiß und Leicht" –, den sie vollziehen, während sie auf das Ufer von „Lichtschaum und stäubender Welle" zurollen? Der Leser kann es am Ende nicht sagen – das Narrativ, eine Art Echostruktur aus unterschiedlichem *Licht*, lässt sich nicht paraphrasieren –, aber das heißt nicht, dass das Gedicht surrealistisch ist, und ganz bestimmt nicht unsinnig. Wir sehen deutlich, dass das Gedicht die erotische Liebe sehr ernst nimmt und doch zeigt, dass Liebe immer überschattet wird von etwas anderem jenseits der Düne oder Kante aus Sand – etwas, das man angesichts des schlafenden „du" für kurze Zeit vergessen kann (wieder die Wirkung des Mohns) und das dennoch immer da ist.

Die Klangstruktur von Celans Gedicht verstärkt die schreckliche Spannung zwischen Leben und Tod. In den meist kurzen Zeilen mit unregelmäßigen Spannungszuständen erreicht er formale Kontrolle durch ein Netz von Assonanz, Konsonanz und Alliteration, wie in „Wir tragen den Schein, den Schmerz und den Namen" oder „eishell und ungehört". Doch auch die Wiederholung von Klängen wird als trügerisch angesehen: Die Assonanz der Kürze und des Kurzen findet sich zum Beispiel in *Windschatten, ich, sich, klippenher winkend, licht, stirnen, winkt, wir, willen* und betont eher eine Trennung als die Vereinigung. Und der Titel selbst, mit seinem falsch läutenden Klang von Weiß und Leicht, hebt die Differenz hervor.

Am 14. Oktober 1957, nach der Wuppertaler Konferenz, die sie zusammengeführt hat, verbringen Celan und Bachmann die Nacht im Kölner Hotel „Am Hof" in der Nähe des Doms unweit des Rheinufers. Der fragliche „Hof" ist der Palast des Erzbischofs. Am 20. Oktober schickt Celan an Bachmann das Gedicht „Köln, Am Hof":

„*Herzzeit, es stehn*
die Geträumten für
die Mitternachtsziffer.

Einiges sprach in die Stille, einiges schwieg,
einiges ging seiner Wege.
Verbannt und Verloren
waren daheim.

Ihr Dome.
Ihr Dome ungesehn
ihr Ströme unbelauscht,
ihr Uhren tief in uns."[42]

Als Ingeborg nicht gleich antwortet, schreibt Paul noch einmal und drängt sie: „Ins Leben, Ingeborg, ins Leben." Er möchte ihr „jenes Gefühl der Schuld ... nehmen, das in Dir wach wurde, als die Welt mir fortsank. Um es Dir für immer zu nehmen."[43] Ingeborg sieht das anders:

„*Wenn ich an [Gisèle] und das Kind denken muß – und ich werde immer daran denken müssen – werde ich Dich nicht umarmen können. Weiter weiß ich nichts. Die Ergänzung, sagst Du, muß heißen ‚Ins Leben'. Das gilt für die Geträumten. Aber sind wir nur die Geträumten? Und hat eine Ergänzung nicht immer stattgehabt, und sind wir nicht schon verzweifelt im Leben, auch jetzt, wo wir meinen, es käme auf einen Schritt an, hinaus, hinüber, miteinander?*"[44]

Paul weist Ingeborgs düstere Vorhersage zurück, dass „ich Dich wieder unglücklich mache, wieder die Zerstörung bringe, für sie und Dich, Dich und mich?"[44] „Zerstörung, Ingeborg? Nein, gewiß nicht. Sondern: die Wahrheit." Und er fügt hinzu: „Du weißt auch: Du warst, als ich Dir begegnete, beides für mich: das Sinnliche *und* das Geistige. Das kann nie auseinandertreten, Ingeborg." Darauf zu warten, dass man wieder zusammen ist, wäre keine Lösung: „*Uns* kommt das Leben nicht entgegen, Ingeborg, darauf warten, das wäre wohl die uns ungemäßeste Art, da zu sein." Und dann kommt er auf sein Gedicht zu sprechen: „Ist ‚Köln, Am Hof' nicht ein schönes Gedicht? Höllerer, dem ichs neulich für die Akzente gab (durfte ich das?) meinte, es sei eines meiner schönsten. Durch Dich, Ingeborg, durch Dich. Wäre es je gekommen, wenn Du nicht von den ‚Geträumten' gesprochen hättest."[45]

Warum fällt die Bezeichnung „die Geträumten" so auf? Natürlich werden Liebende oft als Träumende dargestellt, aber „die Geträumten" hat eine besondere Kraft, weil es betont, dass jeder das Objekt der Träume des anderen ist. Die zu sein, von dem jener träumt, von dem man träumt: Was könnte man sich mehr wünschen? Celan greift diese Frage in einem seiner seltenen Gelegenheitsgedichte auf, durch seine Ortsbestimmung. Köln ist für diese Liebenden neutraler Boden: Keiner von beiden ist dort zu Hause oder verbindet etwas Besonderes damit oder hat eine Neigung zu diesem Ort. Und der Brief mit dem Gedicht ist auch noch datiert mit „Paris, Quai Bourbon, Sonntag, den 20. Oktober 1957, halb drei Uhr nachmittags –"[46] – ein weiterer Fluss, eine weitere Kathedrale (Notre Dame) in Sicht, ein späteres Datum – als wenn er die Macht des Schauplatzes aushöhlen wollte. Und tatsächlich weicht in diesem minimalistischen Gedicht die Beschreibung schnell der Verlagerung: Wir sehen weder das Hotelzimmer noch die Liebenden, nicht einmal den Fensterblick. Stattdessen erfahren wir, dass es „Herzzeit" ist, so wie Essenszeit oder Schlafenszeit – „Herzzeit" ist zudem die Stunde der Mitternacht, die man auf der Uhr des Doms sieht und vielleicht auch schlagen hört (wie der „great cathedral gong" von Yeats in „Byzantium").

Die zweite Strophe wechselt mit ihrer unbekannten Quelle von Geräuschen und Stille und der Personifizierung des „Verbannt und Verloren" in die Abstraktion. Vielleicht bezieht sich dieses „Verbannt und Verloren" auf das mittelalterliche jüdische Getto vor dem Kölner Rathaus. Aber wir erinnern uns, dass das geliebte „Du" in „Weiß und Leicht" die „Verlorne" ist. Und zur Mitternacht zu Hause, während die Stimmen draußen sich in die dunklen Gassen zurückziehen und verschwinden, sind schließlich die Liebenden selbst: Jene, die wie das Paar in John Donnes „The Good-Morrow" „einen kleinen Raum zur Welt sich machen" – ein Gedicht, das Celan bewunderte und auch übersetzt hat. Er ist *verbannt*, sie *verloren*. Zusammen allein, vergessen die Geträumten ihre Umgebung: Die Gewölbe des Doms sind „ungesehn", die Bäche (Nebenflüsse des Rhein) ungehört. Nur „tief in uns" gewinnt die Zeit Bedeutung.

In einem Brief vom 7. November 1957 erinnert Paul Ingeborg an den Tag, den sie 1950 gemeinsam in Paris verbrachten. Er fügt hinzu: „Am 14. Oktober 1957 sind wir in Köln gewesen, Ingeborg. Ihr Uhren tief in uns."[47] Es ist eine zweideutige Metapher. Einerseits hören „wir" nichts außer den „Uhren tief in uns"; im Moment der Liebe haben wir das Gefühl, die Zeit nicht kontrollieren zu können. Doch der Moment der „Geträumten", der Augenblick der Mitternachtszahl, ist nicht von Dauer: Die Datierung des Gedichts auf die prosaische Nachmittagsstunde 2:30 am 20. Oktober qualifiziert die Stunde, während sie festgehalten wird. Und die späteren Gedichte des Ingeborg-Zyklus drücken zunehmendes Unwohlsein aus.

Etwa „Ein Tag und Noch Einer", das er am 13. Dezember 1957 an Ingeborg schickte:

„Föhniges Du. Die Stille
ging mit uns mit wie ein zweites,
deutliches Leben.

Ich gewann, ich verlor, wir glaubten
an düstere Wunder, der Ast,
groß an den Himmel geschrieben, trug uns, wuchs
in die Mondbahn, ein Morgen

stieg ins Gestern hinauf, wir holten
den Leuchter, ich weinte
in deine Hand."[48]

In den Alpen bringt der „Föhn" einen plötzlichen Zufluss warmer Luft, die Temperatur steigt steil an, man kann, so heißt es auf Wikipedia, davon Migräne oder Fieber bekommen. Celan verwandelte das Hauptwort in ein Eigenschaftswort, um die Doppeldeutigkeit von *Föhniges Du* zu erreichen: Es bezieht sich einerseits auf Ingeborgs launenhafte Seite, ihre ständige Wandelbarkeit; andererseits ist sie selbst der Föhn, der die Temperatur des Dichters plötzlich steigen lassen kann.

Die spätere revidierte Fassung des Gedichts ist noch verstörender und deutet vor allem in der letzten Zeile einen finalen Streit oder ein Festfahren der Beziehung an:

„*Föhniges Du. Die Stille*
flog uns voraus, ein zweites,
deutliches Leben.

Ich gewann, ich verlor, wir glaubten
an düstere Wunder, der Ast,
rasch an den Himmel geschrieben, trug uns, wuchs
durchs ziehende Weiß in die Mondbahn, ein Morgen
sprang ins Gestern hinauf, wir holten,
zerstoben, den Leuchter, ich stürzte
alles in niemandes Hand."[49]

Halten wir fest, dass der Dichter jemanden anspricht, der sein heimatliches Vokabular beherrscht. Er hätte kaum Gisèle als „Föhniges Du" ansprechen können. Doch trotz der Intimität dieses zehnzeiligen Gedichts bleibt die Stimmung düster: Die Liebesbeziehung befindet sich deutlich in einer Abwärtsspirale, der Ast, der die beiden in eine Mondbahn bringt, steht an der Bruchstelle. Während des ganzen Novembers hatten Paul und Ingeborg ihren bevorstehenden Umzug nach München in eine neue Wohnung erörtert und die Notwendigkeit, eine Lampe zu kaufen.[50] „Ich rede manchmal zu Dir nach Paris, als wärst Du allein dort, und oft verstumme ich, wenn ich Dich wahrhabe mit allem dort, mich wahrhabe mit allem hier. Dann aber werden wir Klarheit und keine Verwirrungen mehr stiften – und die Lampe suchen gehen!"[51]

Paul greift diese Stimmung am 23. November auf: „Wir wollen dann die Lampe suchen gehen, Ingeborg, Du und ich, wir."[52] In den ersten Dezembertagen hatten die beiden ein Rendezvous und kauften dabei offenbar keine Lampe, sondern einen Leuchter.[53] Paul liest Ingeborgs bitteres neues Stück „Der gute Gott von Manhattan", eine Allegorie auf ihre Affäre. Und dann, am 16. Dezember schreibt Ingeborg an Paul: „Jetzt kam gerade das Gedicht [‚Ein Tag und noch einer']; Du hast es an dem 13., am Freitag geschrieben, als ich zum Leuchter zog …".[54]

Im Gedicht selbst laufen die Ereignisse ineinander: Die elliptische und verdichtete Erzählung vermittelt mit ihrem Ansturm von Verben und eigenartigem Zeilenumbruch – fast jede Zeile wechselt zwischen Subjekt und Verb oder Verb und Objekt – schmerzliche Kurzschlüsse: „Ich gewann, ich verlor, wir glaubten / an düstere Wunder"; „ich weinte / in deine Hand". Hier wie auch in „Köln, Am Hof" ist Celans Sprache keineswegs ein künstliches Deutsch, die Schwierigkeit entsteht nicht durch Neologismen, sondern durch das Geheimnis der völlig märchenhaften Handlung, mit dem Ast, der die Liebenden zum Mond trägt, um sich dann mit dem Morgenlicht und den Tränen der Trennung aufzulösen. Was derartige Texte zu so außergewöhnlichen Liebesgedichten macht, ist ihr Pendeln zwischen dem „düsteren Wunder" und dem sehr bildlichen Weinen „in deine Hand".

Der Gedichtzyklus „Sprachgitter" basiert auf Celans täglichen Erfahrungen in den kritischen Monaten seiner Beziehung zur Bachmann, die trotz des bewussten Bruchs mit einer Vergangenheit, die zu schmerzlich ist, um heraufbeschworen zu werden – „ein Morgen stieg ins Gestern hinauf" mit der Doppelbedeutung von morgen/Morgen –, eine „untrügliche Spur" in sich tragen, wie es in „Engführung" heißt, dem großen Gedicht, das den Band beschließt.[55]

Eine Spur von was genau? Der Föhn, den er einmal so gut gekannt hatte, verwandelte sich in eine Eigenschaft der angesprochenen Frau. „Föhniges" – die Prägung hat einer früheren Bewohnerin Kärntens vielleicht ein wissendes Lächeln entlockt. „Diese Uhren tief in uns", diese vergrabenen Vorschlagsnoten einer verlorenen Welt steigen in unerwarteten Augenblicken an die Oberfläche von Celans Gedichten und erinnern uns an eine andere untrügliche Spur in der Abfolge: den Namen Antschel. Doch das war in einem anderen Land, und der Paul Antschel, der die Hügel um Czernowitz erstiegen hatte, um Oleander für seine Ruth zu suchen, war tot. Was blieb und was die Liebesgedichte von „Sprachgitter" so fesselnd zum Leben erweckt, waren jene „Grundwasserspuren" der „Nächte, entmischt. Kreise, / grün oder blau, rote / Quadrate".[56]

„Ich denke", erklärte Philippe Lacoue-Labarthe mit Bezug auf zwei spätere Gedichte – „Tübingen, Jänner" und „Todtnauberg" – „dass diese Gedichte völlig unübersetzbar sind, auch innerhalb ihrer eigenen Sprache, und aus diesem Grund auch unangreifbar für Kommentare. Sie entziehen sich *notwendigerweise* der Interpretation, sie erlauben sie nicht."[57] Bei Celan kommt es nach Lacoue-Labarthe immer auf das Ungesagte an, den leeren Raum zwischen den Worten und Sätzen, der zurückführt zur Unmöglichkeit, über das Unaussprechliche zu sprechen, also natürlich über Auschwitz.

Aber kann der Signifikant „Auschwitz" (oder „Holocaust") wirklich die Komplexität einer Dichtung wie der von Celan umfassen? Wahr ist, in den Worten von Pierre Joris, dass „Celans Leben untrennbar mit dem Schicksal des jüdischen Volkes im 20. Jahrhundert verbunden ist", dass „die Shoah den Kern des Lebens und Werks ausmacht".[58] Es ist eine drängende Frage für die Leser von Celan. Meine Antwort lautet, dass die Gleichsetzung von Celan mit der Dichtung der Shoah – auch wenn sie als Verallgemeinerung zutrifft – die *Differenz* vernachlässigt: Es gab schließlich viele Arten, auf den Holocaust zu reagieren, und die von Celan war äußerst eigenständig und in jeder Wendung auf das historische und kulturelle Milieu bezogen, in dem er schrieb.

Wir können uns zunächst in Erinnerung rufen, dass der 22-jährige Celan jenen fatalen Abend, an dem seine Eltern verhaftet und deportiert wurden, und die Nacht gegen den Wunsch der Eltern mit seiner damaligen Geliebten, Ruth Lackner, in ihrem Geheimversteck verbrachte. Eros und Thanatos: Von diesem Augenblick an waren Liebe und Tod im dichterischen Unbewussten Celans untrennbar. Er würde eine französische Adelige heiraten und französischer Staatsbürger werden, doch Paris kommt in seiner Dichtung sehr selten vor (man denke an Baudelaire!). Deren Bilderwelt stammt vornehmlich aus der Natur – Sonnenstrahlen und Mondschein, Wind und Schnee, Nebel, Asche, Felsen, Steine, Bäume, seltene Blumen und Pflanzen – Pflanzen, die in den Hügeln um Czernowitz wuchsen. Während er mit Gisèle Lestrange verheiratet war, hatte er leidenschaftliche Beziehungen zu zwei österreichischen Frauen, und die umgangssprachliche, abgekürzte Syntax seiner Dichtung fällt oft in den Dialekt seiner österreichischen Kindheit.

Zum Abschluss hier eines von Celans minimalistischen Gedichten (1968) aus der posthumen Kollektion „Schneepart":

„*Mit der Stimme der Feldmaus*
quiekst du herauf,

eine scharfe
Klammer,
beißt du dich mir durchs Hemd in die Haut,

ein Tuch,
gleitest du mir auf den Mund,
mitten in meiner
dich Schatten beschwerenden
Rede."[59]

Ist diese kleine Lyrik so „unangreifbar für Kommentare", wie Lacoue-Labarthe behauptet? Natürlich ist sie schwer zu übersetzen, denn die deutsche Syntax kann man nicht einfach übernehmen. Aber die Wortwahl ist nicht esoterisch und das Narrativ durchaus vielsagend und voller Bedeutung. Ich nehme an, der Dichter ist mit seiner Geliebten zusammen, wahrscheinlich im Bett, denn der Klang ihrer Stimme, ein Quieken wie das einer Maus, kommt von irgendwo unten. Ihre Stimme ist wie eine scharfe Klammer, die sich durch sein Hemd in seine Haut beißt. Schließlich bedeckt sie seinen Mund mit einem Tuch und schneidet so die Rede ab, die sie nicht hören will – eine Rede, die einen Schatten auf ihre Existenz geworfen hat.

In 35 Worten, geschnitten in seltsamen Winkeln und reich an Alliteration und Assonanz, bietet uns Celan die kurze Skizze eines leichten, aber möglicherweise schmerzlichen Moments. Der Leser kann nicht wissen, was geschehen ist oder um wen es geht, aber die Diktion ist plastisch, sogar umgangssprachlich, die Bilder scharf geätzt, und die die bedrohliche Stimmung hinter dem unbeschwerten Mausquieken der Geliebten sorgfältig festgehalten. Diese Öffnung für die zartesten Gefühlsvarianten ist typisch für Celan. Seine Gedichte können vom ersten bis zum letzten verstanden werden als Gespräche, „taggrau, / der Grundwasserspuren" – Spuren der komplexen kulturellen Mischung, deren Erbe Paul Antschel war, in eine Nation hineingeboren (Rumänien), die im Grunde nie die seine war.

Coda
Ein „anderer" Mensch werden
Wittgensteins „Evangelien"

„Nein, mit Hegel könnte ich vermutlich nichts anfangen. Mir scheint, Hegel will immer sagen, daß Dinge, die verschieden aussehen, in Wirklichkeit gleich sind, während es mir um den Nachweis geht, daß Dinge, die gleich aussehen, in Wirklichkeit verschieden sind. Ich habe daran gedacht, ein Zitat aus King Lear als Motto meines Buches zu verwenden: ‚Ich werd' dich Unterschiede lehren.' ... Die Bemerkung ‚Sie wären überrascht' würde auch kein schlechtes Motto abgeben."[1]

„Ich bin zwar kein religiöser Mensch, aber ich kann nicht anders: ich sehe jedes Problem von einem religiösen Standpunkt."[2] *Ludwig Wittgenstein*

Die austromoderne Literatur der Erschütterungsjahre nach dem Verlust der Monarchie ist gekennzeichnet durch äußerste Anspannung, Ironie und Identitätsverlust, die oft mit dem Verlust von *Heimat* und einem neuen Leben im Exil einhergehen. Im Theater von Karl Kraus, den Romanen von Musil und Roth, den autobiografischen Schriften von Canetti oder der Dichtung von Celan scheint keine Wahl die richtige zu sein, gibt es keine „Lösung", die nicht der Auflösung unterworfen wäre. Dennoch drücken die drängenden Fragen über das, was Wittgenstein „Lebensformen" genannt hat.

Nach seinen Erfahrungen auf dem Schlachtfeld im Ersten Weltkrieg bestand Wittgenstein darauf, dass man nicht die Gesellschaft ändern kann, sondern nur sich selbst. Eine andere – mutmaßlich bessere – Person zu werden, wurde das Ziel. Im Fall von Wittgenstein gehörte viel Spekulation über das religiöse Leben zu einem solchen Wandel, insbesondere über ein Christentum, das er bewunderte, aber nie ganz sein Eigen nennen konnte. Im antiklerikalen, politisch linken Cambridge der 1930er-Jahre wandte sich der österreichisch-jüdische Exilphilosoph einer genauen Lektüre der Evangelien zu – ein interessantes Kapitel in den Annalen der Welt nach dem Habsburgerreich.

Praktizierende jüdische Vorfahren waren den assimilierten Künstlern und Intellektuellen des Habsburgerreiches immer etwas peinlich – zum Beispiel Gustav Mahler und Stefan Zweig. „Man will nicht durch einen Fremden, der eben aus Lodz gekommen ist, an den eigenen Großvater erinnert werden, der aus Posen oder Kattowitz stammt", bemerkte Joseph Roth wie erwähnt in „Juden auf Wanderschaft" sarkastisch.[3] Ludwig Wittgenstein (1889–1951) wusste wenig über und interessierte sich auch nicht für seinen eigenen Urgroßvater väterlicherseits, Moses Maier, der zu Beginn des 19. Jahrhunderts ein jüdischer Immobilienmakler im Fürstentum Wittgenstein in Westfalen war.

Als das napoleonische Dekret von 1808 anordnete, dass jeder einen Nachnamen annehmen müsse, auch die Juden, entschied sich Moses Maier für den Namen seiner Arbeitgeber, der Seyn-Wittgensteins. Sein Sohn Herman war getaufter Protestant und nahm den Mittelnamen Christian an, um sich noch stärker von der jüdischen Vergangenheit zu distanzieren. Herman Christian Wittgenstein wurde ein erfolgreicher Wollhändler in Leipzig und heiratete die jüdische Fanny Figdor, die kurz vor der Hochzeit 1838 ebenfalls zum Protestantismus übertrat. Ihr Sohn Karl, der Vater des Philosophen (1847–1913), sollte eine Legende werden: Als einer von elf Kindern brannte er nach Amerika durch, um dort sein Glück zu machen, lernte das Geschäft von Grund auf, kehrte nach Österreich-Ungarn zurück und wurde zum führenden Stahlbaron Österreichs sowie einem der reichsten Männer Europas. Seine Frau Leopoldine Kalmus war Tochter eines jüdischen Tschechen und einer österreichisch-slowenischen Katholikin, dem ersten nichtjüdischen Mitglied der Familie.[4]

Die Kinder von Karl Wittgenstein waren getaufte Katholiken – nicht weil die Eltern irgendwie religiös gewesen wären, sondern weil es als einzig richtiger Weg für eine führende Familie im Wien des Fin de Siècle galt. Vorfahren wie Moses Maier waren kuriose und peinliche Primitive, die man so schnell wie möglich vergaß – was Joseph Roth in „Juden auf Wanderschaft" so brillant aufs Korn nimmt. Die wahre Religion der Wittgensteins war die *Kultur*: Im Palais Wittgenstein waren Komponisten wie Brahms und Mahler zu Gast, und Karl Wittgenstein sammelte Kunstwerke wie Skulpturen von Rodin und Gemälde von Klimt. Seine acht Kinder, von denen Ludwig das jüngste war (der altersmäßig nächste Bruder Paul wurde ein bekannter Konzertpianist, der im Ersten Weltkrieg einen Arm verlor und trotzdem weiter auftrat), wurden zu Hause katholisch erzogen, doch Fragen des Glaubens und der Lehre blieben weitgehend äußerlich, nicht nur während Wittgensteins Kindheit und Jugend, sondern auch in seiner ersten Cambridge-Periode vor dem Ersten Weltkrieg, in der die englischen Philosophen eher Atheisten waren, wie Bertrand Russell, oder kantianische Idealisten, wie G. E. Moore und F. H. Bradley.

Der Krieg änderte alles. Im August meldete sich Wittgenstein, der eben von einem langen Norwegen-Aufenthalt nach Wien zurückgekehrt war, wo er an frühen Skizzen des „Tractatus logico-philosophicus" (1922) gearbeitet hatte, freiwillig zur Armee. Der Grund war kein konventioneller Patriotismus, im Gegenteil, nur wenige Monate nach Kriegsbeginn schrieb er in sein geheimes Tagebuch: „Fühle ... mehr als je die furchtbare Tragödie unserer – der deutschen Rasse – Lage! Denn daß wir gegen England nicht aufkommen können, scheint mir so gut wie gewiß. Die Engländer – die beste Rasse der Welt – *können* nicht verlieren! Wir aber können verlieren und werden verlieren, wenn nicht in diesem Jahr, so im nächsten! Der Gedanke, daß unsere Rasse geschlagen werden soll, deprimiert mich furchtbar, denn ich bin ganz und gar deutsch!"[5]

Das rassifizierte – viele würden sagen, rassistische – Vokabular seiner Tagebucheintragung spiegelt das eigenartig widersprüchliche Bewusstsein nicht nur Wittgensteins wider, sondern seiner Zeit. Man bedenke die ironische Situation des jungen Philosophen, der seit 1908 (als er noch keine 20 Jahre alt war) im selbstgewählten Exil in England lebte und sich jetzt als „ganz und gar deutsch" bezeichnet und dabei an der Ostfront dient, gemeinsam mit Soldaten aus den entfernten Provinzen der Monarchie, die keineswegs „deutsch" waren, sondern Polen, Slawen oder Ungarn. Der wahre Grund dafür, dass er Soldat wurde, war in den Worten seiner Schwester Hermine, dass er „den intensiven Wunsch" hatte, „etwas Schweres auf sich zu nehmen und irgend etwas anderes zu leisten als rein geistige Arbeit."[6] Dieses Ideal verließ ihn nie. „Um ein religiöses Leben zu führen, dürfen wir – Sie und ich – nicht nur eine Menge über Religion reden, sondern irgendwie *muß sich unser Leben ändern*", sagte er über 20 Jahre später zu seinem Freund Maurice Drury.[7]

Was heißt das, wenn man die Selbstverwandlung zum zentralen Lebenszweck macht? Für Wittgenstein wie für viele andere Mitglieder des österreichischen Großbürgertums, vor allem wenn sie jüdischer Abstammung waren, war die tatsächliche Welt der Politik (im Gegensatz zu politischer Theorie, sei sie nun marxistisch oder nicht) wenig mehr als ein schmutziges Geschäft – und in Wien Gegenstand zahlreicher Enthüllungen im großen Feuilleton „Die Fackel" von Karl Kraus. Während und nach dem Ersten Weltkrieg war das Gefühl von Ohnmacht und Verzweiflung gegenüber der Politik besonders stark. Die Intellektuellen fanden zunehmend, die „Nation" sei nicht zu retten und es komme auf die Integrität des Einzelnen an und auf persönliche Entscheidungen.

Zwischen 1916, als Wittgenstein aktiv an der russischen Front kämpfte, und 1918 in italienischer Gefangenschaft machte der „Tractatus" eine Wandlung durch. Ursprünglich gedacht als Abhandlung über die Natur der Logik im Zeichen von Gottlob Frege und Bertrand Russell, entstand nun eine seltsame Mischung, in der auf mathematische Beispiele des Philosophen und die Erläuterung der Bildtheorie der Sprache eine beinahe mystische Meditation über den Sinn des Lebens folgt. Die Eröffnungsaussage „Die Welt ist alles, was der Fall ist" macht auf unerklärliche Weise der Schlussfolgerung Platz: „Wovon man nicht sprechen kann, darüber muss man schweigen."

Die Tagebucheintragungen jener Zeit spiegeln die Lektüre von Kierkegaard, William James, Schopenhauer, Dostojewskis „Brüder Karamasow" und besonders Tolstois „Kurze Darlegung des Evangelium", ein Buch, das Wittgenstein so oft las, bis er es auswendig konnte. Er nahm es überallhin mit, sodass er unter seinen Mitsoldaten als „der Mann mit den Evangelien" bekannt wurde.[8] „Vielleicht", so schrieb er am 29. Mai 1916 in sein Tagebuch, „bringt mir die Nähe des Todes das Licht des Lebens. Möchte Gott mich erleuchten. Ich bin ein Wurm, aber durch Gott werde ich zum Menschen. Gott stehe mir bei. Amen."[9] Solche Gebete setzen sich in den folgenden Monaten Nacht für Nacht fort und gipfeln in einer berühmten lyrischen Stelle:

„*Was weiß ich über Gott, und den Zweck des Lebens?*
Ich weiß, daß diese Welt ist.
Daß ich in ihr stehe wie mein Auge in seinem Gesichtsfeld.
Daß etwas an ihr problematisch ist, was wir ihren Sinn nennen.
Daß dieser Sinn nicht in ihr liegt, sondern außer ihr.
…
Den Sinn des Lebens, d. i. den Sinn der Welt, können wir Gott nennen."[10]

Eine Reihe dieser Aussagen finden ihren Weg in den „Tractatus":
„*6.41 Der Sinn der Welt muss außerhalb ihrer liegen.*
6.432 Wie die Welt ist, ist für das Höhere vollkommen gleichgültig. Gott offenbart sich nicht in der Welt."

Doch während das Wort „Gott" in den Notizbüchern mehr als zehn Mal vorkommt, ist die zitierte Aussage die einzige Nennung im „Tractatus". In einer Eintragung vom 1. August 1916 lesen wir:
„*Wie sich alles verhält, ist Gott.*
Gott ist, wie sich alles verhält."[11]

Diesem gnomischen Chiasmus – ein Mini-Gedicht – folgt der Satz: „Nur aus dem Bewusstsein der Einzigkeit meines Lebens entstehen Religion – Wissenschaft – und Kunst". Im „Tractatus" wird das ausdrückliche „Wie die Dinge stehen, ist Gott" ersetzt durch „Nicht *wie* die Welt ist, ist das Mystische, sondern *dass* sie ist." (6.44) Es hat den Anschein, der Autor des „Tractatus" habe seine ursprünglichen Eintragungen abgemildert, weniger direkt formuliert. Und er behauptet nicht mehr, das „Wie" der Welt zu verstehen.

Ein anderer Mensch zu werden: Wittgensteins erste praktische Entscheidung nach dem Krieg war, sein gesamtes Erbe zu verschenken. Einer der reichsten Männer Wiens übertrug sein Vermögen seinen Geschwistern, weil er – und da war er noch immer ein Tolstoianer – überzeugt war, dass Geld nichts als eine Last ist; dass in anderen Worten eher ein Kamel durch ein Nadelöhr geht als dass ein reicher Mann in den Himmel kommt, auch wenn dieser reiche Mann ohnehin nicht wirklich an den Himmel glaubte. Bald darauf machte er eine Lehrerausbildung und zog aus dem Familienpalais aus. Er wollte die Philosophie aufgeben, Lehrer auf dem Lande werden und so das Leben der Landkinder in den Dörfern Trattenbach und später Puchberg verändern helfen.

Doch wie auch bei seinen Kriegserfahrungen wich der Zauber des Dorflebens bald der Abscheu. „... wohl aber ist Trattenbach ein besonders minderwertiger Ort in Österreich und die Österreicher sind – seit dem Krieg – bodenlos tief gesunken, daß es zu traurig ist, davon zu reden!"[12] Obwohl er unter den Jungen in seinen Klassen ergebene Anhänger hatte, verlor er oft die Geduld, ohrfeigte sie und zog die Mädchen an den Haaren. Im Herbst 1925 erreichte die Entwicklung ihren Höhepunkt, als ein Elfjähriger zusammenbrach, nachdem ihn Wittgenstein auf den Kopf geschlagen hatte. Es stellte sich heraus, dass der Junge an Leukämie litt, doch der entstehende Aufruhr führte zu Wittgensteins sofortiger Entlassung und dem Ende seiner Laufbahn als Volksschullehrer. Die christliche Demut hatte ihn gründlich im Stich gelassen. Er wandte sich nun weltlichen Interessen zu – zunächst dem Entwurf des Hauses seiner Schwester in Wien und dann dem Wiener Kreis logischer Positivisten, die auf den eben veröffentlichten „Tractatus" große Stücke hielten.[13] Auf Einladung von John Maynard Keynes kehrte Wittgenstein nach Cambridge zurück und begann ein neues Leben als Philosoph.

Dass die Religion – und speziell das Christentum – wieder ins Bild kam, lag ironischerweise eben an jener Politik, von der er sich so stark zu distanzieren versucht hatte: Hitlers Machtergreifung in Deutschland 1933, die 1938 im Anschluss Österreichs gipfelte. Als erste Reaktion auf die Politik der Nazis wurde sich Wittgenstein auf entschieden negative Weise seines Judentums bewusst. Wie so viele Juden der Wiener Oberschicht, deren Eltern und Großeltern sich sehr um Assimilation bemüht hatten, hatte er seit langer Zeit zu latentem Antisemitismus geneigt. Als sich sein enger Freund Paul Engelmann 1925 für Zionismus interessierte und plante, nach Palästina auszuwandern, schrieb Wittgenstein: „Das ist vielleicht richtig und kann eine seelische Wirkung haben. Vielleicht wollte ich mich Ihnen anschließen? Würden Sie mich mitnehmen?"[14]

Doch als er sich dann in Cambridge niedergelassen hatte, übernahm er seltsamerweise die neue Naziideologie und brachte in seinem Tagebuch Zweifel über die Fähigkeit von Juden wie ihm selbst zum Ausdruck, ein Genie zu sein oder auch nur eine Denkweise zu entwickeln, die mehr sein könnte als nur reproduktiv.[15] Es ist, als müsste er zum ersten Mal akzeptieren, dass er Jude war, zumindest nach der Definition der Nazis, und er begann sich zu fragen, ob das antisemitische Vorurteil, dass sich Juden zu sehr um Geld bemühten, vielleicht zutreffend sei, oder ob es nicht tatsächlich jüdische Charakterzüge gäbe wie Hinterlist und Durchtriebenheit.

Wittgenstein ist wegen dieser antisemitischen Spekulationen viel und zu Recht kritisiert worden. Sie wurden von den Ereignissen gegen Ende der 1930er-Jahre überholt. Beim Anschluss 1938 musste sich Wittgenstein rasch um die britische Staatsbürgerschaft bemühen, damit er nach Österreich einreisen konnte, ohne befürchten zu müssen, verhaftet zu werden. Es wurde dann seine Mission, den Nazis riesige Geldsummen zu zahlen, damit seine älteren Schwestern (die sich wie er selbst nie als jüdisch betrachtet hatten) zu Mischlingen erklärt wurden und in Wien bleiben konnten. Damals – eigentlich schon seit 1932 – hatte er die antisemitische Sprache aufgegeben und erkannt, dass das rassistische Denken, dem er sich geöffnet hatte, ein Zeichen von Eitelkeit und Schwäche war. In diesem Sinne äußerte er sich gegenüber seinen Freunden in Cambridge, besonders seiner russischen Tutorin und engen Freundin Fania Pascal, in ihren eigenen Worten „ein Judenmädchen aus der Ukraine …, das während der Bürgerkriege Pogrome durchgemacht hatte und dessen Kindheit durch den Antisemitismus des zaristischen Rußlands verdüstert und gebrandmarkt worden war."[16]

Kurz vor Anschluss und Krieg, im Jahr 1937 – die „dunkle Zeit", in der die „Philosophischen Untersuchungen" entworfen wurden – kehrte Wittgenstein zum Neuen Testament zurück. Er hatte 1935 seine schicksalhafte Reise in die Sowjetunion unternommen und erkannt, dass der dortige Kollektivismus für ihn keine Antwort sein konnte, obwohl die Russen ihm, wie er gehofft hatte, erlaubt hatten, als einfacher Arbeiter in der Sowjetunion zu bleiben. 1937 waren die wichtigsten Ideen Wittgensteins umrissen: die Kontext-Abhängigkeit von Bedeutung („Die Bedeutung eines Wortes ist sein Gebrauch in der Sprache"[17]), die Ablehnung von „Theorie" und der Notwendigkeit von Metasprache, die unbedeutende Rolle des „ich" im Diskurs – auch wenn diese grundlegenden Themen immer wieder bearbeitet und verbessert werden mussten. Jetzt, mitten im Entwurf für eine Philosophie des Alltags, die so frei wie möglich sein sollte von Urteilskategorien und Imperativen, las er die Evangelien und die Paulusbriefe aus einer neuen Perspektive.

Die bemerkenswertesten Tagebucheinträge – die wir zweifellos noch viele Jahre zu erklären versuchen werden – stammen aus den Monaten September bis Dezember des Jahres 1937, als Wittgenstein eine einsame Zeit in seiner Hütte im norwegischen Skjolden verbrachte, wo ihn sein Schützling und Liebhaber Francis Skinner zeitweise besuchte. Die zentrale These dieser Kommentare, die in sechs verschiedenen Eintragungen aufgestellt wird, ist, dass das Christentum keine Doktrin sei, sondern die Beschreibung einer tatsächlichen Praxis:

„Das Christentum ist keine Lehre, ich meine, keine Theorie darüber, was mit der Seele des Menschen geschehen ist & geschehen wird, sondern eine Beschreibung eines tatsächlichen Vorgangs im Leben des Menschen. Denn

die ‚Erkenntnis der Sünde' ist ein tatsächlicher Vorgang & die Verzweiflung desgleichen & die Erlösung durch den Glauben desgleichen. Die, die davon sagen (wie Bunyan), beschreiben einfach, was ihnen geschehen ist; was immer einer dazu sagen will!"[18]

Den hier getroffenen Unterschied zwischen Theorie und Gebrauch werden jene kennen, die Wittgensteins umstrittene „Remarks on Sir James Frazer's ‚Golden Bough'" gelesen haben, wo er argumentiert, dass der große Anthropologe bei der Darstellung von „primitiven" alten Fruchtbarkeitsritualen den Stellenwert dieser Riten als bedeutungsvolle Praxis auf herablassende Art behandelt. In Frazers Bericht sind die kunstvollen Gebete früher afrikanischer Kulturen zu Regengöttern Beispiele für „primitiven" und „wilden" Aberglauben, die natürliche Phänomene wie Regen irgendeiner göttlichen Intervention zuschreiben.

Wittgenstein schlägt dagegen vor, die Berichte von solchen Ritualen wörtlich zu verstehen. Aus dieser Sicht fällt in Frazers Darstellung ein seltsames Detail auf: Die Gebete zu den „Königen des Regens" finden nicht in der langen Trockenperiode statt, sondern im Gegenteil dann, wenn die Regenzeit kommt. „Zweifellos", schreibt Wittgenstein, „bedeutet dies, dass sie gar nicht wirklich glauben, dass er [der Gott] den Regen machen kann, sonst würden sie es in der trockenen Periode des Jahres tun." Eher seien diese Rituale der Jahreszeit angemessen, so wie wir auf Holz klopfen, um ein drohendes Unglück abzuwenden.[19]

Sind also alle Religionen gleichermaßen „wahr" oder wertvoll? In den „Bemerkungen" von 1931 deutet Wittgenstein dies an:

„Frazers Darstellung der magischen und religiösen Anschauungen der Menschen ist unbefriedigend: Sie lässt diese Ansichten als Irrtümer erscheinen. War also Augustinus im Irrtum, wenn er Gott auf jeder Seite der ‚Bekenntnisse' anruft?
Aber – so kann man sagen – wenn er nicht im Irrtum war, dann doch der buddhistische Heilige – oder welcher immer –, dessen Religion ganz andere Anschauungen zum Ausdruck bringt. Doch keiner von ihnen war im Irrtum, außer wo er eine Theorie aufstellte."[20]

Genauso hätten auch die Christen einfach beschrieben, was ihnen geschehen sei. Interessant ist, dass zu den von Wittgenstein als Praxis zitierten

Religionen der Judaismus nicht gehört. Das Judentum war für ihn eher eine Sache der Rasse oder Ethnie und nicht der Religion, und das Alte Testament, das er gut kannte, wurde typologisch als Vorwegnahme des Neuen gelesen. Wenn Religion, wie Wittgenstein oft postulierte, von der eigenen Zeit und Raum abhängt – dem eigenen kulturellen Moment, der die Form der eigenen Gebete und Rituale bestimmt –, dann konnte seine Religion nur das Christentum sein, in dem er als katholischer Österreicher erzogen worden war. In den Tagebucheintragungen von 1937 lässt er den relativistischen Ansatz zu „Remarks on ‚Frazer's Golden Bough'" fallen und versucht, seine eigene Sicht auf die Evangelien zu beschreiben:

„*Gott läßt das Leben des Gottmenschen von* vier *Menschen berichten, von jedem anders, & widersprechend – aber kann man nicht sagen: Es ist wichtig, daß dieser Bericht nicht mehr als sehr gewöhnliche historische Wahrscheinlichkeit habe, damit diese nicht für das Wesentliche, Ausschlaggebende gehalten werde. Damit der* Buchstabe *nicht mehr Glaube fände, als ihm gebührt & der Geist sein Recht behalte. D. h.: Was Du sehen sollst, läßt sich auch durch den besten, genauesten Geschichtsschreiber nicht vermitteln, ja ist vorzuziehen, eine mittelmäßige Darstellung. ... Das Wesentliche, für Dein Leben Wesentliche aber legt der Geist in diese Worte.*"[21]

Diese wichtige Formulierung besagt also, dass die Botschaft der Evangelien für Wittgenstein – für den diese Botschaft von zentraler Bedeutung war – gerade durch die Verschiedenheit von Matthäus, Markus, Lukas und Johannes verstärkt wird, weil sie unterstreicht, dass die Wahrheit niemals eine einzige, einheitliche sein kann. Die vier Evangelien haben, was Wittgenstein in seiner eigenen Philosophie *Familienähnlichkeiten* nennt. Gerade wegen ihrer Unterschiede zueinander erkennen wir die „Familie" selbst als Einheit. Wittgenstein stellt dieses System der Differenzen in Gegensatz zur mehr doktrinären Haltung der Paulusbriefe:

„*Die Quelle, die in den Evangelien ruhig & klar fließt, scheint in den Briefen des Paulus zu schäumen. Oder, so scheint es mir. Vielleicht ist es eben bloß meine eigene Unreinheit, die hier die Trübung hineinsieht; denn warum sollte diese Unreinheit nicht das Klare verunreinigen können? Aber mir ist es, als sähe ich hier menschliche Leidenschaft, etwas wie Stolz oder Zorn, was sich nicht mit der Demut der Evangelien reimt. Als wäre hier doch ein Betonen*

*der eigenen Person, & zwar als religiöser Akt, was dem Evangelium fremd
ist. Ich möchte fragen – & möge dies keine Blasphemie sein –: ‚Was hätte wohl
Christus zu Paulus gesagt?'*
*Aber man könnte mit Recht darauf antworten: Was geht dich das an? Schau
dass Du anständiger wirst! Wie Du bist, kannst Du überhaupt nicht verstehen,
was hier die Wahrheit sein mag.*
*In den Evangelien – so scheint mir – ist alles schlichter, demütiger, einfacher.
Dort sind Hütten; – bei Paulus eine Kirche. Dort sind alle Menschen gleich
& Gott selbst ein Mensch; bei Paulus gibt es schon etwas wie eine Hierarchie;
Würden, & Ämter. – So sagt quasi mein GERUCHSSINN."* [22]

Und an einer anderen Stelle:
„*Die Lehre z. B. von der Gnadenwahl, bei Paulus, ist auf meiner Stufe
Irreligiosität, ein häßlicher Unsinn. Daher gehört sie nicht für mich, da ich das
mir gebotene Bild nur falsch anwenden kann. Ist es ein frommes & gutes Bild,
dann für eine ganz andere Stufe, auf der es gänzlich anders im Leben muß
angewandt werden, als ich es anwenden könnte."*[23]

Zehn Jahre später hat Wittgenstein seine Ansicht geändert, aber damals war der Gegensatz zwischen Jesus und Paulus, in Verbindung mit der Bevorzugung der verschiedenen Erzählungen der vier Evangelien bzw. dem Didaktizismus der Paulusbriefe, ein zentrales Motiv für Wittgenstein und steht in direktem Gegensatz zu den Thesen von jüngeren Philosophen wie Alain Badiou und Giorgio Agamben, die in Paulus die Schlüsselfigur für eine neue politische Theologie sehen. Wittgenstein hätte eine solche Sichtweise als puren Unsinn abgelehnt, der das Christentum nicht mehr als religiöse Praxis, sondern als politische sieht. Aus seiner Perspektive ist eine solche hermeneutische Sophisterei die Antithese zur richtigen Art, die Schriften des neuen Testaments zu betrachten. Auf der anderen Seite aber nimmt seine eigene Unterscheidung zwischen den Praktiken von Jesus und Paulus und sein Verständnis von Paulus' Betonung der Institution der Kirche die Argumente von Agamben und anderen vorweg. Im Grunde war es die Autorität der Kirche, die Wittgenstein nie ganz akzeptieren konnte, auch wenn er Prinzipien und Praxis liebte, wie sie vor allem in der Bergpredigt vorgestellt werden.

In seinen Jahren in Cambridge (und während der norwegischen und irischen Zwischenspiele) versuchte Wittgenstein weitgehend, zu praktizieren, was er predigte. Nach allen Berichten lebte er unter sehr einfachen und bescheidenen Umständen das Leben eines Mönches. Und während Paulus' „Apostel" des 21. Jahrhunderts die Welt verändern wollen, wollte Wittgenstein, wie wir gesehen haben, nur sich selbst verändern. „Das Christentum sagt unter anderm, glaube ich", schrieb er 1946 in sein Tagebuch, „daß alle guten Lehren nichts nützen. Man müsse das *Leben* ändern. (Oder die *Richtung* des Lebens.) Daß alle Weisheit kalt ist; & daß man mit ihr das Leben so wenig in Ordnung bringen kann, wie man Eisen *kalt* schmieden kann. ... Weisheit ist leidenschaftslos. Dagegen nennt Kierkegaard den Glauben eine *Leidenschaft*."[24]

Wie in Trattenbach ließ sich ein solcher Glaube nicht aufrechterhalten. Wittgenstein mag sich für ein bescheidenes Leben mit einem Minimum an materiellem Komfort entschieden haben, doch seine sexuellen Beziehungen mit verschiedenen jungen Männern liefen heimlich und unter vorgeschobenen Gründen, und in intellektuellen und kulturellen Angelegenheiten konnte er arrogant und abweisend sein. Man erkennt dies besonders gut in den wunderbaren „Gesprächen", die Ludwigs enger Freund Maurice Drury festgehalten hat.

Drury wurde als Kind irischer Eltern in Devon geboren und kam 1929 ans Trinity College, kurz nach Wittgensteins eigener Rückkehr nach Cambridge. Er erwies sich als begeisterter – aber auch ungewöhnlicher – Schüler. Im Anschluss an seinen Bachelor wollte er Theologie studieren und sich als anglikanischer Priester weihen lassen. Für Wittgenstein war er der ideale Gesprächspartner. Seine Entscheidung, das Theologiestudium nach einem Jahr abzubrechen und lieber Medizin zu studieren und später Psychiater in Dublin zu werden, war sicher weitgehend von Wittgensteins Kritik der Theologie bestimmt.

Als sich Wittgenstein und Drury 1929 zum ersten Mal begegneten, informierte Drury den Philosophen von seinen Plänen, sich weihen zu lassen:

„*Wittgenstein: Darüber mache ich mich nicht lustig. Wer sich über diese Dinge lustig macht, ist ein Scharlatan und noch Schlimmeres. Aber ich kann es auch nicht gutheißen, nein, ich kann es nicht gutheißen. Sie sind intelligent; das ist zwar nicht das wichtigste, aber man kann es auch nicht außer acht lassen. Stellen Sie sich doch nur einmal vor, wie das ist, jeden Sonntag eine Predigt zu halten – das könnten Sie gar nicht, dazu wären Sie unmöglich imstande. Meine Befürchtung wäre, daß Sie versuchen würden, eine philosophische*

Interpretation oder Rechtfertigung der christlichen Religion auszuarbeiten. Die Symbole des Christentums sind so wunderbar, das kann man gar nicht in Worte fassen, aber wenn die Leute versuchen, ein philosophisches System daraus zu machen, finde ich das abscheulich."[25]

Nur wenige Seiten zuvor hat Drury bemerkt: „Intellektuelle Eitelkeit war etwas, was Wittgenstein verabscheute, ob er sie nun in sich selbst fand oder in anderen."[26] Zweifellos war Wittgenstein härter zu sich selbst als zu irgendjemand sonst – äußerst selbstkritisch und ständig von dem Bedürfnis getrieben, seine grundlegendsten Konzepte zu überarbeiten. Doch die unverblümte Ablehnung des Christentums als „philosophisches System" und die feste Überzeugung, dass Drury unmöglich ein anglikanischer Priester sein könnte, zeugen von einer generellen Skepsis, die nicht wirklich zur von Wittgenstein ersehnten christlichen Demut passt. Er zeigt sich hier als unbeteiligter Ironiker, als „Mann ohne Eigenschaften" der Jahre nach der Monarchie, der sich über seinen anglo-irischen Freund so lange lustig macht, bis dieser schwankend wird und seinen Plan einer Ordination in der anglikanischen Kirche aufgibt.

Gegen Ende seines Lebens fühlte sich Wittgenstein schuldig, dass er Drury so unter Druck gesetzt hatte. Die Jahre des Zweiten Weltkriegs veränderten beide Männer stark. Wittgenstein, der sich im Krieg zu freiwilliger Arbeit in einer Londoner Krankenhausapotheke gemeldet hatte, verhielt sich Drury gegenüber, der in Ägypten gekämpft und dann an der Invasion in der Normandie teilgenommen hatte, fast ehrerbietig. Wittgenstein las nun die Kirchenväter und interessierte sich mehr als bisher für den römischen Katholizismus, den er bewunderte, an den er aber nicht glauben konnte. Drury arbeitete 1949 in einem psychiatrischen Krankenhaus in Dublin und Wittgenstein wohnte unweit davon, als sich folgendes Gespräch stattfand:

„Wittgenstein: Drury, Sie haben ein ganz ungewöhnliches Leben geführt. Zunächst die Jahre als Philosophiestudent in Cambridge; danach das Medizinstudium; dann die Kriegserlebnisse – und jetzt alle diese neuen Aufgaben in der Psychiatrie.
Drury: Es gibt jedoch einen Punkt in meinem Leben, an dem nach meinem Gefühl alles verfehlt ist: ich habe kein religiöses Leben geführt.
Wittgenstein: Es hat mich beunruhigt, daß Sie durch Ihre Bekanntschaft mit mir – und in einer Weise, die ich nicht beabsichtigt habe – weniger religiös

geworden sind, als Sie gewesen wären, wenn Sie mich nicht kennengelernt hätten.
Drury: Dieser Gedanke hat mir ebenfalls Sorgen bereitet.
Wittgenstein: Ich glaube, es ist nichts daran auszusetzen, wenn man in der Religion experimentiert, um durch Versuche herauszufinden, was einem hilft und was nicht. Als ich in Italien in Kriegsgefangenschaft war, wurden wir gezwungen, die Messe zu besuchen, und darüber war ich sehr froh. Warum probieren Sie nicht, ob der Besuch der Frühmesse jeden Morgen Ihnen nicht hilft, den Tag in zufriedener Stimmung zu beginnen? Damit meine ich überhaupt nicht, daß Sie Katholik werden sollten. Das wäre meines Erachtens gar nicht das Richtige für Sie. Mir scheint, Ihre Religion wird stets die Form eines Wunsches nach etwas, das Sie noch nicht gefunden haben, annehmen."[27]

Das ist ein sehr vielsagender Austausch. Trotz seiner ausdrücklichen Gewissensbisse – Wittgenstein hatte dem jungen Drury regelmäßig Vorwürfe gemacht, weil er im theologischen College ein Kruzifix über dem Bett hängen hatte oder weil er zur Messe in eine Kirche ging, die ein Klavier hatte statt einer Orgel – erwartet Wittgenstein immer noch, dass Drury seinen eigenen „religiösen" Sinn teilt, also den eines Außenseiters, der sich weniger von den Doktrinen der christlichen Lehre als vielmehr von den Emotionen und der Ästhetik des Christentums angezogen fühlt. Die Messe im italienischen Kriegsgefangenenlager zu besuchen, war sicher eine gute Sache, denn dann fühlte man sich besser. Es geht nie um *Wahrheit*. Etwas später meint Drury trotz seines eigenen Anglikanismus und seiner Bevorzugung der englischen Liturgie:

„Drury: Ich glaube allerdings, daß ein Kind, das mit der prachtvollen Symbolik der römisch-katholischen Liturgie aufwächst, einen stärkeren und tieferen Eindruck von religiöser Ehrfurcht empfangen würde als ein Kind, das in der schlichteren protestantischen Tradition erzogen wird.
Wittgenstein: Da bin ich ganz und gar nicht Ihrer Meinung. Ich sähe es viel lieber, wenn ein Kind von einem anständigen protestantischen Pastor erzogen würde, als von einem schmierigen katholischen Priester. Wenn ich mir die Gesichter der Geistlichen hier in Dublin anschaue, kommt es mir so vor, als sähen die protestantischen Pfarrer weniger blasiert aus als die katholischen Priester. Das liegt vermutlich daran, daß sie sich des Umstands bewußt sind, einer derart kleinen Minderheit anzugehören."[28]

Da spricht natürlich der alte, klassenbewusste, voreingenommene und hochnäsige Erbe des Wittgenstein-Vermögens. Aus der Sicht der österreichischen Nachbarn waren italienische Priester (im Ersten Weltkrieg) offenbar in Ordnung, irische Priester hingegen galten als „schmierig", selbstgefällig und letztklassig.

Wenn es andererseits um ein textbezogenes statt um ein persönliches Thema geht, ist es Wittgenstein, der die größere Übersicht hat. Zum Beispiel in diesem Austausch über das Alte Testament im letzten Lebensjahr Wittgensteins (1951):

„*Drury: Es gibt im Alten Testament einige Stellen, die ich äußerst anstößig finde. Beispielsweise die Geschichte, in der einige Kinder Elisa wegen seiner Kahlköpfigkeit verspotten: ‚Kahlkopf, komm herauf!' Und da schickt Gott zwei Bären aus dem Walde, die die Kinder zerreißen.*
Wittgenstein [sehr streng]: In diesen Dingen können sie sich nicht einfach aussuchen und wählen, was Ihnen gelegen kommt.
Drury: Aber ich bin nie zu anderem imstande gewesen.
Wittgenstein: Denken Sie nur daran, was das Alte Testament für jemanden wie Kierkegaard bedeutet hat. Schließlich ist es ja wirklich schon vorgekommen, daß Kinder von Bären getötet worden sind.
Drury: Das schon, aber hier sollen wir glauben, daß eine solche Tragödie eine unmittelbare Bestrafung von seiten Gottes für eine bestimmte böse Handlung sei. Im Neuen Testament wird uns genau das Gegenteil gesagt: Die Menschen, über denen der Turm von Siloah zusammenstürzte, waren nicht schlimmer als andere.
Wittgenstein: Das hat doch gar nichts mit dem zu tun, wovon ich gesprochen habe. Sie verstehen das nicht, Sie sind ja völlig ratlos."[29]

Dieses Gespräch ist das letzte, das vor Wittgensteins schwerer Erkrankung aufgezeichnet wurde, und wir können annehmen, dass er vielleicht nicht ganz er selbst war, als er sich so bissig ausdrückte. Doch Wittgensteins Worte ergeben Sinn. Wenn man Religion als Praxis und nicht als Theorie versteht, kann man das Alte Testament nicht lesen wie irgendein Buch, in dem man manche Aphorismen mag und manche nicht. Es muss im Gegenteil als Ganzes gesehen werden, und man darf die einzelnen Geschichten nicht auf die Goldwaage legen. Schließlich sind tatsächlich schon Kinder von Bären getötet worden, wie Wittgenstein anmerkt. Bereits 1943 hatte er seine Ansichten verteidigt, als Drury vom „Primitivismus" religiöser Rituale im alten Ägypten spricht, den er im Krieg gesehen hat:

„Drury: Eine Sache allerdings hat mich überrascht und ziemlich schockiert. Als ich einen der Tempel betrat, war dort an der Wand ein Basrelief des Gottes Horus, der dort mit erigiertem Phallus und ejakulierend dargestellt ist, wobei der Samen in einer Schüssel aufgefangen wird.
Wittgenstein: Warum in aller Welt sollen sie den Akt, durch den sich die menschliche Gattung fortpflanzt, nicht mit Pietät und Ehrerbietung betrachtet haben? Schließlich muss nicht jede Religion die gleiche Einstellung zur Sexualität haben wie der heilige Augustinus. Auch in unserer eigenen Kultur wird die Hochzeit in der Kirche gefeiert, und alle Anwesenden wissen, was in dieser Nacht geschehen wird; das hindert die Sache aber nicht daran, eine religiöse Zeremonie zu sein."[30]

Wieder nimmt Wittgenstein hier die Position des gesunden Menschenverstands ein und versucht, jede religiöse Praxis aus ihrer eigenen Sicht zu sehen. Er lehnte nie eine bestimmte Praxis ab, sondern ihre Institutionalisierung und Kodifizierung. Ähnlich wie Karl Kraus konnte er eine gegebene Handlung verzeihen, aber nicht der Institution, die versuchte, daraus ein Gesetz zu machen.

„Der Mensch kann die Wahrheit verkörpern", schrieb Yeats kurz vor seinem Tod, „aber er kann sie nicht kennen."[31] Wittgenstein war anscheinend mit Yeats' Gedichten nicht vertraut, aber diese Formulierung hätte ihm gefallen. Seine letzten Schriften, die im Buch „Über Gewissheit" gesammelt sind, drehen sich um die Frage des *Wissens*. Überzeugter und gelassener als in seinen früheren Werken kommt er zu dem Schluss, dass wir „wissen", was für die Zwecke des Alltagslebens brauchen, und dass wir die Grenzen akzeptieren müssen, die Erfahrung und Sprache uns auferlegen. „Wer an allem zweifeln wollte", schreibt er in § 115, „der würde auch nicht bis zum Zweifel kommen. Das Spiel des Zweifelns selbst setzt schon die Gewißheit voraus."

Was für eine Art von Gewissheit? Auf den Notizblättern, aus denen Wittgensteins posthumes Buch besteht, weicht die Bestimmtheit des „Tractatus" einem wesentlich gemäßigteren, ja humorvollen Ton. Etwa: „Wenn ein Blinder mich fragte ‚Hast du zwei Hände?', so würde ich mich nicht durch Hinschauen davon vergewissern."[32] Oder:

„*Warum überzeuge ich mich nicht davon, daß ich noch zwei Füße habe, wenn ich mich von dem Sessel erheben will? Es gibt kein warum. Ich tue es einfach nicht. So handle ich.*" (§ 148)

„*Wie beurteilt Einer, welches seine rechte und welches seine linke Hand ist? Wie weiß ich, daß mein Urteil mit dem der Andern übereinstimmen wird?*" (§ 150)

„,*I know that that's a tree.' Warum kommt mir vor, ich verstünde den Satz nicht? obwohl er doch ein höchst einfacher Satz von der gewöhnlichsten Art ist? Es ist als könnte ich meinen Geist nicht auf irgendeine Bedeutung einstellen. Weil ich nämlich die Einstellung nicht in dem Bereiche suche, wo sie ist. Sowie ich aus der philosophischen an eine alltägliche Anwendung des Satzes denke, wird sein Sinn klar und gewöhnlich.*" (§ 347)

Solche Beispiele zeigen, so meint Wittgenstein, dass die Erklärungen irgendwo enden müssen.

„*§ 341. D. h., die Fragen, die wir stellen, und unsere Zweifel beruhen darauf, daß gewisse Sätze vom Zweifel ausgenommen sind, gleichsam die Angeln, in welchen jene sich bewegen.*

§ 342. D. h., es gehört zur Logik unsrer wissenschaftlichen Untersuchungen, daß Gewisses in der Tat nicht angezweifelt wird.

§ 343. Es ist aber damit nicht so, daß wir eben nicht alles untersuchen können: und uns daher notgedrungen mit der Annahme zufriedenstellen müssen. Wenn ich will, daß die Türe sich drehe, müssen die Angeln feststehen.

§ 344. Mein Leben besteht darin, daß ich mich mit manchem zufrieden gebe."

Kann man sich vorstellen, dass der junge Wittgenstein sich so resignierend geäußert hätte? Nach dem Ende des Zweiten Weltkriegs war das Fieber der Zwischenkriegszeit weitgehend verflogen. „Die apokalyptische Ansicht der Welt ist eigentlich die, daß sich die Dinge *nicht* wiederholen".[33] Dementsprechend lautet die drängende Frage, *wie die Dinge sind*, nicht, wie sie sein sollten. Anders als paulinische Philosophen wie Alain Badiou sehnte sich Wittgenstein nicht nach einer Zeit zurück, in der eine Weltrevolution nach chinesischem oder sowjetischem Vorbild möglich schien. Man kann nur sein eigenes Leben wirklich ändern – und zwar in der Gegenwart, nicht in der Zukunft. Und den *Alltag*, die Domäne des späten Wittgenstein, kann man nur untersuchen, indem man studiert, wie Kommunikation tatsächlich abläuft, wie die alltäglichen „Sprachspiele" vor sich gehen. Die Perspektive des Exils – sich in einer Sprache zu bewegen, in der man nie ganz zu Hause ist – verlieh der Kritik der *Differenz* besondere Bedeutung.

„Was kann das Wort Christentum für Wittgenstein bedeuten?", fragt Alain Badiou in einem Anflug von Verzweiflung. „Es bezieht sich sicher nicht auf eine etablierte oder institutionalisierte Religion!" Für Wittgenstein war genau das der Punkt. In einer vielsagenden Notizbucheintragung aus dem Jahr 1930 (kurz nachdem er sich in Cambridge niedergelassen hatte) schreibt Wittgenstein:

„Es könnte nichts merkwürdiger sein als einen Menschen bei irgend einer ganz einfachen alltäglichen Tätigkeit wenn er sich unbeobachtet glaubt zu sehen. Denken wir uns ein Theater, der Vorhang ginge auf & wir sähen einen Menschen allein in seinem Zimmer auf & ab gehen, sich eine Zigarette anzünden, sich niedersetzen u.s.f. so daß wir plötzlich von außen einen Menschen sähen wie man sich sonst nie sehen kann; wenn wir quasi ein Kapitel einer Biographie mit eigenen Augen sähen, – das müßte unheimlich & wunderbar zugleich sein. Wunderbarer als irgend etwas was ein Dichter auf der Bühne spielen oder sprechen lassen könnte. Wir würden das Leben selbst sehen. – Aber das sehen wir ja alle Tage & es macht uns nicht den mindesten Eindruck! Ja, aber wir sehen es nicht in der Perspektive. … Doch kann nur der Künstler das Einzelne so darstellen daß es uns als Kunstwerk erscheint … Das Kunstwerk zwingt uns – sozusagen – zu der richtigen *Perspective, ohne die Kunst aber ist der Gegenstand ein Stück Natur wie jedes andre …"*[34]

Diese Äußerung weist in geradezu unheimlicher Weise auf die konzeptualistische Ästhetik der Gegenwart voraus. Für Wittgenstein zeichnet sich ein poetisches Konstrukt – in diesem Fall ein Stück – nicht durch die Verwendung einer besonderen Sprache aus, sei es visuell, metaphorisch, witzig, rhetorisch – wie die meisten modernen Kritiker vom legendären I. A. Richards (gest. 1979) bis zu den russischen Formalisten meinen, sondern durch die „Sichtweise", das *Framing*, als grundlegendes Konzept, ein Framing, das uns Zuschauern/Lesern das Gefühl gibt, das „Leben selbst" zu erleben, wie es tatsächlich gelebt wird, wir es aber normalerweise nicht „sehen" können. Hat man die Bedeutung des Framing einmal verstanden, wird es für den Philosophendichter vorrangig, keine kohärente, logische Abhandlung zu produzieren, sondern eine Reihe von Bemerkungen, „kurze Absätze … Manchmal in längeren Ketten, über den gleichen Gegenstand, manchmal in raschem Wechsel von einem Gebiet zum anderen überspringend."[35] Die Pronomina „ich" und „du" sind in diesen Bemerkungen allgegenwärtig und verleihen Wittgensteins Fragen und Antworten eine intime Note: Der Leser belauscht sozusagen eine sehr persönliche Debatte.

Eine solche leidenschaftliche Selbstbefragung, eine Art geregelte Mehrdeutigkeit, war für die österreichische Moderne ebenso zentral wie für die Kunstwerke unserer Zeit. Abgeschlossenheit war der Feind: Man denke an den dauerhaft unvollendeten „Mann ohne Eigenschaften" oder an das immer wieder Neubeginnen von Canettis Memoiren. Es hat eine feine Ironie, wenn sogar die Umstände von Wittgensteins Tod Gegenstand einer Debatte waren.

Freunde und Schüler, die sich an Wittgensteins Totenbett versammelten, erinnerten sich daran, dass der Philosoph einst gesagt hatte, er wünsche sich, dass seine katholischen Freunde für ihn beten würden. Sie riefen daher einen Dominikanerpriester, der die letzten Gebete sprach. Drury erzählt dazu die folgende Geschichte:

> *„Drury: Ich erinnere mich, wie Wittgenstein mir einmal eine Episode aus Tolstois Leben erzählt hat. Als Tolstois Bruder starb, ließ Tolstoi – der damals ein scharfer Kritiker der russischen orthodoxen Kirche war – nach dem Gemeindepopen schicken und seinen Bruder nach dem orthodoxen Ritus bestatten. ,Ja', sagte Wittgenstein, ,das ist genau das gleiche, was ich in einem ähnlichen Fall getan hätte.' Nachdem ich dies erwähnt hatte, waren sich alle darüber einig, daß ein Priester am Grab alle gebräuchlichen römisch-katholischen Gebete sprechen sollte. Und so wurde am nächsten Morgen verfahren. Doch seither bin ich immer in Sorge und Zweifel gewesen, ob wir damals richtig gehandelt haben."*[36]

Richtig in wessen Augen? Für einen Gläubigen wie Drury war die Durchführung der letzten Rituale natürlich problematisch. Für Wittgenstein war es eine Art, seinen Freunden zu sagen, dass er sich absichern wollte. Da er nicht an ein Leben nach dem Tode glaubte (wie sehr er sich auch immer gewünscht hätte, daran glauben zu können), wie sollte eine solche Lösung ihm schaden? Und er wollte, zumindest für den Moment, Hoffnung wecken. Wie seine Krankenschwester, Mrs. Bevan, berichtete, waren Wittgensteins letzte Worte „Sag ihnen, ich hatte ein wunderbares Leben".

Solche Worte sprach ein Mann, der nach eigenem Bekunden mehrfach über Selbstmord nachgedacht hatte. Wenn wir Wittgensteins letzte Worte verstehen wollen, müssen wir die Zufälligkeit des Augenblicks akzeptieren. *In der Welt ist alles, wie es ist, und geschieht alles, wie es geschieht.* (Tractatus 6.41)

Anmerkungen

Einleitung
1. Claudio Magris, Donau. Biographie eines Flusses, München 1988, 232
2. Stefan Zweig, Die Welt von Gestern, Frankfurt 2017: Die Heimkehr nach Österreich
3. Robert Musil, Der Mann ohne Eigenschaften, Hamburg 1978, 16.
4. Rush Rhees, Nachwort, in: Rush Rhees (Hg.), Ludwig Wittgenstein. Porträts und Gespräche, Frankfurt 1987, 236; vgl. dazu auch Hermine Wittgenstein, Mein Bruder Ludwig, ebenda 24.
5. Joseph Roth, Briefe 1911–1939, Köln 1970, 65]
6. Eric Hobsbawm, Gefährliche Zeiten. Ein Leben im 20. Jahrhundert, München 2003, 468.
7. Marjorie Perloff, Unoriginal Genius: Poetry by Other Means in the New Century, Chicago 2010.
8. Karl Kraus, Die letzten Tage der Menschheit, gutenberg.spiegel.de/buch/die-letzten-tage-der-menschheit-4688.
9. Robert Musil, Tagebücher, Bd. 1, hg. von Adolf Frisé, Reinbek bei Hamburg 1983, 356.
10. Lisa Silverman, Becoming Austrian: Jews and Culture between the World Wars, Oxford 2012, 22.
11. Richard Schüller, Unterhändler des Vertrauens. Aus den nachgelassenen Schriften von Sektionschef Dr. Richard Schüller, hg. von Jürgen Nautz, Wien 1990, 216 ff.
12. Stefan Zweig, die Welt von Gestern, Frankfurt 2017: Die Heimkehr nach Österreich.
13. Silverman 22.
14. Brigitte Hamann, Hitlers Wien. Lehrjahre eines Diktators, München 1996, 467 ff.
15. Hamann 490 ff.
16. Bernard Wasserstein, On the Eve: The Jews of Europe before the Second World War, New York 2012, 18 f., xvii.
17. Vgl. Edward Timms, Karl Kraus. Die Krise der Nachkriegszeit und der Aufstieg des Hakenkreuzes, Weitra 2016, 29 f. Timms schätzt, dass einschließlich der Konvertiten der Anteil der Juden in Wien bei fast dreißig Prozent gelegen haben dürfte. Sein Kapitel über österreichische Identitätspolitik ist eine sehr ergiebige und detailreiche Quelle für die Krise in der Geschichte Nachkriegsösterreichs und die rasante Ausbreitung des Antisemitismus. Ich verdanke diesem Buch sehr vieI.
18. William M. Johnston, Österreichische Kultur- und Geistesgeschichte, Wien-Köln-Weimar 1974, 245.
19. Johnston 245.
20. Paul Celan, Reply to a Question aired from the Flinker Bookstore, Paris, 1961, in: Collected Prose, trans. Rosmarie Waldrop, Riverdale-on-Hudson, NY 2005, 23.
21. Karl Kraus, Die Sprache, in: Die Fackel 34, Nr. 885–887, 1932, 4.
22. Walter Benjamin, Karl Kraus, in: Gesammelte Schriften II, 1, Frankfurt 1980, 341 f.
23. Benjamin 363.
24. Timms 30 ff.
25. Karl Kraus, Gespenster, in: Die Fackel 21, Nr. 514–518, Juli 1919, 66.
26. Peter E. Gordon und John P. McCormick, Weimar Thought: A Contested Legacy, Princeton 2013, 1.
27. Albert Einstein, Sigmund Freud, Warum Krieg. Ein Briefwechsel. Mit einem Essay von Isaac Asimov, Zürich 1996, 17 f.
28. Einstein, Freud 19 ff.
29. Einstein, Freud 23.
30. Einstein, Freud 27 ff.
31. Einstein, Freud 40 f.
32. Einstein, Freud 47.
33. Einstein, Freud 49 f.
34. Einstein, Freud 65 f.
35. Einstein, Freud 70.
36. Einstein, Freud 64.
37. Gregor von Rezzori, Memoiren eines Antisemiten, München 1979, 216.
38. Rezzori 225.
39. Rezzori 258.

40 Rezzori 269.
41 Rezzori 270 f.
42 Rezzori 274.
43 Zitiert nach Ray Monk, Ludwig Wittgenstein. Das Handwerk des Genies, Stuttgart 1992, 417.
44 Monk 418

1. Der medial vermittelte Krieg
1 Karl Kraus, Die Fackel 1, Nr. 1, April 1899, 1–2. Vgl. Österreichische Akademie der Wissenschaft: fackel.oeaw.ac.at.
2 Karl Kraus, Die letzten Tage der Menschheit: Tragödie in fünf Akten mit Vorspiel und Epilogue (1922), zitiert nach: gutenberg.spiegel.de/buch/die-letzten-tage-der-menschheit-4688.
3 Vgl. Friedrich Pfäfflin, Eva Dambacher, Karl Kraus. Eine Ausstellung des Deutschen Literaturarchivs in Schiller Nationalmuseum Marbach, 1999–2000, Frankfurt 1999, 210 f., Abb. 129.
4 Vorwort.
5 In den Schriften von Karl Kraus ist dieses Bonmot nicht nachzuweisen. 1968, 32 Jahre nach seinem Tod, wird es ihm erstmals zugeschrieben: im „Neues Forum" 15 (1968), S. 229, und seitdem gilt Karl Kraus bei vielen als Schöpfer dieses Zitats.
6 In dieser großen Zeit, in: Die Fackel 16, Nr. 404, 5. Dezember 1914, 1, wiederabgedruckt in: Kraus, Karl, In dieser großen Zeit [Auswahl 1914–1925]. Ausgewählte Werke, Bd. 2, hg. von Dietrich Simon, München 1971, 9–22, Hervorhebungen des Wortes „Zeit" M. P.
7 Robert Musil, Europäertum, Krieg, Deutschtum, 1914, in: Gesammelte Werke in neun Bänden, Bd. 8, Essays und Reden, hg. von Adolf Frisé, Reinbek bei Hamburg 1978, 1021 f.
8 Thomas Mann hat diese Einstellung ausführlicher in seinem langen Essay „Betrachtungen eines Unpolitischen" (1918) dargestellt, Frankfurt 2001. Thomas Manns Bruder Heinrich, ebenfalls Schriftsteller, vertrat den entgegengesetzten Standpunkt und sympathisierte mit dem französischen Pazifisten Romain Rolland.
9 Walter Benjamin, Karl Kraus, in: Gesammelte Schriften, Bd. II, 1, Frankfurt 1980, 344
10 Walter Benjamin, Über einige Motive bei Baudelaire, in: Gesammelte Schriften, Bd. I, 2, Frankfurt 1980, 610 f.
11 Stanley Corngold, Great War and Modern German Memory, in: The Cambridge Companion to the Literature of the First World War, hg. von Vincent Sherry, Cambridge 2005, 213.
12 Die Fackel, Nr. 557–560, Januar 1921, 59.
13 Die Fackel 17, Nr. 406–412, Oktober 1915, 141.
14 Die Fackel, Nr. 462–471, Oktober 1917, 171.
15 Peli Grietzer, The Aesthetics of Sufficiency: On Conceptual Writing. Rezension von: Against Expression: An Anthology of Conceptual Writing, hg. von Craig Dworkin und Kenneth Goldsmith, in: Los Angeles Review of Books vom 12. Oktober 2012: https://lareviewofbooks.org/article/the-aesthetics-of-sufficiency-on-conceptual-writing/
16 Karl Kraus, Die letzten Tage der Menschheit, Bühnenfassung des Autors, Frankfurt 2005.
17 Für Kraus' Quellen zum Gebrauch des Wortes Fremdenverkehr vgl. Agnes Pistorius, Kolossal montiert. Ein Lexikon zu Karl Kraus, Die letzten Tage der Menschheit, Wien 2011, 148 f. Dieses Nachschlagewerk, zugleich Namenregister und Sammlung von Begriffserklärungen, ist äußerst nützlich.
18 Benjamin, Kraus 352.
19 Die Fackel 24, Nr. 572–576, Juni 1921, 12.
20 Pistorius 353.
21 Benjamin, Kraus 362 f.
22 Ezra Pound, ABC of Reading, New York 1960, 32.
23 Die Fackel 34, Nr. 885–887, 1932, 3.
24 Ludwig Wittgenstein, Vorlesungen 1930–1935, Frankfurt 1984, 38, 80, 83.
25 Ludwig Wittgenstein, Philosophische Untersuchungen, Frankfurt 1984, Nr. 43.
26 Untersuchungen, Nr. 120.

2. Der verlorene Bindestrich
1 Joseph Roth, Das journalistische Werk 1, 1915–1923, Köln 1989, 87.
2 Joseph Roth, Brief an Otto Forst-Battaglia, 28. Oktober 1932, in: Joseph Roth, Briefe 1911–1939, Köln 1970, 240.
3 Joseph Roth, Das journalistische Werk 2, 1924–1928, Köln 1989, 923.

4   Joseph Roth, Radetzkymarsch, München 1981, 27.
5   Radetzkymarsch 37.
6   Radetzkymarsch 37 f.
7   Radetzkymarsch 92.
8   Radetzkymarsch 124 f.
9   Den Ausdruck „Antibildungsroman" hat als erster Malcolm Spencer für den Radetzkymarsch gebraucht: In the Shadow of Empire: Austrian Experiences of Modernity in the Writings of Musil, Roth and Bachmann, Rochester, NY, 2008, 159. Den Mythos des Niedergangs – in meinen Augen eine Vereinfachung – hat Claudio Magris ausführlich untersucht: Der Habsburgische Mythos in der modernen österreichischen Literatur, Wien 2000.
10 Radetzkymarsch 13.
11 Radetzkymarsch 26.
12 Brief an Bernard von Brentano, 26. September 1926, in: Briefe 94 f.
13 Briefe 165.
14 Siehe Michael Hofmanns Einführung zu: Joseph Roth. A Life in Letters, New York 2012.
15 Joseph Roth, Juden auf Wanderschaft, München 2006, 16.
16 Juden auf Wanderschaft 110.
17 Juden auf Wanderschaft 22.
18 Juden auf Wanderschaft 21.
19 Juden auf Wanderschaft 63.
20 Juden auf Wanderschaft 123 f.
21 Joseph Roth, Stefan Zweig, Jede Freundschaft mit mir ist verderblich. Briefwechsel 1927–1938, Zürich 2014, 91.
22 Freundschaft 102.
23 Freundschaft 104.
24 Freundschaft 117.
25 Freundschaft 146.
26 Briefe, 26. 3. 1933, an Stefan Zweig, 260.
27 Zitiert nach Monk 130.
28 Rush Rhees, Nachwort, in: Rush Rhees, Nachwort, in: Rush Rhees (Hg.), Ludwig Wittgenstein. Porträts und Gespräche, Frankfurt 1987, 236.
29 Radetzkymarsch 29.
30 Radetzkymarsch 30.
31 Radetzkymarsch 32.
32 Radetzkymarsch 33.
33 Radetzkymarsch 34.
34 Radetzkymarsch 35.
35 Radetzkymarsch 38.
36 Radetzkymarsch 39 f.
37 Radetzkymarsch 67.
38 Radetzkymarsch 86.
39 Radetzkymarsch 108.
40 Radetzkymarsch 136.
41 Radetzkymarsch 115.
42 Radetzkymarsch 138.
43 Radetzkymarsch 152.
44 Radetzkymarsch 154.
45 Radetzkymarsch 153.
46 Radetzkymarsch 159.
47 Radetzkymarsch 164.
48 Radetzkymarsch 170.
49 Radetzkymarsch 174.
50 Radetzkymarsch 184 f.
51 Radetzkymarsch 207.
52 Radetzkymarsch 339.
53 Radetzkymarsch 341.
54 Radetzkymarsch 343.
55 Radetzkymarsch 356.

56 Radetzkymarsch 360.
57 Radetzkymarsch 361.
58 Radetzkymarsch 382.
59 Radetzkymarsch 390.
60 Radetzkymarsch 404.
61 Michael Hofmann, My Life with Roth, The Guardian, 30. Dezember 2005.
62 Radetzkymarsch 253.
63 Brigitte Hamann, Hitlers Wien. Lehrjahre eines Diktators, 4. Kapitel: Im Parlament, München 1998.
64 Radetzkymarsch 256.

3. Die Möglichkeitsform
1 Robert Musil, Der Mann ohne Eigenschaften, Reinbek bei Hamburg 1978, 1, 16.
2 Werke 1,9.
3 Werke 1,10.
4 Werke 1,11.
5 Werke 1,108.
6 Werke 250 f.
7 Werke 253.
8 Werke 8, 1334.
9 Werke 8, 1335. Hervorhebung M. P.
10 Werke 8, 1337.
11 Thomas Harrison, The Essayistic Novel and Mode of Life: Robert Musil's „The Man without Qualities", Republics of Letters 4, Nr. 1, 2014.
12 Jean-Pierre Cometti, Musil philosophe: L'utopie de l'essayisme, Paris 2001, 140.
13 Philosophische Untersuchungen, Vorwort, Werkausgabe Band 1, 10. Auflage, Frankfurt 1995, 231.
14 Werke 1, 248 f.
15 Werke 1, 229.
16 Werke 2, 521.
17 Werke 1, 32.
18 Werke 1, 33.
19 Werke 1, 35, Hervorhebung M. P.
20 Tagebücher, hg. von Adolf Frisé, Reinbek 1976, 299.
21 Tagebücher 323.
22 Robert Musil, Briefe nach Prag, Reinbek 1971, 25.
23 Tagebücher 359.
24 Tagebücher 353 f., Hervorhebung M. P.
25 Tagebücher 825.
26 Werke 5, 1851.
27 Werke 5, 1902.
28 Ca. 1920, Werke 5, 1817, Hervorhebung M. P.
29 John Ashbery, Three Poems, New York 1972, 41.
30 Werke 4, 1387.
31 Werke 1, 20.
32 Werke 1, 133.
33 Werke 1, 134.
34 Werke 1, 135.
35 Werke 1, 203.
36 Werke 1, 204.
37 Werke 1, 206.
38 Werke 1, 308.
39 Werke 1, 311.
40 Werke 1, 312 f.
41 Italo Calvino, Sechs Vorschläge für das nächste Jahrtausend, Frankfurt 2012; Calvino starb, bevor er das sechste Kapitel schreiben konnte, deshalb sind es nur fünf.
42 Werke 2, 361.
43 Werke 2, 485.
44 Werke 2, 489.

45 Nachlass, Werke 5, 1511.
46 Werke 1, 20.
47 Burton Pike, Introduction to: Robert Musil, Precision and Soul: Essays and Addresses, Chicago 1995, xxi.
48 Werke 8, 1416, Hervorhebung M. P.
49 Tagebücher 544.
50 Tagebücher 529.
51 Werke 8, 1075 f.
52 Werke 8, 1079.
53 Werke 8, 1088 f.
54 Werke 8, 1089.
55 Werke 8, 1091.
56 Werke 8, 1093.
57 Werke 1, 98.
58 Werke 1, 108.
59 Werke 1, 108 f.
60 Werke 1, 172 f.
61 Werke 1, 174.
62 Werke 3, 843.
63 Werke 3, 844.
64 Tagebücher 543.
65 Werke 2, 529.

4. Aufwachsen in Kakanien
1 Elias Canetti, Die gerettete Zunge, Frankfurt 2014, 9.
2 Zunge 10.
3 Claudio Magris, The Many People That Make Up a Writer. Canetti and Cacania, in: Essays in Honor of Elias Canetti, New York 1987, 273.
4 Magris 275.
5 Zunge 11.
6 Zunge 16.
7 Zunge 29.
8 Zunge 30.
9 Zunge 20.
10 Zunge 22.
11 Zunge 40.
12 Zunge 42.
13 Zunge 19 f.
14 Zunge 42.
15 Zunge 43.
16 Zunge 18.
17 Elias Canetti, Die Fackel im Ohr, Frankfurt 2015, 118.
18 Magris 285.
19 Zunge 33.
20 Zunge 34.
21 Zunge 37 f., Hervorhebung M. P.
22 Zunge 38.
23 Zunge 58.
24 Zunge 60.
25 Zunge 61.
26 Zunge 86.
27 Zunge 90.
28 Zunge 94.
29 Fackel im Ohr 286 f.
30 Fackel im Ohr 292.
31 Daniel Heller-Roazen, Echolalias: On the Forgetting of Language, New York 2008, 164 f.
32 Elias Canetti, Das Augenspiel, Frankfurt 1988, 293.
33 Augenspiel 294.

34 Heller-Roazen 175 f.
35 Augenspiel 295.
36 Zunge 112.
37 Zunge 113.
38 Zunge 114.
39 Zunge 136 f.
40 Zunge 102.
41 Zunge 255.
42 Fackel im Ohr 67.
43 Fackel im Ohr 71.
44 Elias Canetti, Das Gewissen der Worte, München 1975, 42.
45 Fackel im Ohr 89.
46 Fackel im Ohr 90, Hervorhebung M. P.
47 Fackel im Ohr 115 f.
48 Fackel im Ohr 230 f.
49 Fackel im Ohr 236.
50 Elias Canetti, Masse und Macht, Frankfurt 2017, 211.
51 Augenspiel 87.
52 Magris 278.
53 Fackel im Ohr 207 f., Hervorhebung M. P.
54 Gewissen 158.
55 Gewissen 159 f.
56 W. B. Yeats, A General Introduction For My Work, in: Essays and Introductions, New York 1961.
57 Augenspiel 295, siehe oben.

5. Der letzte habsburgische Dichter
1 Jean Daive, Unter der Kuppel. Erinnerungen an Paul Celan, Basel 2009, 121.
2 Ingeborg Bachmann und Paul Celan, Herzzeit: Der Briefwechsel, Frankfurt 2008.
3 Zitiert nach: Israel Chalfen, Paul Celan. Eine Biographie seiner Jugend, Frankfurt 1979, 18.
4 Ingeborg Bachmann, Die Wahrheit ist dem Menschen zumutbar: Essays, Reden, Kleinere Schriften, München 2011, 101.
5 Brigitta Eisenreich, Celans Kreidestern, Frankfurt 2010, 35.
6 Ingeborg Bachmann, Wir müssen wahre Sätze finden, München 1983, 11 f.
7 Paul Celan, Antwort auf eine Umfrage der Librairie Flinker, Paris, 1958, in: Gesammelte Werke, Frankfurt 1983, 3, 167.
8 Chalfen 148.
9 Paul Celan, Antwort auf eine Umfrage der Librairie Flinker, Paris 1961, in: Gesammelte Werke, 3, 175.
10 Paul Celan, Ansprache anlässlich der Entgegennahme des Literaturpreises der Freien Hansestadt Bremen, in: Gesammelte Werke, 3, 185 f.
11 Vgl. Aris Fioretos, Vorwort zu: Word Traces: Readings of Paul Celan, Baltimore 1994, xi.
12 Pierre Joris, Einführung zu Paul Celan, Breathturn into Timestead: The Collected Later Poetry, a Bilingual Edition, New York 2014, LXX.
13 Theodor W. Adorno, Ästhetische Theorie, Frankfurt 2003, 477. Celan ist Adorno 1961 begegnet. Er äußerte sich sarkastisch über dessen Namenswechsel vom väterlichen jüdischen Namen Wiesengrund zum mütterlichen Adorno. Celan scheint der Ansicht gewesen zu sein, dass Adorno, der aus Deutschland fliehen konnte, nie das Leiden verstanden hat, das Naziopfer wie er selbst und seine Familie erfahren mussten.
14 Jacques Derrida, Schibboleth: Für Paul Celan, Wien 2002.
15 Ilya Kaminsky, Of Strangeness That Wakes Us, in: Poetry 201, Nr. 4, Januar 2013, 470 f.
16 Philippe Lacoue-Labarthe, Two Poems by Paul Celan (1968), in: Poetry as Experience, Stanford 1999, wieder abgedruckt in: The Lyric Theory Reader: A Critical Anthology, hg. von Virginia Jackson und Yopie Prins, Baltimore 2014, 402 f.
17 Ingeborg Bachmann, Malina, Frankfurt 1980, 17. Der slowenische Satz bedeutet „Ich und du. Und du und ich."
18 Malina 57.
19 Paul Celan, Die Gedichte, Frankfurt 2005, 180.
20 Eisenreich 44 f.

21 John Felstiner, Paul Celan: Poet, Survivor, Jew, New Haven 1995, 65. Die Bemerkung stammt vermutlich von Walter Richter.
22 Felstiner 6.
23 Paul Celan, Ilana Shmueli, Briefwechsel, Frankfurt 2004, Nachwort 155.
24 Chalfen 19.
25 Celan, Shmueli 156.
26 Chalfen 39 f.
27 Chalfen 46.
28 Siehe Julian Semalian und Sanda Agalidi, Vorwort zu Paul Celan, Romanian Poems, Los Angeles 2003, 10 f.
29 Gedichte 17.
30 Gedichte 431.
31 Chalfen 146 f.
32 Herzzeit 251.
33 Herzzeit Nr. 5.
34 Herzzeit Nr. 7.
35 Herzzeit Nr. 1, vergleiche dort 227.
36 Herzzeit 251, siehe oben.
37 Herzzeit Nr. 7.
38 Celan, Gedichte 39, siehe auch Celans Lesung auf YouTube.
39 Herzzeit Nr. 55.
40 Herzzeit Nr. 7.
41 Nr. 45, Gedichte 98 f.
42 Gedichte 104.
43 Herzzeit Nr. 49.
44 Herzzeit Nr. 52.
45 Herzzeit Nr. 53.
46 Herzzeit Nr. 47.
47 Herzzeit Nr. 56.
48 Herzzeit Nr. 73.
49 Gedichte 105.
50 Herzzeit Nr. 58.
51 Herzzeit Nr. 59.
52 Herzzeit Nr. 63.
53 Herzzeit Nr. 70.
54 Herzzeit Nr. 74.
55 Gedichte 113.
56 Gedichte 116.
57 Poetry as Experience 406.
58 Pierre Joris, Einführung zu Paul Celan, Breathturn into Timestead: The Collected Later Poetry, a Bilingual Edition, New York 2014, XXI.
59 Gedichte 319.

Coda
1 Ludwig Wittgenstein: Porträts und Gespräche, hg. Von Rush Rhees, Frankfurt 1987, 217.
2 Ludwig Wittgenstein im Gespräch mit M. O'C. Drury, in: Porträts 121.
3 Juden auf Wanderschaft 110.
4 Siehe dazu Ray Monk, Ludwig Wittgenstein. Das Handwerk des Genies, Stuttgart 1992, 19 ff.
5 Ludwig Wittgenstein, Geheime Tagebücher 1914–1916, hg. von Wilhelm Baum, Wien 1991, 33.
6 Porträts 24 f.
7 Porträts 139, Hervorhebung M. P.
8 Seine Schwester Hermine in: Porträts 25.
9 Zitiert nach Monk 156.
10 Ludwig Wittgenstein, Tagebücher, in: Werkausgabe 1, Frankfurt 1984, 167.
11 Tagebücher 173.
12 Monk 220.
13 Allan Janik, Stephen Toulmin, Wittgensteins Wien, Wien 1998, Kapitel 5.
14 Monk 248.

15 Ludwig Wittgenstein, Culture and Value, revised bilingual edition, ed. G. H. Von Wright, Cambridge, MA 1998, 16.
16 Fania Pascal, Meine Erinnerungen an Wittgenstein, in: Porträts 66.
17 Philosophische Untersuchungen Nr. 43.
18 Culture and Value 32.
19 Ludwig Wittgenstein, Remarks on Frazer's ‚Golden Bough, in: Philosophical Occasions 1912–1951, hg. Von James Klagge und Alfred Nordmann, Indianapolis 1993, 136.
20 Remarks 118.
21 Culture and Value 36.
22 Culture and Value 35.
23 Culture and Value 37.
24 Culture and Value 61.
25 Drury, in: Porträts 128 f., Hervorhebung M. P.
26 Drury in: Porträts 118.
27 Porträts 227 f.
28 Porträts 228.
29 Porträts 233.
30 Porträts 205 f.
31 W. B. Yeats, Letter to Lady Elizabeth Pelham, 4. Januar 1939, in: Collected Letters, hg. von Allen Wade, London 1954, 923.
32 Ludwig Wittgenstein, Über Gewißheit, Frankfurt 1992, § 125.
33 Culture and Value 64.
34 Culture and Value 6.
35 Philosophische Untersuchungen, Vorwort.
36 Porträts 234 f.